오스왈드 챔버스의 창세기

Not Knowing Whither/ Our Portrait in Genesis

Published by special arrangement with Discovery House Publishers,
3000 Kraft Avenue SE, Grand Rapids, Michigan 49512 USA.

2F, 71-1, Donggyo-ro, Mapo-gu, Seoul, Republic of Korea

This Korean edition is published by arrangement with Discovery House Publishers
(3000 Kraft Avenue SE, Grand Rapids, Michigan 49512 USA.)

특별한 표기가 없는 모든 성경 구절은 개역개정성경을 인용한 것입니다.

오스왈드 챔버스의 창세기

오스왈드 챔버스 지음 • 스데반 황 옮김

토기장이

'믿음으로 걷는 삶'의 탁월한 안내서!

"이러한 일은 우리의 본보기가 되어"고전 10:6.

성경의 기록을 믿지 않는 한, 우리는 이 땅에서의 생명의 시작에 대해 아무것도 알 수 없다. 초기 인류사에서 각 개인들에 대한 성경 기록을 사실로 받아들이면, 우리는 하나님께서 각 시대 가운데 사람들을 어떻게 대하셨는지를 많이 배울 수 있다. 우리는 그 속에서 현대의 죄인들을 번쩍 정신 들게 하는 빛의 섬광을 보게 되며, 타락하고 잘못된 길로 나아가는 인류를 향하여 오래 참으시는 하나님의 자비를 보게 된다.

오스왈드 챔버스는 인간 행위의 도덕적 중요성을 끄집어 낸다챔버스에게 '도덕적'이라는 뜻은 하나님의 말씀에 순종 또는 불순종하는 인간의 자율성을 말한다-역주. 그는 죄가 어떻게 인간사에 들어왔는지를 보여주고, 역사의 현장 뒤에 숨어 있는 죄와 사탄의 세력에 대하여 하나님께서 어떠한 대처를 하시는지를 밝힌다. 사도 바울은 구약에서 발생한 일들에 대하여 "이러한 일은 우리의 본보기가 되어"고전 10:6라고 말하였다. 우리는 가인과 아벨, 노아, 아브라함을 통하여 중생하지 못한 사람들 가운데 역사하는 죄의 간교함을 보며, 사람들 간에 나타나는 속임수와 위선을 보게 된다. 나아가 순종과 불순종에 따른 보상 및 심판의 결과들을 보게 된다.

「오스왈드 챔버스의 창세기」는 지금 이 시대에 꼭 필요한 말씀들이 들어 있다. 이 책을 통하여 우리는 하나님의 깊은 마음을 읽을 수 있고, 특히 인간의 깊은 마음의 세계를 볼 수 있을 것이다. 무엇보다 우리는 모든 은혜의 하나님께서 우리의 죄를 위하여 그분의 아들을 화목 제물로 주셨다는 사실을 알게 될 것이다. "이 약속은 너희와 너희 자녀와 모든 먼 데 사람 곧 주 우리 하나님이 얼마든지 부르시는 자들에게 하신 것이라"행 2:39.

특별히 챔버스는 이 책에서 믿음의 삶에서 위대한 선구자였던 아브라함을 많이 다룬다. 우리는 하나님의 부르심에 대한 그의 믿음의 반응을 보게 되며, 분쟁의 상황 가운데, 그리고 반려자들의 주장들에 대해, 하나님과의 친교를 위해 어떤 희생이라도 치르는 그의 믿음의 행위를 알게 된다. 이 책은 놀라운 방법으로 옛 언약 아래에서 분명하게 드러나는 하나님의 영원한 경륜을 새 언약 아래 있는 하나님의 은혜와 연결시킨다. 지금 이 세대 속에서 믿음의 길을 걷고자 하는 주의 백성들에게, 아브라함의 삶은 믿음의 선구자 역할을 충분히 할 것이다.

이 책은 영적인 지혜로 가득 차 있다. 각 장의 제목에는 각 페이지에 담겨 있을 번뜩이는 천재적 깨달음이 배어 있다. 이 세상의 위대한 책들이 세상을 주관한다면, 이 책은 그리스도의 장성한 분량까지 이르도록 은혜로 구원 받은 자들을 위한 생명선이라고 하겠다. 이 책은 모든 독자들에게, 이 세상에서 믿음으로 걷는 삶이 무엇인지를 탁월하게 알려주는 귀한 책이 될 것이다.

창세기에 나타나는 귀한 믿음의 인물들로 인하여 하나님께 감사드린다. 오스왈드 챔버스의 마음에서 나타나는 성령의 조명하심과 그의 박식하고 분명한 깨달음을 인하여도 하나님께 감사드린다.

데이비드 램버트

그는 영국 레바논선교훈련 대학의 교장이었다. 오스왈드 챔버스의 절친한 친구였으며 챔버스가 세상을 떠난 후에 챔버스 부인을 도와 그의 책이 세상에 나올 수 있도록 각별한 도움을 주었다.

차례

서언

1부 • 태초 … 011

1장 : 태초(창 1-2장)

2부 • 죄의 발생과 진행, 하나님의 대처 … 021

2장 : 낙원에서의 유혹(창 3장)
3장 : 죄에 대한 하나님의 메시지(창 4장)
4장 : 타락의 끝없는 진전(창 6:1-7)
5장 : 절망적인 소망을 다시 일깨우심(창 6:8-22)
6장 : 믿음이 어두움을 지날 때(창 7-9장)
7장 : 바벨의 영혼들(창 11:1-9)

3부 • 갈 바를 알지 못하나 : 아브라함의 믿음의 여정 … 065

8장 : 경계선을 넘어서서(창 12:1-3)
9장 : 하나님과 함께 나아감(창 12:4-9)
10장 : 상황의 변화무쌍(창 12:10-13)
11장 : 황당한 놀라움(창 12:14-20)
12장 : 침착(창 13장)
13장 : 전쟁(창 14:1-16)
14장 : 넉넉히 이긴다(창 14:17-24)
15장 : 별에 메어 달린 마차(창 15:1-6)
16장 : 차선과 최선(창 16:1-6)
17장 : 계속적인 회심(창 16:7-16)
18장 : 하나님의 축복의 창고(창 17:1)
19장 : 경외함(창 17:2-14)
20장 : 환희(창 17:15-27)
21장 : 하나님의 친구(창 18:1-15)
22장 : 정상에 도착함(창 18:16-33)
23장 : 간신히 구원 받음(창 19:1-29)
24장 : 안전한 항구에서 파선되다(창 19:30-38)

25장 : 블레셋 사람들(창 20:1-7)
26장 : 수욕(창 20:8-18)
27장 : 선하신 하나님(창 21:1-8)
28장 : 자연적인 것은 어떤 것인가?(창 21:9-21)
29장 : 조건들(창 21:22-34)
30장 : 최정상으로 오름(창 22:1-3)
31장 : 하나님과의 단둘의 시간(창 22:3-6)
32장 : 하나님의 길(창 22:7-14)
33장 : 영원한 목표(창 22:15-19)
34장 : 여전히 인간적임(창 22:20-24)
35장 : 인간적인 위대함(창 23장)

4부 • 믿음의 유산 : 아브라함을 이은 이삭의 믿음 여정 … 263

36장 : 아름다운 약혼(창 24장)
37장 : 하나님의 계획을 발견하며(창 24장)
38장 : 인생의 황혼에서(창 25:1-10)
39장 : 남은 요소들(창 26:1-12)
40장 : 부드러운 은혜(창 26:13-25)

5부 • 믿음의 싸움 : 야곱을 통한 하나님의 자녀들의 갈등 … 301

41장 : 대책과 섭리(창 27장)
42장 : 외로운 추구(창 28장)
43장 : 사랑(창 29장)
44장 : 영적 퇴보(창 30장)
45장 : 위기의 상황 가운데(창 31장)
46장 : 마하나임(창 32장)
47장 : 두려움(창 32:3-21)
48장 : 브니엘(창 32:22-32)
49장 : 아주 조그마한 음성(창 33-35장)

6부 • 요셉 : 하나님의 자녀들의 승리 … 357

50장 : 하나님의 소년(창 37-50장)

역자 후기

1부
태초

말씀을 붙드는 것은 우리의 믿음이 아니다. 오히려 말씀 안에 있는 생명이 우리를 붙든다. 정확하게 표현한다면, 씨앗은 그 안에 장성한 식물을 포함할 수 없다. 그러나 그 씨앗 안에 내재되어 있는 생명이 밖으로 표출되면서 그 씨앗의 실체를 드러낸다.

1장

태초

창 1–2장

"태초에 하나님이 천지를 창조하시니라"창 1:1.

"주 하나님이 이르시되 나는 알파와 오메가라 이제도 있고 전에도 있었고 장차 올 자요 전능한 자라 하시더라"계 1:8.

성경은 논쟁을 하거나 따지지 않고 계시된 사건들을 언급할 뿐이다. 계시된 사건들을 이해하려면 우리에게 지적 호기심이 아니라 믿음으로 인한 하나님과의 관계가 있어야 한다. 성경의 진리들에 대한 깨달음은 성령에 의하여 허락된다. 따라서 성경의 진리들을 알기 위해서는 성령의 조명하심이 중요하다. 이는 빛 가운데 거하는 하나님의 모든 자녀들에게 참된 성경 해석을 해주는 분이 성령이시기 때문이다.

과학은 체계화된 지식으로써 이성을 지닌 인간들이 받아들일 수 있도록 이 땅의 기정 사실들을 설명하려는 지적인 노력이다. 그것은 이 세상에서 발생하는 사실들을 인간의 이해에 모순되지 않도록 일관성 있게 설명하려는 시도이다. 그러나 거듭나게 되면 우리는 또 다른 차원의 사건들 곧 성경적 계시 사건들을 접하게 된다. 이 두 영역 사이에는 반드시 '한 순간의' 속죄의 역사at-one-ment가 있어야만 한다 오스왈드 챔버스는 우리의 경험적 사건들과 계시에서 보는 사건들이 연결되려면 속죄의 역사가 있어야 한다는 사실을 '속죄'라는 영어 단어로 풀어 놓았다. atonement : at-one-ment. -역주. 우리는 별다른 의심 없이 과학적 진리들을 받아들이지만 성령의 계시에 대해서는 의심하는 경향이 있다. 또한 진리를 '신조'에 가두려는 경향이 있다. 그러나 진리는 '인격이신 예수님'이다. 예수님께서는 "내가 곧 진리"요 14:6라고 말씀하셨다.

> "땅이 혼돈하고 공허하며 흑암이 깊음 위에 있고 하나님의 영은 수면 위에 운행하시니라"창 1:2.
> "믿음으로 모든 세계가 하나님의 말씀으로 지어진 줄을 우리가 아나니 보이는 것은 나타난 것으로 말미암아 된 것이 아니니라"히 11:3.

땅이 혼돈한다는 것은 창조주에 의하여 질서가 만들어지기 전의 물질 상태를 말한다. 이 상태를 반드시 하나님의 심판 상태로 볼 필요는 없는 것 같다. 오히려 우주의 기초 상태로 보는 것이 합당하다.

마치 화가가 그림을 그리기 전에 팔레트에 여러 물감을 섞어 놓은 상태라고 보면 된다. 화가는 다른 사람들이 보지 못하는 그림을 이미 그 마음속에서 보고 있다. 오늘날 우리가 보는 이 세상은 하나님이 지으신 세계가 아니다. 그 이유는 하나님께서 놓으신 기초 위에 세워진 것이 아니기 때문이다. 우리는 하나님이 놓으신 기초를 개선할 필요가 없다. 그러나 그 위에 건설된 것들을 제거할 필요가 있다. 만일 우리가 하나님께서 놓지 않으신 것들 위에 우리의 삶을 세우면 주께서 그것들을 다 흔들어 무너뜨려서 다시 혼돈 상태로 돌아가게 하실 것이다.

사람이 처음 하나님의 빛을 볼 때, 그 빛은 죄에 대한 책망을 가져온다. 그러면 그는 "주여 나를 떠나소서 나는 죄인이로소이다"눅 5:8라고 절규한다. 성령께서 어떤 사람에게 임하시면 "그 영화를 좀먹음같이 소멸하게 하신다"시 39:11. 완벽하게 온전하던 그의 모든 성품은 산산조각이 난다. 그때 혼돈의 마음 위에 성령께서 운행하시며 하나님의 말씀을 가져오신다. 그가 그 말씀을 받고 순종하면 새로운 삶이 형성된다.

> "하나님의 영은 수면 위에 운행하시니라 하나님이 이르시되 빛이 있으라 하시니 빛이 있었고"창 1:2-3.

하나님의 말씀은 그 자체의 능력에 의하여 창조하신다. 하나님께서는 말씀하시고 그분의 말씀은 주께서 말씀으로 뜻하신 바를 이룬다사 55:11.

"빛이 하나님이 보시기에 좋았더라"창 1:4.

하나님의 창조는 하나님께 만족을 주었다. 우리가 성령에 의하여 하나님을 알게 될 때 주님이 피조된 세계를 보고 기뻐하신 것처럼, 우리도 주의 피조물을 보며 즐거워하게 된다. 어린이는 하나님께서 창조하신 모든 것을 보며 즐거워한다. 모든 것이 그에게는 놀랍기만 하다.

태초에 하나님의 말씀은 세상을 창조하였다. 그리고 말씀이 이루어 놓은 것은 하나님이 보시기에 좋으셨다. 마찬가지로 제자들을 만들어 내시는 그리스도의 사역도 하나님을 증거하며 하나님을 기쁘시게 한다. 하나님을 향한 우리의 가치는 우리가 주님께서 언급하신 말씀을 순종할 때 나타난다. 그 이유는 우리가 주의 말씀을 순종할 때 주께서 그 말씀을 하시기 전에 가지셨던 생각이 우리를 통하여 실체가 되기 때문이다. 따라서 우리를 통하여 나타나는 하나님의 말씀은 하나님 자신을 향한 증거가 된다.

하나님의 말씀은 분명하며 언제나 강조하는 부분이 있다. 우리가 그 말씀을 처음 들을 때는 기쁨으로 가득 차게 된다. 그러나 그 말씀이 우리를 통하여 실제real가 되기까지는 하나님께 만족을 드릴 수 없다. 종교적 광신자는 말씀이 보여주는 비전을 현실과 연결시키지 못하는 자이다. 반면 온전한 그리스도인은 하나님의 말씀을 그의 삶 속에 나타내는 자이다. 그래서 '나'를 통하여 그 말씀이 드러날 때 바로 그곳에서 하나님의 생각이 실현되는 것이다. 말씀을 붙드는 것은 우리의 믿음이 아니다. 오히려 말씀 안에 있는 생명이 우리를 붙든다. 정확하게 표현한다면, 씨앗은 그 안에 장성한 식물을 포함할 수 없다. 그러나 그 씨앗 안에 내재되어 있는 생명이 밖으로 표출되면서 그 씨앗의 실체를 드러낸다.

> "하나님이 지으신 그 모든 것을 보시니 보시기에 심히 좋았더라 … 하나님이 그 일곱째 날을 복되게 하사 거룩하게 하셨으니 이는 하나님이 그 창조하시며 만드시던 모든 일을 마치시고 그날에 안식하셨음이니라"창 1:31 ; 2:3.

하나님께서는 창조를 생각하시며 6일 동안 일하셨다. 그리고 하나님의 생각대로 모든 것이 마쳐졌다. 주께서 제7일에 안식하셨는데, 이는 피곤 때문이 아니라 주께서 생각하신 일을 마치셨기 때문이다.

> "여호와 하나님이 땅의 흙으로 사람을 지으시고"창 2:7.
>
> "첫 사람은 땅에서 났으니 흙에 속한 자이거니와"고전 15:47.

이 구절들은 죄에 대한 교리가 아니라 인간의 근본적인 속성이 무엇인지를 언급한다. 우리 인간은 흙과 신성 두 가지로 구성되어 있다. 따라서 사람이 흙으로 만들어진 것은 우리의 영광이지 수치가 아니다. 이는 우리가 흙몸-역주을 통해 하나님의 형상을 나타내야 하기 때문이다. 하나님의 원래 의도대로 우리는 땅에서 났으며 흙에 속한 자들이기에, 땅에 속한 자신의 모습을 부끄럽게 생각해서는 안 된다. 기독교를 문어 다리처럼 휘어 감고 있는 아주 무서운 교리가 하나 있는데, 그것은 물리적인 세계를 죄악으로 본다는 점이다. 그래서 인간에 관하여 말할 때에도 보이는 모든 부분을 죄로 본다. 만일 죄가 물질 안에 있는 것이라면 살과 피로 오신 예수 그리스도께서 '죄가 없다'는 것은 거짓말이 될 것이다. 하나님께서 사람을 계획하실 때 죄는 사람의 원래 속성에 속한 것이 아니었다. 그러므로 죄를 근절하거나 뿌리 뽑는다는 개념은 타당하지 않다. 죄는 사람에게 심어진 적이 없기 때문이다.

우리는 "그리스도 안에서 나는 다 좋다. 그러나 내 안에서는 모든 것이 잘못되었다"라는 말을 하는데, 이는 옳지 않다. 우리 그리스도인들은 우리 안에 계신 하나님의 아들의 생명과 조화를 이루는 현실적인 삶을 살아야 하기 때문이다.

우리에게 새생명을 부여하신 새생명의 기원자시며 보존자는 다름 아닌 우리 주 예수 그리스도이시다. 주님께서는 이 새생명이 인간으로서는 헤아릴 수 없는 심오한 생명이라고 말씀하신다. "내 살을 먹고 내 피를 마시는 자는 내 안에 거하고 나도 그의 안에 거하나니" 요 6:56. 우리가 구속함을 받기 전에는 자아 의지의 성향이 우리 삶을 다스렸다. "네가 나를 건드리기만 하면 가만 두지 않겠다." 또는 "네가 나를 건드리면 더 무섭게 보복해 주겠다." 그러나 주님께서는 구속함을 받은 우리에게 우리의 모든 신경과 세포와 육체와 피가 우리 안에 창조된 새생명을 밖으로 드러내야 한다고 말씀하신다.

"너희 몸은 너희가 하나님께로부터 받은바 너희 가운데 계신 성령의 전인 줄을 알지 못하느냐"고전 6:19. 성령께서 거하시는 전은 우리의 영적 존재가 아니라 우리의 '몸'이다. 우리가 성령으로 거듭나 그리스도의 죽음과 하나 되는 목적은 주의 생명이 우리의 썩을 몸을 통해 나타나는 것이다. 우리가 위로부터 거듭나면 하나님의 아들의 생명이 우리 안에서 태어난다. 그 새생명의 완전함은 우리로 하여금 하나님의 뜻을 알도록 할 뿐 아니라 우리의 자연적인 삶 속에서 하나님의 뜻을 수행하게 한다.

2부

죄의 발생과 진행, 하나님의 대처

타락depravity이란 잘못을 범하는 것보다 훨씬 깊은 의미가 있다. 그것은 악을 행하는 시스템을 구축하여 그 안에서 즐거움을 취한다는 뜻이다. 사람이 죄를 범하기로 선택할 때에는 어떤 영이 그 사람 안에서 역사하는 것이다. 그리고 그러한 선택이 매번 되풀이되면 죄만 범하는 삶이 된다. 더 이상 죄악에 대해 변명할 수 없기 때문에 변명도 하지 않게 된다. 이제는 노골적으로 죄악을 범하는 자가 된다.

2장

낙원에서의 유혹

창 3장

"그들이 그날 바람이 불 때 동산에 거니시는 여호와 하나님의 소리를 듣고 아담과 그의 아내가 여호와 하나님의 낯을 피하여 동산 나무 사이에 숨은지라"창 3:8.

아담과 하와가 하나님과 가졌던 관계는 우리의 생각을 초월하는 차원에 있다. 그들은 우리가 서로를 아는 것처럼 하나님을 알았다. 아담과 하와가 타락하기 전까지는 그들은 하나님과의 교통 가운데 하나님과 하나였다. 그러나 그들이 타락하자 갑자기 아담과 하와는 하나님을 두려워하면서 하나님의 눈치를 보기 시작하였다. 심지어 주님이 너무나 두려운 나머지 주 앞에서 도망쳐 숨으려고 하였다.

죄는 우리를 하나님과 단절시킨다. 또한 죄는 우리로 하여금 하나님에 대하여 눈치 보게 한다. 결국 우리는 두려움 가운데 하나님의 눈치를 살핀다. 우리가 하나님의 자녀가 되면 두려움이 사라진다. 일반적으로 자녀들이 뭔가를 잘못하지 않으면 부모님을 향하여 자유하며 아무런 거리낌이 없다. 그러나 부모님에게 불순종하면 그들은 갑자기 부모님이 어디 계시는지, 무슨 생각을 하시는지에 대하여 염려하게 된다. 마땅히 순종해야 하는 대상에게 순종하지 않고 나쁜 짓을 하게 되면, 우리는 그 대상을 향하여 두려움 가운데 눈치를 보게 된다. 의식적으로 경건하려고 노력하는 자들은 하나님을 두려워하며 눈치 보는 자들이다. "혹시 하나님께 벌 받는 것은 아닐까?" 그러나 하나님과 온전하게 하나 된 자들은 하나님과 하나 되어 있다는 사실마저 의식하지 못한다. 그들 안에는 하나님의 속성에 의하여 만들어진 성향이 생겼기 때문에, 주님과의 관계는 의식의 차원보다 훨씬 깊다.

죄는 하나님이 계획하신 인간의 속성에 속한 것이 아니다. 성경은 죄를 질병으로 보지 않고 창조주 하나님을 대항하는 피 묻는 반란으로 본다. 따라서 죄의 근본정신은 '나 자신 외에는 그 누구에게도 나에게 명령하는 것을 허락하지 않겠다'는 마음이며, 이러한 마음은 도덕적으로 착한 사람이든 나쁜 사람이든 상관없이 누구에게나 나타날 수 있다. 죄는 도덕적인 것과 비도덕적인 것에 관한 것이 아니다. 죄는 자신에 대한 권리 주장과 관련되어 있다. 곧 의도적으로, 그리고 온 뜻을 다하여 강력하게 하나님으로부터 독립을 외치는 것이다. 많은 사람들이 기독교적인 용어를 사용하며 그리스도인이라는 칭호를 갖고 있더라도 하나님으로부터 독립하여 자신을 주장한다. 만일 이러한 정신이 우리에게도 임한다면, 이는 우리 안에 있는 천국에 지옥의 소란을 끌어들이는 것과 같다.

> "여호와 하나님이 그 사람에게 명하여 이르시되 동산 각종 나무의 열매는 네가 임의로 먹되 선악을 알게 하는 나무의 열매는 먹지 말라 네가 먹는 날에는 반드시 죽으리라 하시니라 … 뱀이 여자에게 이르되 너희가 결코 죽지 아니하리라"창 2:16-17 ; 3:4.

하와는 사탄이 그녀에게 말한 내용이 사실이라는 것을 발견하였다. 죽음이 그들에게 당장 임하지는 않았던 것이다. 그러나 천천히, 그리고 비밀스럽게 모든 만물 가운데 죽음이 시작되었다. 오늘날에도 이와 비슷한 일들이 우리에게 발생한다. 우리는 하나님의 법을 어긴 후에 죽음에 가까운 무서운 일들을 당할 것으로 생각한다. 그러나 오히려 정확하게 반대의 일들이 발생한다. 모든 일이 별 탈 없이 진행되면서 우리의 마음도 넓어지는 것 같고 악에 대하여 대범해지는 것을 느끼게 된다. 그러나 실제로 우리는 선을 행할 능력을 잃은 것이다. 아이러니하게도 선과 악을 아는 지식은 선한 행동을 부추기는 것이 아니라 도리어 우리를 무력하게 한다.

> "죄의 삯은 사망이요"롬 6:23.

유한한 존재이기 때문이 아니라 죄 때문에 우리는 죽음에 굴복하게 되었다. 우리가 죄를 지을 때마다 그 결과는 불가피한 죽음이다. 하나님께서 우리를 그렇게 만들어 놓으셨다. '죄' 가운데 살 때 우리는 하나님을 향하여 죽게 된다. "그는 허물과 죄로 죽었던 너희를 살리셨도다"엡 2:1. 죽음은 하나님께서 사람을 향하여 의도하신 것이 아니었다. 그러나 "한 사람으로 말미암아 죄가 세상에 들어오고 죄로 말미암아 사망이 들어왔나니 이와 같이 모든 사람이 죄를 지었으므로 사망이 모든 사람에게 이르렀느니라"롬 5:12. 그러므로 모든 인간은 죄의 성향을 물려받게 되었다.

하나님께서는 모세에게 "네가 내 얼굴을 보지 못하리니 나를 보고 살 자가 없음이니라"출 33:20라고 말씀하셨다. 그러나 우리는 하나님을 보며 산다. 이것이 가능하려면 죽음을 통해야만 한다. 거듭날 때 우리는 죽음을 경험한다. 거듭나기 위해서는 죽어야만 한다. 즉, 자신에 대한 권리 주장에 죽어야 한다. 그리고 그리스도 예수 우리 주 안에서 하나님의 은사로 주시는 영생의 선물을 받아야 한다. "하나님의 은사는 그리스도 예수 우리 주 안에 있는 영생이니라"롬 6:23.

> "아담이 이르되 하나님이 주셔서 나와 함께 있게 하신 여자 그가 그 나무 열매를 내게 주므로 내가 먹었나이다 … 여자가 이르되 뱀이 나를 꾀므로 내가 먹었나이다"창 3:12–13.

아담은 자신을 탓하지 않았다. 하와도 그녀 자신을 탓하지 않았다. 그들은 둘 다 도덕적인 진실을 회피하였다.(진리를 말하는 것과 진리를 행하는 것은 다른 문제이다.) 아담은 사실을 말했지만 죄를 고백하지는 않았다. 오히려 자신의 행동에 대하여 하나님이 비난을 받으셔야 한다고 암시하였다. 아담은 "당신은 제가 이렇게 불순종하게 되는 상황에 저를 놓아두지 말았어야 합니다"라고 불평했다. "저는 제가 잘못한 것을 부인하지 않습니다. 그러나 그 상황이 어떠한지 정상참작을 해 보셔야지요. 저를 이렇게 거룩하신 모습으로 혹독하게 대하시면 안 됩니다." 방종으로 향하는 인간의 무질서한 마음은 언제나 하나님의 거룩함에 대하여 혐오하는 마음에서 시작한다. 죄의 극악무도인 속성은 하나님을 미워하는 것이다. 하나님의 거룩함을 대면하게 될 때 죄는 피할 곳이 없다. 따라서 죄로 물든 인간의 마음이 가장 싫어하는 대상은 거룩하신 하나님이다.

만일 하나님께서 우리 마음처럼 거룩하지 않으시다면 얼마나 좋을까! 이러한 마음이 우리의 부패한 마음속에 분명히 있다. 우리의 마음은 하나님과 바른 관계에 있지 않다는 것을 알지만, 그럼에도 하나님과 바른 관계에 있기를 원하지 않는다. 그러나 원하는 마음도 있다. 우리는 우리가 저지른 죄악에 대하여 끝까지 책임을 지려고 하지 않는다. 만일 책임을 받아들이게 되면 우리는 하나님께 왜 우리를 이 모양으로 만들었느냐고 도전한다. 이 두 반응 모두 다 악한 것이다. 이 두 자세는 자신의 죄 지었음을 거절하거나 죄 지은 것을 인정하더라도 주께서 우리를 구원하시는 것을 거부하는 것이다. 우리는 끝까지 하나님께서 결정적 발언을 하시도록 허락하지 않을 것이다.

사도 요한은 "만일 우리가 우리 죄를 자백하면 그는 미쁘시고 의로우사 우리 죄를 사하시며 우리를 모든 불의에서 깨끗하게 하실 것이요"요일 1:9라고 말하였다. 죄에 대한 가책이 있을 때마다 우리는 당장 멈추어서 그 죄악을 빛 가운데 가져와 자백해야 한다. 그때 우리는 죄에 대한 부끄러움을 깨닫는 가운데 하나님의 죄사함을 받아들이게 된다. 그때 죄로 인하여 밖으로 빠져 나갔던 은혜의 힘이 내 안에 소생하는 것을 느끼게 된다. 그 은혜의 힘은 '회개의 열매'로써 소생된 것이다.

> "여호와 하나님이 뱀에게 이르시되 … 내가 너로 여자와 원수가 되게 하고 네 후손도 여자의 후손과 원수가 되게 하리니 여자의 후손은 네 머리를 상하게 할 것이요 너는 그의 발꿈치를 상하게 할 것이니라"창 3:14-15.

이 세상에 죄를 끌어들였기 때문에 사람은 사탄을 대항하여 이겨야만 죄의 문제를 해결할 수 있다. 바로 이러한 이유 때문에 하나님께서 성육신하셨다. 만일 하나님이 원하시기만 하면 당장에 사탄을 제거하실 수 있다. 그러나 사탄을 이기고 사탄에 관한 하나님의 예언을 완전하게 이루어야 하는 존재는 구속을 통하여 그 일을 하게 될

'사람'이어야 한다. 이 일이 바로 마지막 아담 되시는 예수 그리스도를 통하여 이루어지게 되었다. 주님은 우리와 같은 인간의 몸을 입으시고 마침내 사탄을 완전하게 이기셨다. "평강의 하나님께서 속히 사탄을 너희 발 아래에서 상하게 하시리라"롬 16:20. 우리가 예수 그리스도께서 마련하신 그 길로 하나님께 돌아가면, 하나님께서는 사탄과 죄가 망쳐 놓은 모든 것들을 다시 회복하실 것이다.

3장

죄에 대한 하나님의 메시지

창 4장

문 앞에 엎드린 죄

"가인이 그의 아우 아벨에게 말하고 그들이 들에 있을 때 가인이 그의 아우 아벨을 쳐죽이니라"창 4:8.

그 누구도 자신의 마음속에 계시는 하나님을 먼저 죽이지 않고는 그의 형제를 죽일 수 없다. 가인의 죄악은 그의 형제를 살인한 죄악보다 훨씬 더 깊은 차원의 죄악이다. 그 죄악은 다름 아닌 자신의 모든 것을 동원한 하나님을 향한 반란이었다.

"여호와께서 가인에게 이르시되 네가 분하여 함은 어찌 됨이며 안색이 변함은 어찌 됨이냐 네가 선을 행하면 어찌 낯을 들지 못하겠느냐 선을 행하지 아니하면 죄가 문에 엎드려 있느니라 죄가 너를 원하나 너는 죄를 다스릴지니라"창 4:6-7.

6-7절에서 우리는 하나님께서 아담과 하와에게 하신 것처럼 가인을 향해서도 같은 기회를 주고 계시는 것을 발견한다. 즉, 가인에게 회개할 기회를 주고 계신다. 나는 회개를 말하는 것이지 후회를 말하는 것이 아니다. 후회는 결코 회개가 아니다. 후회는 인간의 교만으로부터 나오는 반항하는 마음으로 죄에 대한 하나님의 심판에 대하여 동의하지 않고 오히려 하나님께서 너무나 엄격하고 거룩한 법을 만드셨다고 하나님을 비난하는 것이다. 아담과 하와는 자신들의 죄를 인정하였다. 그러나 결코 죄를 자백하지는 않았다. 그들의 아들 가인은 심지어 자신이 지은 죄악에 대하여 인정조차 하지 않고 있다. 처음에 그는 하나님께 거짓말을 하였다. 그리고 하나님을 조롱하듯 "내가 내 아우를 지키는 자니이까?"라고 되물었다.

아담과 하와의 경우는 하나님을 질투함으로써 그들에게서 죄가 드러났다. 가인의 경우 죄가 그의 형제 아벨을 질투하는 자리까지 갔다. "여호와께서 아벨과 그의 제물은 받으셨으나 가인과 그의 제물은 받지 아니하신지라 가인이 몹시 분하여 안색이 변하니"창 4:4-5. 개인적인 앙심으로 인한 분노는 살인의 영이다. 바로 이것이 가인으로 하여금 형제 아벨을 살인하게 한 것이다. 사도 요한은 가인의 살인을 이렇게 설명한다.

"가인같이 하지 말라 그는 악한 자에게 속하여 그 아우를 죽였으니 어떤 이유로 죽였느냐 자기의 행위는 악하고 그의 아우의 행위는 의로움이라 … 그 형제를 미워하는 자마다 살인하는 자니"요일 3:12,15.

"이르시되 네가 무엇을 하였느냐 네 아우의 핏소리가 땅에서부터 내게 호소하느니라"창 4:10.

살인은 수백수천 가지 방법으로 이루어질 수 있다. 오늘날 하나님께 부르짖는 수없이 많은 절규들을 생각해 보라. 이유 없이 살인을 당한 영혼들의 모든 부르짖음과 우리의 문명사회에서 억울하게 당한 모든 희생자들의 절규가 하나님의 귀에 울리고 있다. 이러한 의미에서 아벨의 피는 지금도 절규하고 있으며 결코 잠잠히 있지 않을 것이다.

죄악의 고립

"땅이 그 입을 벌려 네 손에서부터 네 아우의 피를 받았은즉 네가 땅에서 저주를 받으리니 네가 밭을 갈아도 땅이 다시는 그 효력을 네게 주지 아니할 것이요 너는 땅에서 피하며 유리하는 자가 되리라"창 4:11-12.

하나님께서 '응보'하신 것을 '반응'이라고 말해서는 안 된다. 하나님 앞에서 죄악을 범한 사람은 죄책감이 생기게 된다. 그러면 그 사람은 모든 것이 자신을 대적한다고 생각한다. 물론 하나님께서 그를 대적하시니 모든 것이 그를 대적할 것이다. 이러한 의미에서 이 땅의 모든 것이 그를 대적하게 된다. 따라서 그는 완벽하게 고립된다. 자신이 지은 죄악 외에는 아무도 그 죄인과 함께하려고 하지 않는다. 이와 같이 죄가 일단 사람에게 들어오게 되면 그는 영적으로 하나님과 어긋나게 되고 현실적으로는 모든 세상과 어긋나게 된다.

> "가인이 여호와께 아뢰되 내 죄벌이 지기가 너무 무거우니이다 주께서 오늘 이 지면에서 나를 쫓아내시온즉 내가 주의 낯을 뵈옵지 못하리니 내가 땅에서 피하며 유리하는 자가 될지라 무릇 나를 만나는 자마다 나를 죽이겠나이다"창 4:13-14.

가인은 하나님께서 자비 가운데 내리신 징계를 형벌로 왜곡시켜 다시는 하나님께로 돌아가지 못하였다. 가인은 '절망'이라는 옷으로 자신을 감싼 후에 하나님을 향하여 비난하는 침을 뱉었다.

"자, 당신이 제게 무엇을 하셨는지 보세요. 당신은 제가 소중히 여기는 모든 것으로부터 저를 차단하셨습니다!"

잘못하여 하나님께 징계를 받을 때 우리도 가인과 같은 자세를 갖기 쉽다. "그렇다. 이제는 끝이로구나. 더 이상 어떻게 해보았자 소용 없다. 하나님께서 나를 쫓아버리셨으니 나는 더 이상 주께로 돌아갈 수 없구나. 그러면 내가 하고 싶은 대로 할 수밖에 없다." 이러한 절망적인 불평과 자기 연민과 하나님을 향하여 못마땅하게 여기는 마음을 주의하라. 이러한 마음들은 하나님을 협박하며 대항한다. 우리가 스스로 문을 닫기까지는 하나님께 돌아가는 문은 언제나 열려 있다. 하나님께서는 결코 문을 닫지 않으신다. 우리가 닫는다. 그러다가 우리는 문 열쇠를 잃은 후에 이렇게 말한다. "다 끝났어. 지금부터 내가 어떤 짓을 하든 그 모든 것은 하나님 탓이야."

인간이 이 땅에서 행한 그 어떤 죄악에 대해서도 나와 전혀 관계가 없는 것처럼 착각하지 않기를 바란다. '어떻게 저 사람은 그러한 죄를 지을 수 있지? 나라면 절대로 그런 죄를 지을 수 없었을 텐데.' 이렇게 생각하는 사람은 자신에 대하여 망상에 빠진 도덕적인 정신병자이다. 하나님은 당신에게 자신에 대한 바른 지식을 허락하실 것이다. 그러면 당신은 자신이 얼마나 무서운 죄를 범할 수 있는 존재인가를 발견하게 되면서 하나님 앞에 겸허하게 무릎 꿇게 될 것이다. 그래서 다시는 "나라면 절대로 그런 죄를 짓지 않았을 것이다"라는 말을 하지 않게 될 것이다. 그 어떤 사람도 이 땅의 다른 사람이 저지른 죄악을 범할 가능성이 있다. 만일 당신이 어떤 죄인들을 보면서 "저놈은 어떻게 저렇게 악하고 끔찍할 수가 있지?"라고 말한다면, 이는 당신 안에 주님께서 계시지 않는다는 분명한 증거일 뿐이다. 만일 주님이 당신 안에 계시다면 당신은 다른 사람들의 죄악을 보면서 죄의 사악함을 느낄 뿐 아니라 자신에 대해서도 "하나님 앞에서 저도 저 사람처럼 악하며 어쩌면 더 악한 존재입니다"라고 말하게 될 것이다. 이러한 말은 종교적인 유창한 상투어가 아니다. 우리 인간들의 죄성의 실체가 얼마나 무서운지를 깨달은 자들의 고백이다.

"가인이 여호와 앞을 떠나서 에덴 동쪽 놋 땅에 거주하더니"창 4:16.

'놋'이라는 단어의 뜻은 '방황'이라는 뜻이다. 땅이 가인을 거절했기 때문에 가인은 그 어디를 가도 참된 안식처를 찾을 수 없었다. 결국 그는 '방황의 땅'으로 들어가게 되었고 그곳에 자신의 세계를 건설하게 되었다. 죄악을 범한 후 그 죄 가운데 살아가는 사람들은 하나님이 창조하신 세상에 견딜 수 없다. 따라서 그들은 그들 자신의 세계를 만들어야 한다.

"가인이 성을 쌓고"창 4:17.

문명은 맨 처음에 살인자에 의하여 설립되었다. 그 이후 인간 문명의 기초는 거대하고 복잡하게 서로 얽힌 생존 경쟁의 시스템이 되었다. 하지만 우리는 문명을 노골적인 생존 경쟁보다는 인간의 복지에 공헌하는 것으로 본다. 그 대신 우리는 경쟁 시스템에 의해 문명을 이루어간다. 우리의 머릿속에 경쟁과 투쟁은 문명의 삶을 계속 이루어가는 데 필수적인 요소이다. 따라서 이러한 시스템 속에 있는 자들에게는 그리스도의 말씀이 거칠고 우스꽝스럽게 들린다. 예를 들어, 예수님의 산상수훈을 지키는 것이 가능하다고 믿고 지키려 하는 자는 어리석은 자임에 틀림없다.

누가 그 어리석은 자인가? 하늘로부터 거듭나 감히 예수님의 교훈대로 살아가는 자이다.

4장

타락의 끝없는 진전

창 6:1–7

근원적인 죄의 범람

"여호와께서 사람의 죄악이 세상에 가득함과 그의 마음으로 생각하는 모든 계획이 항상 악할 뿐임을 보시고"창 6:5.

타락depravity이란 잘못을 범하는 것보다 훨씬 깊은 의미가 있다. 그것은 악을 행하는 시스템을 구축하여 그 안에서 즐거움을 취한다는 뜻이다. 사람이 죄를 범하기로 선택할 때에는 어떤 영이 그 사람 안에서 역사하는 것이다. 그리고 그러한 선택이 매번 되풀이되면 죄만 범하는 삶이 된다. 더 이상 죄악에 대해 변명할 수 없기 때문에 변명도 하지 않게 된다. 이제는 노골적으로 죄악을 범하는 자가 된다. 이것이 바로 마귀의 특징이다.

성경이 계시하는 것은 사람이 점점 악해지는 것을 보여주는 것이 아니라 사람이란 저주 받기에 합당한 존재임을 보여준다. 결과적으로 그들은 구원 받아야만 살 길이 열린다. 사람들이 만든 시스템은 더욱 악화될 수 있다. 그러나 사람 자신은 저주 받기에 합당한 존재로서 이보다 더 악화될 수는 없다. 자신들이 받게 될 저주를 제거해 보려는 끝없는 인간들의 시도는 계속적으로 하나님의 공의만 파괴할 뿐이다. 나아가 인간성을 파괴하더니 자신들은 하나님이 전혀 필요 없는 동물들의 진화일 뿐이라고 외치게 된다.

하나님을 떠난 인간의 마음은 부패하게 되었다. "마음에서 나오는 것은 악한 생각과 살인과 간음과 음란과 도둑질과 거짓 증언과 비방이니"마 15:19, "만물보다 거짓되고 심히 부패한 것은 마음이라"렘 17:9. 타락의 근본적인 샘은 바로 마음 자체이다. 만일 우리가 우리의 부패를 의식하지 못하고 있다면, 이는 우리가 우리 마음에 대한 예수 그리스도의 진단을 받아들이지 않았든지, 우리가 하나님의 전능하신 은혜로 말미암아 구원을 받아 거룩하게 되었기 때문이다.

우리 주님에 의하면, 마음의 부패는 의식적인 생각, 의식적인 목표보다 더 깊은 곳에 있는 도덕적 성품챔버스에게 '도덕'은 인간의 자율적인 의지를 의미한다.–역주 가운데 자리 잡고 있다. 하나님의 성령께서 우리 안에 들어오셔서 우리의 저 심연의 부패를 느끼고 깨닫게 하시면 우리가 할 수 있는 유일한 일은 주님 앞에 완벽하게 굴복하고 그 심연을 영원히 닫아 버리는 것이다. 이러한 근원적인 부패가 우리 마음속에서 역사하고 행동으로 나타나는 것을 막기 위해서는 오직 예수 그리스도와 전적으로 함께하는 방법 밖에 없다.

만일 우리 마음에 대한 예수 그리스도의 진단을 신뢰하고 마음을 주님께 다 맡기면, 우리는 마음의 부패라는 것이 무엇인지를 의식적인 차원에서 경험할 필요가 없게 된다. 그러나 만일 자신은 순진하다는 무지 가운데 빠지게 되면 어느 날 우리는 삶의 모퉁이에서 주께서 우리에 대하여 말씀하신 내용이 옳다는 사실을 발견하게 된다. 삶의 위기가 왔을 때 그동안 자신의 마음은 순진하다고 믿어왔는데 오히려 죄악의 시궁창이라는 사실을 발견하게 된다. 그러면 처음으로 "왜 하나님께서는 우리에게 말씀하지 않으셨을까?"라고 말한다. "왜 나는 이러한 경고를 듣지 못한 것일까?"

그러나 우리는 분명하게 경고 받았다. 하나님께서는 주의 놀라운 자비 가운데 우리의 부패한 마음으로부터 '악한 생각, 살인, 간음, 음란, 도적질, 거짓 증거, 훼방'이 나오는 것을 경고하셨다. 즉, 마음의 부패를 철저하게 깨달으라고 하셨다.

예수님은 절대로 에둘러 말씀하시는 적이 없다. 우리의 어리석음은 주님께서 말씀하신 계시가 아니라 우리가 의식할 수 있는 것만 믿고 싶어 한다. 예수님께서 인간의 마음에 대하여 조금도 오해할 수 없도록 자명하게 말씀하신 것들을 사람들이 피하게 되는 이유는, 바로 인간들의 마음속에는 선한 것이 없고 경악스러울 정도의 불신앙이 있기 때문이다.

우리는 예수님의 말씀과 자신에 대한 생각이 상반될 때 자신의 순진한 무지를 신뢰해서는 안 된다. 하나님의 말씀을 무시할 때마다 우리는 부패한 마음 가운데 행하고 있는 것이다. '나는 구원 받았고 거룩하게 되었으니 어떤 생각을 하고 무엇을 하든 다 괜찮을 것이다'라는 잘못된 확신에 절대로 빠져서는 안 된다. 과거의 영적 경험이 어떠하든 상관없이 만일 지금 우리가 하나님을 인정하기로 의지적으로 결단하지 않는다면, 우리의 선택과 생각은 부패할 수밖에 없다.

영원한 구원의 근거

"땅 위에 사람 지으셨음을 한탄하사 마음에 근심하시고"창 6:6.

감정이 없는 사랑이란 상상할 수 없다. 선을 사랑한다는 것은 악을 향한 미움과 슬픔을 포함한다. 하나님은 저 멀리서 다스리시는 전능한 군주가 아니시다. 주님은 인간들의 삶의 고통 가운데 계시며 하나님의 감정이 역사 속에서 나타난다.

위의 구절은 하나님께서 사람 지으셨음을 '한탄'하셨다고 말한다. 어떤 번역은 하나님께서 사람 지으셨음을 '후회'repent하셨다고 표현하였다. 하나님의 후회는 사람의 후회와는 다르다. 즉, 계획이나 목표를 바꾸지 않으신다. "하나님은 사람이 아니시니 거짓말을 하지 않으시고 인생이 아니시니 후회가 없으시도다 어찌 그 말씀하신 바를 행하지 않으시며 하신 말씀을 실행하지 않으시랴"민 23:19.

만일 하나님께서 인간들의 죄에 대하여 "오, 이런. 그가 정말로 그렇게 죄를 의도한 것은 아닐 것이다. 그냥 내버려두도록 하자"라고 말씀하셨다면, 이는 하나님의 목적에 변화가 생겼다는 것을 의미하였을 것이다. 그러나 만일 하나님께서 인간들의 죄악 중 단 한 가지라도 간과하신다면 그분은 더 이상 하나님이실 수 없다. 하나님은 자신의 목적에 언제나 참되시며 이는 죄악에 대하여 정죄하심으로 나타난다. 그러나 하나님의 독자적인 정죄는 인간들을 향한 그 위대한 하나님의 사랑과 자비의 마음에 고통과 슬픔을 가져다준다. 따라서 하나님의 '회개' 또는 '한탄'이란, 주 하나님은 죄를 간과하실 수 없다는 뜻이다. 물론 하나님은 그렇게 할 수도 없으시다. 그렇기에, 하나님의 사랑은 죄를 간과하지 못하고 심판하셔야 하기에 하나님께 한없는 아픔을 준다.

하나님의 전능하신 은혜로 구원 받을 때 우리는 하나님의 정죄함으로부터 완전하게 구원 받았다는 사실을 깨닫게 된다. 바로 이것이 구원이다. 더 이상 그리스도 예수 안에서는 정죄함이 없다! 우리는 더 이상 죄악에 대하여 핑계할 필요가 없으며 하나님께서 우리의 죄에 대하여 십자가의 형벌을 내리신 판결에 대해서도 동의하게 된다. 그러나 우리의 죄를 향한 하나님의 정죄함은 오히려 우리를 향한 하나님의 사랑 때문에 우리가 아닌 '갈보리의 예수님께로' 넘겨졌다.

5장

절망적인 소망을 다시 일깨우심

창 6:8–22

"노아는 여호와께 은혜를 입었더라"

> "그러나 노아는 여호와께 은혜를 입었더라 … 노아는 의인이요 당대에 완전한 자라 그는 하나님과 동행하였으며"창 6:8–9.

은혜는 언제나 하나님으로부터 흘러넘치는 측량할 수 없는 총애이다. 하나님께서는 자신으로부터 흘러넘치는 은혜를 붙들 수 없다. 그분의 은혜와 총애를 막는 유일한 것이 있다면 우리의 죄와 완고함이다.

노아에 관한 언급 중 최고로 중요한 내용은 그가 '하나님과 동행하였다'는 점이다. 우리의 인생 회고록에도 이렇게 써진다면 얼마나 좋겠는가! 하나님과 동행한다는 것은 영구적으로 믿음의 본질을 실현하는 것을 의미한다. 자연 세계에는 믿음과 비슷한 것이 전혀 없다. 반항하는 배짱과 용기가 믿음은 아니다. "불로 연단하여도 없어질 금보다 더 귀한"벧전 1:7 믿음이란 시험을 통해서 증거된 믿음이다. 따라서 인정받은 믿음은 시험을 통과한 믿음이어야 한다. 하나님의 자녀로서 만일 하나님께서 친히 예비하신 고통스러운 위기를 통과한 적이 없다면 자신의 믿음이 과연 시련을 통과한 믿음인지에 대하여 의심해봐야 한다. 욥의 고통처럼 도무지 이해가 가지 않는 고통을 겪을 수 있다. 그러나 시련을 이긴 믿음은 그 이후의 욥처럼 하나님에 대한 그 어떠한 거짓에 대해서도 듣거나 말하지 않는다.

우리의 영적 성품은 믿음의 시련이 아무리 괴롭더라도 노아의 경우처럼 오직 하나님과 동행하며 하나님의 성품을 굳게 믿고 충성할 때만 성장하게 된다. 노아가 경험한 괴로움과 고통은 하나님을 믿음으로써 오는 괴로움과 고통이었다. 모든 것이 노아가 아는 하나님의 성품과 모순되게 진행되고 있었다. 하나님의 공의와 살아계심을 증거할 수 있는 것이 아무것도 없었다. 모든 것이 오히려 그 반대를 증거하였다. 따라서 노아의 믿음은 절망적인 소망에 관한 것이었다.

절망적인 소망은 이 세상에서 하나님에 대한 인격적인 믿음 위에 세워진 모든 것들이 현재 진행되는 일들과 상반되며 하나님을 믿지 않는 자들이 형통하는 것처럼 보일 때, 바로 그때 하나님의 백성들을 위한 가장 위대하고 유일한 안식처이다. 시편 73편을 통해 매우 설득력 있게 기록된 내용처럼, 절망적인 상황에서 소망의 실체를 잊게 된다면 우리는 더 이상 하나님과 동행하지 않고 단지 형식적인 인사만 하게 될 것이다. 하나님과 동행한다는 의미는 우리가 의지하는 다른 모든 우상들을 버리고 주님만 의지하며 주님과 함께한다는 뜻이다. 믿음의 모험이라는 것은 없고 단지 하나님과 동행하기로 결단하는 믿음만 있을 뿐이다.

"하나님이 보신즉"

> "하나님이 보신즉 땅이 부패하였으니 이는 땅에서 모든 혈육 있는 자의 행위가 부패함이었더라 하나님이 노아에게 이르시되 모든 혈육 있는 자의 포악함이 땅에 가득하므로 그 끝 날이 내 앞에 이르렀으니 내가 그들을 땅과 함께 멸하리라"창 6:12-13.

이 구절에서 우리는 하나님의 오래 참으심의 기간이 마쳐지고 하나님의 공의가 충만하게 나타나는 순간이 다가오는 것을 보게 된다. "하나님이 보신즉"이라는 말씀은 마치 하나님께서 하나님과 동행하였던 에녹, 므두셀라, 라멕의 세대를 지나면서 지금까지는 모든 것을 간과하시며 모든 사람들에게 충분한 기회를 주셨음을 알려주는 뉘앙스이다. 그런데 갑자기 하나님께서 심판을 주시하신다. 더 이상 집행 유예가 허락되지 않는다. 심판의 판결은 마침내 내려졌다.

다가오는 최후의 심판에 대한 선포는 심판과 구원을 모두 포함한다. 그 이유는 하나님께서는 최후의 심판을 통하여 구원 받을 수 없는 것들만 멸망시키시고 구원 받을 수 있는 것들은 자유하게 하시기 때문이다. 결과적으로 심판의 날은 하나님의 위대한 자비가 나타나는 날이다. 이는 그날에 악인과 의인이 구별되고 불의와 의가 나누어지기 때문이다.

구원은 언제나 분리를 포함하는 심판을 의미한다. 십자가는 구원에 이르도록 하기 위해 사람을 정죄한다. 우리는 하나님의 성령에 의하여 우리 안에 저주 받을 만한 무서운 죄가 있다는 책망을 깨달을 때까지는 십자가에 대하여 무관심하다. 그러나 하나님께서 우리를 대항하셔서 칼을 드실 때, 우리는 마침내 우리 안에 저주 받을 만한 성향이 있다는 사실을 깨닫게 된다. 그러면 우리는 애걸하며 기도한다. 그럼에도 하나님께서는 조금도 우리의 죄에 대하여 자비를 베풀지 않으신다. 주님께서는 우리를 '불로써' 구원하시는 것이다. 그러나 하나님께서 우리의 죄에 대하여 십자가형을 판결 내리실 때 우리가 그 판결에 마땅하다고 동의하는 순간, 놀랍게도 하나님께서는 하나님의 무한하신 자비 가운데 우리를 주의 심판으로부터 구원하신다. 심판은 구원이 다가온 것을 알리는 것이 아니라 심판 자체가 구원이다. 모든 인류와 나라를 향하여 심판하는 것이 우리의 구원이 된다.

“방주를 만들라”

> “너는 고페르 나무로 너를 위하여 방주를 만들되 그 안에 칸들을 막고 역청을 그 안팎에 칠하라 … 내가 홍수를 땅에 일으켜 무릇 생명의 기운이 있는 모든 육체를 천하에서 멸절하리니 땅에 있는 것들이 다 죽으리라 그러나 너와는 내가 내 언약을 세우리니 너는 네 아들들과 네 아내와 네 며느리들과 함께 그 방주로 들어가고”창 6:14,17–18.

방주는 심판을 알리기는 하지만 심판이 발생할 때까지는 아무런 효력이 없다. 우리가 어떤 것이 불가능하다고 말할 때 그 이유는 두 가지이다. 우리의 편견에 의하여 그렇게 되지 않기를 바랄 때 ‘불가능하다’고 말하고, 간절히 원하지만 그렇게 되기만 하면 너무 놀라운 일이 될 때 ‘불가능하다’고 말한다. 그러나 실제로 하나님만이 ‘불가능한’ 일을 가능하게 하신다.

사람이 볼 때 뭐든 가능한 영역에서는 우리는 하나님을 필요로 하지 않는다. 그 영역에서는 상식이 다 통하기 때문에 하나님께 기도

할 필요가 없다. 혹시 기도를 한다면 상식을 좀 더 강화시키기 위함이다. 구원을 계획하신 분은 하나님이다. 그러므로 구원은 상식적인 설계가 아니다. 우리가 해야 하는 것은 그 구원의 영역에 들어가는 것이다.

만일 우리가 우리의 믿음을 자신이 세운 것, 예를 들어 맹세나 결단이나 헌신 등에 둔다면 이는 자신을 위하여 뭔가를 쌓고 있는 것이다. 노아가 땅바닥에 앉아 이렇게 말한다고 생각해 보자.

“하나님께서 내게 놀라운 계획을 알려주셨다. 따라서 나는 가만히 이곳에 앉아 무슨 일이 일어나는지 보겠다.” 만일 그가 그렇게 했다면 홍수가 그를 쓸어갔을 것이다. 대신 성경은 “노아가 그와 같이 하여 하나님이 자기에게 명하신 대로 다 준행하였더라”창 6:22라고 말하고 있다.

그럼에도 이 모든 것은 전능하신 하나님의 마음에서 시작되었다. “내가 홍수를 땅에 일으켜 … 그러나 너와는 내가 내 언약을 세우리니…”창 6:17-18. 하나님의 심판과 구원은 자연 세계 속의 원인과 결과에 의한 것이 아니다. 하나님이 원인이시며 그 결과는 하나님의 마음 속에 있던 것이 실현된 것이다. 홍수 이후에 하나님께서는 새로운 인류와 언약을 하신다.

하나님의 언약이라는 ‘후편’은 하나님의 계획이라는 ‘전편’과 절대로 뗄 수 없다. 물론 여전히 하나님의 언약이 성취되어야 하는 일이 남아 있게 된다. 이제 우리가 하나님과의 살아 있는 관계 속에 들어갈 때 하나님의 언약이라는 '후편'이 이루어지게 되며 나아가 하나님의 목적이라는 '전편'이 이미 완성되었음을 재선포하게 된다.

6장

믿음이 어두움을 지날 때

창 7–9장

> "홍수가 땅에 사십 일 동안 계속된지라 … 물이 땅에 더욱 넘치매 천하의 높은 산이 다 잠겼더니 … 오직 노아와 그와 함께 방주에 있던 자들만 남았더라 물이 백오십 일을 땅에 넘쳤더라"창 7:17,19,23–24.

방주는 꼭대기 부분만 빼고 완전히 홍수에 잠겼다. 방주가 닻을 내릴 수 있는 곳은 아무 곳에도 없었다. 하나님께서는 노아와 그의 가족에게 하나님 외에는 다른 어떤 소망도 허락하지 않으셨다. 이 그림이 바로 이 세대에서 하나님 나라의 모습이다. 하나님 나라는 완전히 세상 속에 잠겨 다 부서질 것 같지만 하나님께서는 오히려 이 세상의 풍파를 사용하여 하나님 나라를 보존하신다.

언약의 표현

> "하나님이 노아와 그와 함께 방주에 있는 모든 들짐승과 가축을 기억하사"창 8:1.

이 구절은 하나님께서 그동안 노아를 잊고 계셨다는 뜻이 아니다. 하나님께서는 주께 믿음을 둔 사람들을 절대로 잊지 않으신다. 성경에서 '회개,' '기억,' '용서하다,' '사랑'이라는 단어들이 하나님과 관련하여 사용되면 그 의미가 일반 사람들에게 적용되는 의미와 많이 다르기 때문에 특별히 주목해 보아야 한다. 예를 들어, 하나님의 사랑은 하나님의 성품에 의해서만 설명될 수 있다.

마침내 물이 줄어들었다. '마침내' 하나님께서는 인간의 모든 예상을 초월하여 역사하기 시작하신다. 하나님께서 말씀하신 모든 것은 반드시 완벽하게 성취된다. 우리는 하나님의 약속이 오직 부분적으로만 성취된 것처럼 보여도 그 약속은 반드시 완벽하게 이루어진다는 점을 조금도 의심해서는 안 된다. 우리는 "오, 저런, 아마 하나님의 약속의 성취는 이것을 의미하였나 보다"라고 생각하면 안 된다. 하나님의 약속에 대한 확신을 포기하는 것은 하나님께 불충성하는 것이다. 하나님의 약속이 아직 다 이루어지지 않았기 때문에 우리가 친히 그 약속을 우리의 힘으로 완성시켜 보겠다는 착각에 빠지지 않도록 주의하라. 우리가 확고한 믿음을 가지고 하나님과 살아 있는 깊은 관계를 가진다면 절대로 그럴 수 없다.

> "또 칠 일을 기다려 다시 비둘기를 방주에서 내놓으매"창 8:10.

여기서 우리는 노아의 두드러진 특징을 보게 된다. 바로 겸손함으로 인내하는 것이다. 인내patience는 끈기endurance와 같은 것이 아니다. 보통 끈기는 금욕주의적 개념인 반면에, 인내는 직감적으로 미래를 바라보면서 하나님을 향한 불타오르는 사랑 가운데 완벽한 확신을 가지고 하나님의 때를 기다리는 것이다. 따라서 절대로 인내와 교만은 함께할 수 없다. 그 이유는 교만은 언제나 정욕으로 빠지게 되어 있으며 정욕은 근본적으로 인내성이 없고 즉흥적이기 때문이다. 그러나 노아는 언제나 소망의 인내를 가지고 든든히 서 있었다.

> "하나님이 노아에게 말씀하여 이르시되 너는 네 아내와 네 아들들과 네 며느리들과 함께 방주에서 나오고 … 노아가 그 아들들과 그의 아내와 그 며느리들과 함께 나왔고"창 8:15,16,18.

노아가 하나님의 명령에 따라 방주에 들어갔던 것같이 이제 하나님의 명령에 따라 방주에서 나온다. 만일 노아가 자아를 광신하는 사람이었다면 하나님께서 "방주에서 나오라"고 하실 때 이렇게 대답했을 것이다. "싫다. 하나님께서 나에게 이 방주에 머물라고 하셨다. 따라서 방주에서 나오라고 하는 이 음성은 분명히 하나님의 음성이 아니라 사탄의 음성이다." 우리에게는 언제나 말씀을 하신 하나님께 집중하기보다 하나님께서 말씀하신 '내용'에 광적으로 집중하는 위험이 있다. 그러나 노아는 하나님께 집중하였기에 하나님의 "나오라"는 음성을 알아듣고 방주에서 나올 수 있었다. 노아는 '하나님께서' 방주에서 나오라고 말씀하실 때를 기다렸던 것이다.

우리가 주님께서 나타나시기를 기다리면서 반드시 배워야 할 중요한 교훈이 있다. '언제' 주님이 오실지는 중요한 것이 아니다. 중요한 것은 우리가 기다리는 동안 주님과 동행하는 것이다. 우리가 반드시 알아야 할 가장 중요한 것은, 하나님께서는 자신이 무엇을 하시는지 정확히 알고 계시다는 사실이다. 이 사실을 우리는 어린아이 같은 마음 자세로 확신해야 한다. 그러할 경우 주님이 언제 오시더라도 주님이 오시는 그 사건은 우리에게 너무나 당연한 사건이 될 것이다. 따라서 주님께서 오신다고 하여 병적으로 흥분하는 일이 없을 것이다. 사실 하나님께서는 주의 백성들이 병적으로 흥분하는 것을 원하지 않으신다.

영속적인 관계

"하나님이 노아와 그와 함께한 아들들에게 말씀하여 이르시되 내가 내 언약을 너희와 너희 후손과 너희와 함께한 … 모든 생물에게 세우리니"창 9:8-10.

하나님은 우리의 협조 없이 어떤 특별한 일을 하지 않으신다. 우리는 계속 질문한다. "왜 하나님께서는 나를 기다리는 대신에 그 일을 친히 하지 않으실까?" 그 대답은 주께서 그렇게 하지 않기로 택하신다는 것이다. 이는 마치 하나님의 작정과 하나님의 허용하시는 뜻이 다른 것과 같다. 하나님의 허용하시는 뜻은 사탄이 최대의 악을 저지르는 것을 허용한다. 또한 하나님의 허용하시는 뜻은 우리가 예수 그리스도를 통하여 하나님과 바른 관계를 가질 때까지 내 마음대로 죄를 택하는 것을 허용한다. 그러나 하나님의 작정은 우리 인간이 하나님과 바른 관계를 맺는 것이다. 그리고 하나님의 언약은 이 목적을 위하여 있는 것이다. 사람들은 "왜 하나님께서 나를 구원하지 않으십니까?"라고 묻는다. 하나님은 이미 하셨다. 그러나 핵심은 우리가 주님과 언약적인 관계에 들어갈 것인가 하는 것이다.

하나님의 모든 위대한 복들은 다 완성되었으며 마무리되었다. 그러나 그 복들은 우리가 주님의 언약을 근거로 주님과 언약 관계를 맺게 될 때에야 우리의 것이 될 수 있다. 구원은 하나님의 칙령이 아니다. 구원은 하나님께서 사람이 되심으로 인류를 위하여 이루어 놓으신 사역이다. 따라서 우리가 하나님께서 어떻게 하시든 상관없이 우리 안에 뭔가를 해 놓을 것을 기다리는 것은 오히려 불신앙을 실현하는 것이다. 오히려 이러한 자세는 하나님을 불신하는 것이다. 우리는 자신에게서 벗어나 하나님과의 언약 관계로 들어가야 한다. 마치 하나님께서 자신으로부터 나오셔서 사람과 언약 관계를 맺기 위하여 인간에게 오신 것처럼 말이다빌 2:7–8.

결론적으로 문제는 하나님을 향한 우리의 믿음이다. 이 믿음은 참으로 희귀한 것이다. 그 이유는 사람이라는 존재는 자신의 감정만 믿으려 하기 때문이다. 우리는 하나님께서 우리 손에 뭔가를 쥐어 주시기 전까지는 하나님을 믿으려고 하지 않는다. 뭔가를 체험하고 이해한 다음에 "그래, 이제 하나님을 믿어"라고 하면 그 믿음은 더 이상 믿음이 아니다.

여호와 하나님께서는 "땅의 모든 끝이여 내게로 돌이켜 구원을 받으라 나는 하나님이라 다른 이가 없느니라"사 45:22고 말씀하셨다. 우리는 자신 안에 주님께 은혜 받을 만한 아무 근거가 없을지라도, 주님의 언약을 근거로 하나님과 참된 관계를 갖게 되면 그때 우리 안에는 감당할 수 없는 평강과 하늘의 기쁨이 넘치게 된다.

7장

바벨의 영혼들

창 11:1-9

"온 땅의 언어가 하나요 말이 하나였더라"창 11:1.

홍수의 심판이 지난 후 인류는 새로운 시작을 하였다. 하나님께서 홍수를 통하여 구원하여 회복하신 인류는 한 가지 언어만 사용하고 있었다. 공통으로 사용하는 언어는 인류를 하나로 묶고 있었으며 그들의 연합과 결속의 주된 요소였다. 그러나 그들은 자신들의 하나 됨을 통하여 그들 자신의 이기적인 욕망과 계획을 추구하였다. 그들은 하나님을 영화롭게 하려는 순수한 동기보다는 자신들의 교만과 허영을 만족시키기 위하여 벽돌과 역청으로 바벨탑을 세우면서 한마음이 되어 수고하였다. 그들은 한마음이 되어 위대한 도시와 높은 탑을 세우기로 하였던 것이다. 이들의 집단적인 교만은 그들 자신의 이름을 내며 자신들을 영화롭게 하는 수단이었다.

하나님께서 신성하게 제정하신 노동이 이기적인 욕망을 채우는 수단으로 전락하였다.

죄의 성향은 자신을 신성화한다. 죄는 인간의 욕구를 만족시키기 위하여 하나님으로부터 독립을 갈망한다. 죄는 언제나 하나님의 뜻과 상반되며 우리는 이러한 죄의 속성을 바벨 사람들을 통하여 분명히 보게 된다. 홍수로 씻긴 이 땅에 멀리 퍼져 흩어지라는 하나님의 명령창 8:17 ; 9:1과는 달리, 오히려 그들은 흩어지지 않고 하나로 뭉쳐서 자신들을 위하여 높은 탑을 쌓기로 하였다. "또 말하되 자, 성읍과 탑을 건설하여 그 탑 꼭대기를 하늘에 닿게 하여 우리 이름을 내고 온 지면에 흩어짐을 면하자"창 11:4. 이때 이들의 계획은 하나님께서 선포하신 인류를 향한 계획에 노골적으로 대항하는 것이었다.

> "자, 우리가 내려가서 거기서 그들의 언어를 혼잡하게 하여 그들이 서로 알아듣지 못하게 하자 하시고 여호와께서 거기서 그들을 온 지면에 흩으셨으므로 그들이 그 도시를 건설하기를 그쳤더라 그러므로 그 이름을 바벨이라 하니 이는 여호와께서 거기서 온 땅의 언어를 혼잡하게 하셨음이니라 여호와께서 거기서 그들을 온 지면에 흩으셨더라"창 11:7–9.

하나님의 계시된 뜻에 대적하는 것은 반드시 재난을 가져오게 되어 있다. 이는 하나님께서는 인간들의 교만과 정책과 목적이 완전히 무산되도록 역사하시기 때문이다. 하나님께서 바벨탑의 상황을 친히 조사하시고 그들의 악한 동기를 찾아 고발하신 후에 신적인 주도권을 가지고 그들을 온 땅으로 다 흩어 버리셨다. 우리 주님께서는 자신의 영광을 위하여 그들의 교만한 반란을 진압하셨던 것이다.

비록 잠깐 악이 형통하는 것 같으나 결국 하나님의 간섭을 통하여 하나님의 뜻만 이루어질 뿐이다.

죄의 하나 됨

> "또 말하되 자, 성읍과 탑을 건설하여 그 탑 꼭대기를 하늘에 닿게 하여 우리 이름을 내고 온 지면에 흩어짐을 면하자"창 11:4.

성경이 인류의 잘못된 하나 됨에 대하여 무엇을 말하는지를 주목하기 바란다. 바로 죄로 인한 잘못된 하나 됨이다. 모든 인간들에게 공통적인 관심사가 있다. 그것은 바로 자기 유익이다. 인간의 속성 속에 있는 공통적인 이 요소로부터 공통적인 목적이 발생하게 되는데, 바로 하나님을 말살하기를 원하는 욕구이다. 따라서 그들은 그들의 생각 속에서 하나님을 완벽하게 지워 버리고 온 인류를 하나로 묶어 하나의 견고한 무신론적인 공동체를 형성하고자 시도하였다. 바로 바벨탑이었다. 창세기 11장에서 우리는 가장 오래전에 하나님을 공동으로 대적하는 인간 '공동체'를 보게 된다.

이들을 하나로 묶는 끈이 있는데 그 끈은 '죄의 몸'the body of sin이다. 인류는 공통적으로 죄성을 지니고 있다롬 5:12. 사탄은 이 죄성으로 연결되어 세워진 인간 공동체가 보존되기를 간절히 바란다. 죄의 몸은 각 사람 안에서 소위 '옛사람'이라고 불리는데, 이것은 모든 인류를 하나가 될 수 있도록 만들 가능성이 있는 인류 저변에 깔린 견고한 무신론을 뜻한다. 죄가 연합하여 힘을 이루면 사탄이 인류 가운데 역사할 수 있는 무서운 힘의 기초가 된다. 이 연합된 죄의 힘은 인류 역사의 중심부에서 흐르고 있다. 그리고 그 연합된 죄의 힘이 추구하는 목표는 모든 인류를 무신론자로 만드는 것이다.

초기에 죄의 상태는 단순히 하나님이 없는 상태이다. 그러나 죄는 정지된 상태가 아니다. 죄는 각 개인 속의 에너지를 모아서 점점 그 힘을 크게 한다. 결국 죄는 장성하게 되어 필연적으로 하나님을 노골적으로 대항하는 힘이 된다. 그 힘은 하나님 없이도 뭔가를 할 수 있다는 착각을 유도하고 나아가 하나님을 대항하여 이길 수 있다는 어리석음에 빠뜨린다. 사람들이 행하는 모든 죄악의 배후에는 하나님을 대적하는 초자연적인 무서운 세력이 있다. 바로 사탄의 힘이다엡 6:12 ; 요일 5:19.

거룩의 하나 됨

"자, 우리가 내려가서 거기서 그들의 언어를 혼잡하게 하여 그들이 서로 알아듣지 못하게 하자"창 11:7.

"다 놀라 신기하게 여겨 이르되 보라 이 말하는 사람들이 다 갈릴리 사람이 아니냐 우리가 우리 각 사람이 난 곳 방언으로 듣게 되는 것이 어찌 됨이냐 … 우리가 다 우리의 각 언어로 하나님의 큰 일을 말함을 듣는도다"행 2:7–8,11.

창세기 11장에서 하나님께서는 사람들의 언어를 혼잡하게 하셔서 서로 이해할 수 없도록 하셨다. 그러나 사도행전 2장에서, 성령께서 강림하시던 오순절 날에 하나님께서는 서로 다른 언어를 사용하는 자들이 각 방언하는 자들로 인하여 서로 이해할 수 있도록 하셨다. 이 사건에서 하나님께서 우리에게 알리고자 하시는 중심 내용은, 성령께서는 예수 그리스도를 영화롭게 하기 위해서만 역사하신다는 사실이다. 이를 위하여 성령께서는 오순절 날에 주의 백성들을 모으시고 하나 되게 하셨다. 이 모습은 시날 땅의 바벨탑의 모습과 얼마나 대조적인가! 바벨탑에서는 죄를 중심으로 하는 단결을 보게 된다. 한편 성령께서 오시던 오순절 예루살렘에서는 그리스도를 중심으로 한 거룩한 백성들의 연합을 보게 된다.

성령께서는 우리를 독자적인 개인주의에서 구원해 주시고 그 대신에 그리스도의 신비한 몸을 세우게 하신다. 성령 세례란 각 그리스도인들이 주님 안에서 서로 한 몸이 되는 것을 인격적으로 체험하게 하시는 성령의 역사이다. 따라서 성령의 은사들은 각 개인을 드러내기 위한 것이 아니라 주님의 몸의 유익을 위한 것이요, 머리 되신 예수님을 영화롭게 하기 위해 주어지는 것이다.

그리스도의 몸은 하나님께서 친히 설계하신 것으로써 중생과 죄 씻음을 경험한 자들로 구성된다. 그리고 그 몸에는 성령께서 거하신다엡 2:19-22. 교회는 성도들의 모임으로써 외적인 조직력을 통하여 모이는 것이 아니라 성령의 역사를 통하여 한 몸처럼 함께 모이는 것이다. 곧 그리스도의 몸은 생명이 있는 유기체이지 죽은 조직체가 아닌 것이다.

그리스도의 몸이 유기체라는 사실은 오늘날 어리석은 열정을 가지고 하나님을 위한다고 하는 셀 수 없이 많은 행사를 치르는 자들에게 얼마나 귀한 교훈을 주는가! 그들은 오늘은 이것을 조직하고 내일은 저것을 조직하면서 끝없는 행사를 치르고 있다. 하지만 하나님이 원하시는 것은, 하나님이 주님과 하나이신 것같이 우리도 성령의 역사를 통하여 주 안에서 하나 되는 것이다요 17:21. 성경은 말한다. "평안의 매는 줄로 성령이 하나 되게 하신 것을 힘써 지키라"엡 4:3.

그리스도의 몸 안에서 우리를 하나 되게 하시는 성령의 역사에는 전혀 혼잡의 위험이 없다. 그러나 그리스도의 은혜보다 성령의 은

사를 더 높이 평가하였던 고린도 교회의 위험을 기억하기 바란다. 이 교회에도 바벨의 혼잡이 있었다. 따라서 사도 바울이 혼잡에 빠진 교회를 질서와 함께 성장하는 교회로 만들기 위하여 놀라운 지혜 가운데 이 문제를 직접 다루게 되는 것을 볼 수 있다.

이 세상에는 언제나 새로운 견해가 등장하여 각 나라들을 연합시키거나 이러저러한 파당을 만드는 것을 보게 된다. 그러나 참된 연합은 우리 주 예수 그리스도의 역사를 통해서만 올 수 있으며, 우리는 주님께만 매어 달리고 주님의 목표를 놓치지 말고 붙들어야 한다. 새로운 종교 단체나 운동이 조직될 때마다 생명력을 잃는 경향이 있다. 분명히 복음을 선포하는 일에 온 마음과 정성을 다하던 사람들이었는데, 그들은 새로운 조직체를 세운 이후에 자신들도 모르는 사이에 그 조직의 성공만 위하여 수고하는 자들이 되어 버린다.

온 땅에 주님께서 충만히 거하시는 날이 오고 있다는 사실로 인하여 하나님께 감사드린다. 지금 이 땅은 사람이 만든 세상 조직에 의하여 강탈당하였지만 이러한 바벨이 사라질 때 하나님의 새 하늘과 새 땅이 등장하게 될 것이다. 우리는 하나님께로부터 하늘에서 내려오는 거룩한 성 새 예루살렘을 보게 될 것이다.

> "또 내가 보매 거룩한 성 새 예루살렘이 하나님께로부터 하늘에서 내려오니 그 준비한 것이 신부가 남편을 위하여 단장한 것 같더라 내가 들으니 보좌에서 큰 음성이 나서 이르되 보라 하나님의 장막

이 사람들과 함께 있으매 하나님이 그들과 함께 계시리니 그들은 하나님의 백성이 되고 하나님은 친히 그들과 함께 계셔서 모든 눈물을 그 눈에서 닦아 주시니 다시는 사망이 없고 애통하는 것이나 곡하는 것이나 아픈 것이 다시 있지 아니하리니 처음 것들이 다 지나갔음이러라"계 21:2-4.

3부

갈 바를 알지 못하나

아브라함의 믿음의 여정

믿음의 속성은 반드시 시련을 통과해야 한다. 아직 시련을 당하지 않은 믿음은 단지 관념적인 실제일 뿐이지 현실적으로 실제가 된 것은 아니다. 그 이유는 믿음은 논리가 아니기에 논리적인 차원에서 역사할 수 없기 때문이다. 믿음은 오직 살아 있는 순종을 통하여 조용히 역사한다. 하나님께서는 아브라함을 가장 혹독한 위기에 두심으로써 그의 믿음을 확증하셨다.

8장

경계선을 넘어서서

창 12:1–3

알프레드 테니슨 경의 유명한 시 ‘경계선을 넘어서서’는 우리가 하나님을 향하여 믿음을 행사할 때마다 발생하는 일들을 그려 놓았다.

“석양과 밤하늘의 별들은, 나를 부르는 분명한 음성이라!”

하나님께서 어떠한 방향을 지시하시든, 우리는 믿음으로 당장 출발해야 한다. 물론 하나님의 부르심은 언제나 우리에게 거절할 기회도 주신다. 또한 주께서 우리를 부르실 때 주님은 우리에게 무엇을 기대해도 좋은지 말씀해 주지 않으신다. 주님은 우리에게 인봉된 명령을 건네주시고 거대한 도전을 하도록 촉구하신다. 믿음은 어디로 이끌리는지 전혀 모른 채 오직 이끄시는 분이 누구인지를 알고 그분을 사랑하는 것이다. 우리는 우리가 어디로 가는지 알지 못한다. 그러나 우리를 가게 만드시는 분이 누구인지를 안다.

우리 각 개인들은 소위 '믿음의 아버지'라고 불리는 아브라함의 삶을 연구함으로써 인격적이고 개인적인 믿음의 삶이 무엇인지 배우게 되고 믿음의 삶을 살게 하는 영감을 발견할 수 있다. 아브라함의 실례는 그의 약점 및 순종과 함께 믿음의 삶에 관한 상세한 가르침을 제공한다.

하나님의 부르심

"여호와께서 아브람에게 이르시되"창 12:1.

하나님의 부르심은 함축적implicit이지 결코 노골적explicit이지 않다. 마치 바다 또는 산의 부름과 같다. 이러한 부름은 그 사람이 바다 또는 산의 속성을 가지고 있지 않으면 그 부름을 들을 수 없다. 마찬가지로 어떠한 사람 안에 하나님의 속성이 없으면 하나님의 부르심을 들을 수 없다. 하나님의 부르심은 주님 자신의 목적을 위하여 동료로 부르시는 것이다. 믿음의 시험은 하나님께서 무엇을 하고 계시는지 하나님이 가장 잘 알고 계심을 믿는 것이다.

하나님께서 "나를 따르라"고 말씀하실 때, 주님은 절대로 '어디로' 가시는지 말씀하지 않으신다. 그 여정은 완전히 주님께 달려 있다. 이때 우리는 "그러나," "만일," "어떤 일이 발생합니까?" 등의 의심을 가지고 온다눅 9:57–62. 그러나 그러한 자세는 믿음의 자세가 아니다. 믿음의 자세는 우리가 순종하면 어떤 일이 생길지에 대해 관계하지 않는다. 우리는 무조건적으로 우리의 연약한 지혜를 뒤로하고 하나님의 부르심에 자신을 내려놓아야 한다. 그리고 그 결과에 대해서는 여유로운 마음으로 신경 쓰지 않는 것이다. 그렇다고 믿음의 삶이란 운명에 맡기는 삶을 의미한다는 뜻은 아니다. 운명에 맡긴다는 것은 알 수 없는 힘에 자신을 포기하는 것이다.

믿음은 예수 그리스도 안에서 우리에게 계시된 하나님의 성품을 알고 나의 모든 것을 하나님께 전적으로 의탁하는 것이다. 하늘 아버지와 긴밀한 관계를 맺고 살아가면 주의 섭리가 우리에게 우연하게 임하는 것처럼 보이지만, 우리는 우리의 모든 삶이 오직 하나님의 주권에 의하여 진행되고 있음을 깨닫는다.

하나님의 부르심은 우리가 순종할 때만 분명하게 된다. 만일 주님의 부르심에 대하여 이것저것 재보면서 논리적으로 따지려고 하면 주의 부르심은 철저하게 애매모호하게 된다. 하나님의 부르심은 하나님의 생각이지 우리의 생각이 아니다. 우리가 주의 부르심에 순종한 이후에 뒤를 돌아보면 하나님은 우리의 기억을 거룩하게 해 주시기 때문에 그동안 하나님의 생각이 무엇이었는지를 깨닫게 된다. 우리가 하나님의 부르심을 들을 때 주님과 논쟁을 벌인다든지 그 부르심을 우리에게 더 상세히 설명해주시면 순종을 고려해 보겠다는 자세를 가져서는 안 된다. 주님의 부르심에 대하여 설명을 듣고 싶어

하는 한, 우리는 절대로 그 부르심에 순종하지 않을 것이다. 그러나 우리가 순종할 때 모든 것이 분명해진다. 그래서 후에 돌아보면 우리는 확신에 가득 찬 웃음을 띠고 이렇게 말하게 된다. "주께서 모든 것을 완벽하게 이루셨다." 우리 앞에는 아무것도 보이지 않는다. 그러나 우리 위에는 하나님이 계신다. 우리는 모든 것을 보시는 위에 계신 하나님만 의지한다.

아브라함을 부르심

> "너는 너의 고향과 친척과 아버지의 집을 떠나 내가 네게 보여 줄 땅으로 가라"창 12:1.
>
> "믿음으로 아브라함은 부르심을 받았을 때 순종하여 장래의 유업으로 받을 땅에 나아갈새 갈 바를 알지 못하고 나아갔으며"히 11:8.

매우 배우기 힘든 교훈 중 하나는 주께서 아브라함을 부르실 때 아브라함이 믿음으로 순종한 사실이다. "갈 바를 알지 못하고" 나아가는 아브라함의 모습은 신실한 영혼이든지 아니면 바보이다. 우리도 아브라함처럼 하나님의 부르심을 순종할 때 종종 세상 사람들의 눈에는 바보로 비칠 것이다.

처음에 믿음은 언제나 무엇을 해야 할지 불확실하다. 그 이유는 커다란 그림만 보이고 구체적인 것은 보이지 않기 때문이다. 우리는 설교나 기도를 통하여 하나님의 부르심을 듣는다. 그때 우리는 "네. 저는 자신을 조금도 아낌없이 하나님께 드립니다"라고 말한다. 그러면 우리에게 즉각적으로 발생하는 상황은 우리가 가진 비전과 전혀 맞지 않는다. 이때의 위험은 우리가 가졌던 비전이 잘못된 것이었다고 타협하는 것이다. 우리의 자연스러운 경향은 모든 것이 분명하게 보이는 산 위에 계속 머물기를 원하는 것이다. 악령으로 가득 찬 계곡으로 내려오면, 우리는 매우 귀찮게 하는 일들을 당하게 되고 피곤에 지치면서 더 이상 그곳에서 하나님과 동행할 수 없다고 생각한다. 산 위에 있는 한, 우리는 하나님을 향하여 완벽한 믿음을 지니지만 주께서 우리를 계곡으로 인도하시면 조그마한 믿음도 지켜내지 못한다. 그러나 바로 이 특별한 계곡에서 믿음이 시련을 당하면서 우리는 영적으로 부요하게 된다.

하나님을 인격적으로 아는 과정에는 언제나 구별되는 과정이 있다. 아브라함의 경우 그는 그의 나라와 친족들로부터 구별되었다. 예수님께서도 제자들에게 구별의 중요성을 강조하셨다눅 14:26. 현대에는 이러한 공간적인 구별보다는 영적인 구별이 더욱 중요하다. 가령 우리는 우리와 가깝고 친하더라도 하나님과 개인적인 교제가 없는 사람들의 사고방식 및 가치관에 물들지 않아야 한다.

하나님의 부르심을 순종하기를 꺼려 하는 사람들은 흔히 가족 및 친구들의 의견을 취한다. 만일 그들의 의견을 듣기 시작하면 우리의 귀는 곧 하나님의 부르심에 대하여 무뎌지게 될 것이다. 우리를 걱정하며 동정해 주는 의견들이 우리의 마음 보좌에 있어야 할 하나님의 음성을 대치해 버리는 것이다. 따라서 우리는 믿음으로 용기 있게 앞으로 나아가기보다 가장 흔한 안일한 그리스도인으로 전락하게 된다. 우리는 보기도 하고 듣기도 하였지만 믿음으로 나아가지 않는다. 만일 하나님의 부르심을 들어 본 적이 없는 사람들의 동정어린 의견을 받아들이게 되면, 주님의 부르심에 대한 감각은 너무나 둔탁하게 되어 우리는 더 이상 주님께 쓸모없는 존재가 된다.

궁극적으로 모든 성도는 하나님 앞에서 홀로 서야 한다. 주께서 우리에게 믿음을 붙들고 나오라고 부르실 때 우리는 믿음의 걸음을 홀로 걸어야 한다. 그 걸음은 목적을 가지고 우리를 부르신 주님 외에 다른 동료를 구하지 않는다.

9장

하나님과 함께 나아감

창 12:4–9

"이에 아브람이 여호와의 말씀을 따라갔고"창 12:4.

우리가 하나님의 부르심을 따르는 것을 막는 것은 우리의 교만 및 불신의 죄뿐이 아니다. 사실 우리로 하여금 주님의 부르심에 주저하게 만드는 것은 선하고 옳고 자연적인 것들이다. 자연적인 것은 오직 순종에 의하여 영적인 것으로 변한다. 우리 안에서 하나님의 생명이 시작되는 것도 직접적으로는 인간의 자연적인 의지를 통과하면서부터이다. 하나님의 부르심은 주님께서 말씀하신 것이 사실이라는 깨달음과 함께 온다. 그러나 그 부르심을 우리 삶의 현실 가운데 실현시키려 할 때 우리는 믿음의 시련을 지나게 되고 그 과정은 고통스러운 것이다. 바로 이때 우리는 하나님께 따지게 되면서 이렇게 말하곤 한다. "만일 제가 여기서 주님을 순종하면 어떤 결과가 발생하나요?" 이러한 반응은 하나님을 믿는다고 말은 하면서도 사실은 조금도 하나님을 믿지 않는 것이다.

하나님의 뜻을 아는 것은 마치 미리 수학 문제를 푸는 것과 같은 것이 아니다. 오직 우리가 순종하며 나갈 때 우리를 향하신 주님의 뜻은 대낮처럼 분명하게 드러난다. 우리는 끊임없이 우리가 살아가는 이 시대의 정신을 본받지 말아야 한다. 오직 그렇게 할 때만이 순종하는 삶을 통하여 "하나님의 선하시고 기뻐하시고 온전하신 뜻"롬 12:2을 분별하게 된다.

사람이 선택한 삶을 보며 그 사람의 지혜를 칭찬하는 일이 없도록 주의하라. 언제나 우리의 단순한 순종을 통하여 하나님의 완벽한 지혜가 나타난다. 성도를 통해 드러나야 하는 것은 뛰어난 재능들이 아니라 하나님의 깊은 지혜이다.

아브라함의 믿음의 의탁

> "이에 아브람이 여호와의 말씀을 따라갔고 롯도 그와 함께 갔으며 아브람이 하란을 떠날 때 칠십오 세였더라"창 12:4.

하나님을 향한 믿음은 언제나 우리로 하여금 개인적인 의탁을 할 것을 요구한다. 아브라함은 자신이 어디로 가는지 전혀 알지 못한 채 하나님께서 명령하신 대로 하나님과 함께 나아갔다. 하나님께서 말씀하실 때 우리 마음속에 하나님께 따지려는 자세가 있다면 주의하라. 이러한 마음을 가지면 일이 크든 작든 상관없이 우리는 하나님의 명령에 따라 앞으로 나아가지 않게 된다. 오히려 하나님과 우리 사이에 경계선을 긋게 된다. 만일 우리가 하나님께 순종하려면 우리에게는 주님을 의탁하는 마음이 있어야 한다. 우리는 모든 장애를 대하게 되면서 뜻을 다하여 하나님의 성품을 신뢰해야 한다. 우리는 "하나님께서 만일 이곳에 내려오셔서 모든 것을 내게 설명해 주신다면 주님을 믿을 텐데"라고 말하곤 한다. 하지만 하나님의 은혜 및 하나님을 친히 경험하는 때조차 얼마나 주님을 신뢰하지 않는지! 우리는 심지어 체험을 주신 하나님보다 우리가 경험한 것을 더 신뢰하게 된다.

체험은 결코 신뢰의 바탕이 되어서는 안 된다. 체험은 단지 그 체험을 허락하신 하나님을 신뢰하도록 주님께로 이르는 길일 뿐이다. 믿음의 행위는 설명이 필요 없고 단지 하나님께 순종하기로 결단하는 것이며 주님의 성품을 믿고 우리의 모든 것을 의탁하는 것이다. 그래서 하나님께서 말씀하신 대로 행하자마자 우리는 주께서 의미하시는 바가 무엇인지를 분별하게 된다.

자연인은 언제나 설명을 요구한다. 그 이유는 자신이 설명할 수 있게 되면 명령할 수 있기 때문이다. 그러나 영적인 영역에서는 우리가 순종하기 전에는 아무것도 설명되지 않는다. 그러나 순종하게 되면 그 즉시 분별할 수 있게 된다. "사람이 하나님의 뜻을 행하려 하면 이 교훈이 하나님께로부터 왔는지 내가 스스로 말함인지 알리라"요 7:17. 만일 우리가 "내가 왜 이것을 해야 하는지 알았으면 좋겠는데요" 라고 말한다면, 이는 우리에게 하나님을 향한 믿음이 없다는 뜻이다. 그 대신 자신의 보잘것없는 생각을 의지하겠다는 것이다. 우리는 모든 것을 '설명해 보려고' 이와 같이 우리의 지혜와 능력을 우상으로 삼는다.

만일 우리가 자신이 가진 '성도'에 대한 개념에 따라 스스로 성도가 될 수 있다고 한다면, 우리는 성도가 되는 것을 별로 문제 삼지 않을 것이다. 또한 만일 우리가 우리의 특별한 기질과 애착, 그리고 영적 성장에 대하여 내 뜻대로 하나님께 지시할 수 있고 상황 설정을 마음대로 할 수 있다면, 우리는 성도가 되어도 좋겠다는 생각을 하게 된다. 그러나 믿음은 정반대로 요구한다. 우리가 이해할 수 없어도 주님께 모든 것을 양도하고 나아가야 한다.

바로 이러한 이유 때문에 자연적인 것이 순종을 통하여 영적인 것이 되는 것을 주저한다. 그러나 아브라함에게는 주저함이 없었다. 물론 그의 믿음의 여정 가운데 상황에 대한 잘못된 이해가 없었던 것은 아니다. 그럼에도 아브라함은 언제나 주님께 자신을 의탁하는 믿음을 소유하였으며 그에 따라 여호와의 말씀을 따라 떠날 수 있었던 것이다.

아브라함의 믿음의 동반자들

"아브람이 그의 아내 사래와 조카 롯과 하란에서 모은 모든 소유와 얻은 사람들을 이끌고 가나안 땅으로 가려고 떠나서 마침내 가나안 땅에 들어갔더라"창 12:5.

하나님과만 동행하는 삶은 모든 사람을 멀리하고 사는 삶을 의미하지 않는다. 성경에는 경건한 믿음의 사람들과 동반하는 사람들에 대한 기록이 계속 나타난다. 만일 당신이 하나님과 동행하면 당신의 소망은 살아 계신 하나님께 있기 때문에 "수고하고 진력하게" 될 것이다딤전 4:10. 이때 당신이 받은 개인적인 비전이 당신의 동반자들의 것이 되지 않을 수는 있어도, 당신이 동반자들에게 계속 신실하다면 하나님께서 그들을 가르치기 시작하실 것이다. 따라서 당신이 하나님을 향한 소망을 가지고 수고하고 진력하는 모습 때문에 주변 동반자들이 주님께 믿음을 갖게 된다.

아브라함의 믿음의 성별

"그가 그곳에서 여호와께 제단을 쌓고 여호와의 이름을 부르더니"창 12:8.

우리는 이 구절에서 아브라함의 믿음의 여정의 초기 장면을 보게 된다. 아브라함은 하나님을 예배하기 위하여 단을 쌓았다. 예배는 하나님과 하나 되는 희생제사이다. 곧 우리는 뜻을 다하여 주님께서 우리에게 주신 것 중 최상의 것을 다시 하나님께 드리는 것이다. 그렇게 함으로 그 예배 안에서 하나님과 하나 된다. 나중에 하나님께서 아브라함에게 언약을 하신 이후에 아브라함이 제단 쌓는 일을 등한시 할 때마다 그는 죄에 빠지게 된다.

예배는 하나님께서 주님의 신실한 백성들에게 요구하시는 가장 인격적인 성스러운 행위이다. 하나님께서 우리에게 복을 주실 때마다 우리는 그 복을 감사하는 마음으로 깊이 숙고해 보는 시간이 있어야 하며 그 후 우리의 마음을 다하는 간절한 예배를 통하여 하나님께 받은 최상의 것을 다시 드려야 한다. 주님은 우리가 자신만 누리도록 영적인 복을 허락하신 것이 아니다. 모든 복은 다시 하나님께 드려져야 하고 그때 주님께서는 그 복을 다른 사람들을 향한 또 다른 복으로 만드신다. 만일 우리가 받은 복을 자신만 위하여 축적하면, 오히려 그 복은 영적 부패로 변하게 된다. 만일 하나님께서 당신에게 복을 베푸셨다면 하나님께 단을 쌓고 감사와 사랑의 선물로써 다시 주님께 그 복을 돌려 드리라.

아브라함은 벧엘과 아이AI 사이에 장막을 쳤다. 벧엘은 하나님과 교통하는 삶, 아이AI는 세상을 각각 상징한다. 하나님을 위한 우리의 공적인 섬김이 얼마나 가치 있는가에 대한 평가는 우리가 주님과 얼마나 개인적이고 깊은 교제를 나누고 있는가에 달려 있다.

우리 중 어떤 이들은 영적인 점프 놀이를 원한다. 이들은 서로 다른 세 개의 영적 상태를 나눈 후에 사람들을 각 상태에 끼워 맞춘다. 그러면서 이들은 사람들이 영적인 상태에서 점프한다고 보는데, 예배에서 기다림으로 점프하거나 기다림에서 봉사로 점프한다고 생각한다. 하나님께서는 주의 백성들이 이 세 분야에서 골고루 훈련받으며 성장하도록 하셨다. 주님은 우리를 영적으로 훈련시키실 때 급하지도 않고 쉬지도 않으신다. 우리가 만일 장막을 칠 시간이 있고 단을 세울 수 있는 시간만 있다면, 우리에게는 하나님을 예배할 수 있는 충분한 시간이 있는 것이다.

10장

상황의 변화무쌍

창 12:10–13

"그 땅에 기근이 들었으므로"창 12:10.

상황circumstance과 환경environment은 차이가 있다. 우리는 상황을 다스릴 수 없다. 그러나 환경을 선택할 수 있다. 우리는 우리가 처한 상황 가운데 내 성향에 맞는 요소를 택하는데 그것이 환경이 된다. 죄의 가책을 느끼는 사람과 사랑에 빠진 사람이 외부적으로는 같은 상황에 있을 수 있다. 그러나 한 사람의 환경은 다른 사람의 환경과 전혀 다를 수 있다. 우리의 환경은 상황에 대한 각 개인의 반응에 좌우된다. 상황은 우리를 난처하게 할 정도로 변화무쌍하며 우리의 한계를 초월한다. 그러나 이것이 우리가 처한 상황 가운데 자신을 제어할 수 없다는 의미는 아니다. 인간은 변화무쌍한 상황 속에서 자신이 아는 가장 높은 존재와의 인격적 관계를 드러내는 반응을 하게 되어 있다. 오직 하나님 앞에서 살아감으로써 우리는 복잡한 상황 가운데 불신자들처럼 행동하지 않게 된다.

약속의 땅에서의 기근

"그 땅에 기근이 들었으므로 아브람이 애굽에 거류하려고 그리로 내려갔으니 이는 그 땅에 기근이 심하였음이라"창 12:10.

우리는 (변화)산 위에서 하나님의 부르심을 듣게 된다. 그러나 상황이 변화무쌍하기 시작하면 우리는 하나님을 향한 믿음에 따라 그 상황 가운데 반응해야 한다는 사실을 망각한다. 이것이 지금 아브라함에게 발생한 사건이다. 분명히 기근은 아브라함의 믿음에서 아주 혹독한 시험이었을 것이다. 아쉽게도 아브라함은 애굽으로 내려감으로 인하여 그 시험에 불합격하였다.

우리는 믿음의 삶에서 훈련이 얼마나 중요한 것인가를 잊어서는 안 된다. 오직 훈련에 의하여 세상이 말하는 '선'과 하나님께서 뜻하시는 '선'이 다르다는 것을 배우게 된다. 우리는 하나님께서 '선'이라고 하는 것을 진심으로 동의하는 자리까지 가야 한다. 그런데 그곳까지 가기 위해서는 믿음의 시련을 거쳐야만 한다. 절대로 "그래, 이것이 주의 뜻이며 최고라고 내 마음에 정하도록 하자"라는 극기적인 노력으로는 하나님의 '선'을 깨달을 수 없다.

가끔 하나님께서 주의 약속을 버리신 것처럼 보이고, 심지어 우리를 의도적으로 속이시는 것처럼 느껴질 때가 있다. 우리는 하나님께 어떤 특정한 것을 구하거나 특이하게 주님과 관련되면서 풍성한 복을 기대한다. 그런데 우리가 얻게 되는 것은 정반대의 결과이다. 문제와 어려움과 우리를 분노하게 만드는 일들이 온 주변에서 발생한다. 그러면 우리는 갈팡질팡하게 되지만 결국 이 훈련을 통해 자신을 완전하게 비우고 주님께 모든 것을 내려놓게 된다.

하나님의 약속을 받은 직후에 당신에게 황폐한 일들이 발생할 때 하나님의 약속을 오해했던 것이라고 말하지 말라. 결코 변화무쌍한 상황 가운데 믿음을 저버리지 말라. 하나님께서 약속을 주셨다고 말하며 그 약속을 붙들라. 그러면 서서히 하나님께서 그 약속의 구체적인 완성을 향하여 완벽하게 당신을 이끄실 것이다. 언제 어디서 그 약속이 이루어질지는 하나님께 달려 있다. 하나님의 말씀이 완벽하게 성취될 것을 조금도 의심하지 말라. 그 약속이 완성되는 시작은 당신이 하나님의 뜻에 순응하는 때부터이다.

변함없이 하나님께 충성하라. 심지어 주의 말씀이 당신의 자연적인 성향과 너무나 상반되기에 그 말씀대로 순응하려 할 때 칼로 잘라내는 듯한 고통이 따른다고 할지라도 계속 하나님께 신실하면 주님과 초자연적으로 일치하게 될 것이다. 우리는 설명에 의하여 기독교에 입문하게 되는 것이 아니다. 그러나 우리는 상황에 대한 기독교적인 해설을 배워야 한다. 그래서 마침내 하나님의 은혜와 우리의 수고를 통하여 만족할 만한 해답을 얻어야 한다.

화평의 불길한 조짐

> "그가 애굽에 가까이 이르렀을 때 그의 아내 사래에게 말하되 내가 알기에 그대는 아리따운 여인이라 애굽 사람이 그대를 볼 때 이르기를 이는 그의 아내라 하여 나는 죽이고 그대는 살리리니 원하건대 그대는 나의 누이라 하라 그러면 내가 그대로 말미암아 안전하고 내 목숨이 그대로 말미암아 보존되리라 하니라"창 12:11-13.

약은 사람들이 쉬운 길을 추구할 때마다 그것은 불길한 미래를 자기 수레에 싣는 것과 같다. 어떤 특별한 상황에서 이러한 모습들이 나타나는 것은 하나님께 순종하기를 멈추었다는 표시이다. 우리는 실수함이 없이 모든 진실을 지지해야 하지 부분적으로만 진실해서는 안 된다. 하나님께서 계시하신 것을 공중 앞에서 증거하기를 주저할 때마다 당신은 진리를 형편에 맞게 조작하게 된다. 바로 이 부분에서 당신은 의심스러워진다. 우리는 사실을 말하기는 하는데 모든 사실을 말하지 않고 자기에게 유익한 진실만 말한다. 상황이 불안하다고 의심하게 되면 우리는 하나님을 의지하지 않게 된다. 그 대신 자신의 잔꾀를 의지하는 가운데 주제넘은 추측과 확신을 한다. 이러한 삶의 모습이 믿음을 떠나 하나님께 순종하기를 멈추었을 때의 모습이다. 주께서 우리에게 말씀하신 그대로 믿으며 우리가 흔들림 없이 든든히 서 있을 때만이 주께서 우리를 끝까지 돌보실 것이다.

또 다른 위험은 사람들에게 관심을 끌 수 있는 어떤 특별한 사실들만 언급하는 것이다. 이러한 자세는 사람의 마음을 끌 수는 있어도 절대로 하나님의 마음에 들 수는 없다. 만일 우리가 인간적인 차원에서 감명을 주어 사람들을 이끈다면 그 사람들은 우리를 보게 되면서 더 이상 앞으로 나아갈 수 없게 된다. 우리 주님께서는 "내가 땅에서 들리면 모든 사람을 내게로 이끌겠노라"요 12:32고 말씀하셨다.

아브라함이 아내 사라를 누이라고 거짓말을 한 일은 아브라함의 믿음의 연약함을 노출한 사건이다. 이때 아브라함은 하나님의 때와 방법으로 하나님께서 그를 도우실 것이라는 온전한 믿음을 소유하지 못하였다. 이러한 연약함은 하나님을 향한 그의 믿음을 그가 처한 현실적 상황에 적용하지 못한 데에서 발생한다. 우리는 하나님 그분께 신실해야 하는 것이지 하나님에 대한 우리의 생각에 신실해서는 안 된다.

만일 우리가 하나님 없이도 어떤 힘을 가지고 있다고 생각한다면 어떤 난관에 부딪혀서 그 힘이 철저하게 부서질 때까지는 주님을 기꺼이 의지하려고 하지 않을 것이다. 자신의 힘은 거듭나지 않은 삶의 등빼는 될 수 있어도 하나님의 생명에는 아무런 효력이 없다. 믿음의 비전이 실현되어 실제가 될 때까지는 우리 믿음의 걸음은 우왕좌왕할 것이다.

11장

황당한 놀라움

창 12:14–20

"네가 어찌하여 나에게 이렇게 행하였느냐"창 12:18.

우리가 직접적으로 죄를 지을 때는 그 죄의 결과에 황당해 하지 않게 될 것이다. 대항하거나 거짓말을 하든지, 아니면 하나님의 용서를 받아들이든지 하게 된다. 황당할 정도로 놀라움이 임할 때는 하나님의 뜻대로 행하기를 그렇게 원하였음에도 불구하고 그 행위대로 행하지 못하고 실패하였을 때이다. 바로 아브라함의 경우가 이와 같았다. 우리는 위 구절에서, 하나님께서 아브라함에게 약속하신 가나안 땅에 기근이 찾아왔을 때 그 기근을 피하여 애굽으로 내려간 아브라함의 자명한 실패에 대하여 아무런 꾸중의 말을 찾을 수 없다. 그러나 이 일로 인한 황당한 놀라움이 암시되어 있다.

이 시점에서 우리는 아브라함이 어떻게 행했어야 옳았을 것이라고 말하지 않도록 주의해야 한다. 첫째는 아브라함이 자신을 변명하지 않았기 때문이고, 둘째는 만일 아브라함의 실패만 강조한다면 우리는 정죄하고 싶은 마음을 부추기는 것이 되기 때문이다. 사실 이 사건은 아브라함을 모독하기 위한 것이 아니라 하나님께 영광을 돌리기 위함이다.

먼저 아브라함이 자신을 변명하려 하지 않는 것을 주목하라. 물론 우리도 그래서는 안 된다. 우리는 하나님께서 우리로 하여금 잘못된 결정을 내리도록 하셨다고 생각해서도 안 되고 그렇게 말해서도 안 된다. 이러한 생각은 영적 위선에 빠지게 한다. 하나님께서는 그분의 자녀들이 하나님의 뜻을 바르게 해석하지 못한 것에 대하여 책임을 묻는다. 우리는 오직 모든 상황에서 우리 마음을 성령으로 새롭게 해야만 하나님의 뜻을 분별할 수 있다. 우리는 어떤 즉흥적인 영적 느낌을 근거로 진리를 말해서는 안 되고 오직 하나님의 말씀을 근거로 자신에게 진리를 말하는 것을 배워야 한다.

성도의 실수로 인한 세상 사람들의 죄악

> "아브람이 애굽에 이르렀을 때 애굽 사람들이 그 여인이 심히 아리따움을 보았고 바로의 고관들도 그를 보고 바로 앞에서 칭찬하므로 그 여인을 바로의 궁으로 이끌어들인지라"창 12:14–15.

아브라함이 애굽에 내려감으로써 그 결과는 난처한 상황이 되었고 애굽 왕 바로에게는 죄악을 범할 수 있는 직접적인 원인 제공을 하게 되었다. 이러한 상황에도 불구하고 바로는 아브라함에게 호의를 베풀었으며 이러한 호의는 아브라함으로 하여금 큰 부끄러움을 느끼게 하였을 것이다.

때때로 하나님을 섬기기를 원하는 열심이 우리로 하여금 하나님의 계명을 어기게 하는 자리까지 나아가게 한다. 그래서 자신의 삶에 좋지 않은 영향을 미칠 뿐 아니라 주변 사람들에게까지 잘못된 영향을 끼친다. 우리의 잘못된 상황 판단으로 인하여 다른 사람들에게 죄를 짓게 하는 경우를 마련하곤 한다. 그때 이렇게 열심이 있던 성도는 황당한 가운데 놀라서 말한다. "그러나 나는 단지 하나님의 뜻을 이루길 원하였습니다."

아브라함은 옳은 것을 행하려는 자신의 열심 속에서 실수 하게 되었다. 그러나 아브라함의 행동은 의도적으로 악을 도모한 도덕적인 죄는 아니다. 실수는 죄를 범하기로 의식적으로 작정하는 것과는 다른 차원으로써 무의식적인 행위이다. 죄는 절대로 무의식적으로 지을 수 없다. 우리는 실수와 죄에 대하여 구별할 줄 알아야 한다.

우리 주 예수님의 삶 가운데 놀라운 것은, 하나님 아버지께서 예수님께 하라고 하신 일 외에는 뭔가 더 아버지의 뜻을 이루겠노라고 먼저 앞서지 않았다는 점이다. 주님은 이 세상의 구세주셨으며 모든 것이 주님께 달려 있었다. 그러나 주님은 30년 동안 세상에 드러나지 않는 평범한 삶을 사셨다. 성 보나벤트라Saint Bonaventure(1221–1274): 이탈리아의 스콜라파 신학자–역주는 "주님께서 하신 일은 너무나 평범하여 그 평범함이 오히려 놀라운 것이다"라고 말할 정도였다. 우리 주님의 삶은 '하나님의 뜻'을 보이는 것이었지 그 뜻을 '행하는' 것이 아니었다.

세상 사람들이 진심 가운데 성도에게 주는 선물

> "이에 바로가 그로 말미암아 아브람을 후대하므로 아브람이 양과 소와 노비와 암수 나귀와 낙타를 얻었더라"창 12:16.

아마도 아브라함과 사라의 인생 가운데 아주 중요한 영향을 미쳤던 애굽 여종 하갈은 애굽 바로 왕이 이 사건으로 아브라함에게 준 선물일 수 있다. 세상이 주는 친분과 선물이 진실한 것일지라도 성도가 하나님께 충성하려 할 때 그것들이 오히려 방해와 난처함을 더해 줄 수 있다는 것을 깨닫게 된다. 그래서 결국 황당함 가운데 빠지게 되는데, 하나님은 이러한 황당함으로부터 우리를 보호해 주지 않으신다. 이러한 경우는 옳고 그름의 문제가 아니라 아브라함처럼 쓴 경험을 통하여 배워야 한다. 아무리 열심히 추측해도 우리는 추측만으로 하나님의 뜻을 찾아낼 수 없다. 우리는 모든 상황에서 마음을 새롭게 해야 하고 우리에게 아무 해가 없이 그럴듯하게 다가오는 의심과 사상과 제안을 경계해야 한다. 우리는 주님께서 우리를 꾸짖으실 때 그 꾸지람을 업신여기거나 그로 인해 낙망해서는 안 된다. 우리가 황당한 놀라움 앞에서 할 수 있는 것은, 오직 잠잠한 가운데 그 다음 단계로 나아가는 것이다.

성도의 신음과 세상의 조롱

> "여호와께서 아브람의 아내 사래의 일로 바로와 그 집에 큰 재앙을 내리신지라 바로가 아브람을 불러서 이르되 네가 어찌하여 나에게 이렇게 행하였느냐 네가 어찌하여 그를 네 아내라고 내게 말하지 아니하였느냐"창 12:17-18.

바로 왕은 대단히 지혜로운 사람이었던 것 같다. 그는 자신의 집에 재앙이 내린 것은 사래로 인한 하나님의 심판이었다고 결론 내리고 있다. 그는 아브라함이 자신에게 거짓말을 한 것에 대하여 비웃듯이 꾸짖었다. 사실 아브라함은 완전한 거짓말을 한 것은 아니고 두려움 때문에 반쪽 거짓말을 하였다창 20:12.

사람이 죄를 범하게 되면 그는 하나님의 목적을 방해하게 될 것이라고 말하는 것은 맞지 않다. 그러나 만일 어떤 지도자가 자신의 유익을 구하려 한다면 그는 하나님의 목적을 방해할 것이다. 예를 들어, 내가 하나님의 집을 개인 목적을 위하여 이용하려고 하면 그 집의 거룩한 분위기는 당장 손상이 된다. 개인적인 죄로 인해 자신과 하나님 사이에 장애물이 생기지만 직접적으로 하나님의 집에 걸림돌이 되는 것은 아니다. 그러나 어떤 사람이 하나님의 집, 하나님의 백성, 하나님의 것들을 자신의 영달을 위하여 사용하려고 할 경우 그 분위기는 당장 바뀌게 된다. 이렇게 될 때 성도들은 신음하게 되고 하나님은 세상의 조롱거리가 된다. 그 와중에 가장 부끄러운 것은 세상이 조롱하는 내용이 사실이라는 점이다.

세상으로부터 분리됨으로 성도의 변화가 시작됨

> "네가 어찌 그를 누이라 하여 내가 그를 데려다가 아내를 삼게 하였느냐 네 아내가 여기 있으니 이제 데려가라 하고 바로가 사람들에게 그의 일을 명하매 그들이 그와 함께 그의 아내와 그의 모든 소유를 보내었더라"창 12:19-20.

아브라함은 바로 왕에 의하여 강제로 애굽을 떠나게 되었다. 이는 말로 다 표현할 수 없는 가장 큰 부끄러움이었다. 만일 우리가 타협함으로 손상을 끼친 하나님의 영광을 다시 꿋꿋하게 세우기를 원한다면 우리는 아브라함처럼 세상의 '존경할 만한 사람들'의 조롱을 참아야 한다. 그렇게 하면 우리가 세상과 단절하지 않아도 세상이 우리를 단절하게 될 것이다. 그때 우리는 하나님을 위한 충성스러운 마음을 가지고 재기하면서 전에 쓰러진 그곳에서 다시 주를 위하여 서게 된다. 우리 삶의 훈련은 하나님 앞에서 어린아이처럼 된다. 아브라함이 어린아이 같은 단순한 믿음을 유지하였더라면 기근이 오든 말든 약속의 땅에 계속 거하였을 것이다.

아브라함이 애굽으로 내려가 거기서 실수한 것이 후에 많은 복잡한 문제를 발생시켰던 것처럼, 하나님 나라의 역사 속에서도 주의 백성들이 계속적으로 애굽에 내려감으로 인하여 많은 문제를 야기하는 것을 볼 수 있다. 그러나 어느 날 마침내 이 세상애굽은 하나님의 위대하고 완전한 목적에 연합될 것이다.

12장

침착

창 13장

"(아브람) 그가 네게브에서부터 길을 떠나 벧엘에 이르며 벧엘과 아이 사이 곧 전에 장막 쳤던 곳에 이르니"창 13:3.

우리가 성도의 삶을 깊이 알아가면 매우 혼동하게 되는데, 그 이유는 우리의 관점에서 그들의 삶을 볼 때는 뒤죽박죽 엉망이지만 다른 관점에서 보면 무한한 하나님의 일관성을 보여주기 때문이다. 그러므로 문제는 우리의 관점이다. 만일 우리가 하나님이 어떤 분이신지를 알기 위하여 성도의 삶을 알아간다면 우리는 좌절 가운데 손을 들고 말 것이다. 그러나 하나님을 더욱 깊이 알아간다면 우리는 연약하고 무능한 성도의 삶 가운데 나타나는 주님의 놀라운 일관성을 발견할 수 있다.

어떤 때는 아브라함이 우둔하고 한심한 사람으로 보인다. 다른 때에는 침착하고 고상해 보인다. 여기서 중요한 점은 아브라함이 침착하든 한심하든 하나님께서는 언제나 한결같으시다는 사실이다.

거룩한 일치를 위한 회합창 13:1-4

> "그가 처음으로 제단을 쌓은 곳이라 그가 거기서 여호와의 이름을 불렀더라"창 13:4.

• **길** : 아브라함은 하나님과 함께 갔으며 롯은 아브라함과 함께 갔다. 롯은 계속적으로 이리저리 갈라지는 길을 걸었지만 아브라함은 한결같았다. 한 사람은 자신의 목표에 따른 삶을 살았으나 다른 사람은 믿음의 삶을 살았다. 자신의 목표에 따르는 삶은 하나님의 종에게 헌신하지만, 믿음의 삶은 하나님 그분께 헌신한다.

• **부요** : 아브라함과 롯은 애굽에서 나올 때 큰 부자가 되어 나왔다. 그들의 소유의 풍성함은 아브라함과 롯이 분쟁할 정도로 많아졌다. 그러나 아브라함은 그의 소유가 주님과의 만남을 방해하는 요소가 되지 못하게 하였다. 당신의 삶이 물질 및 여러 소유에 의존하게 될 때 당신의 영적인 삶은 아주 큰 위험 가운데 빠지게 된다. 우리가 하나님을 신뢰하는 것을 처음 배울 때 하나님께서는 우리에게 기댈 만한 뭔가를 주신다. 그 후 하나님께서 그것을 가져가시면 우리는 사

탄이 가져갔다고 말한다. 그러나 그렇지 않다. 그것은 하나님께서 우리를 단련시키는 과정으로써 우리가 의지하는 대상을 소유하는 것이 아니라 그 대상이 우리를 소유하지 못하도록 주께서 지켜 보호하시기 위함이다. 만일 우리가 돈에 끌려가는 인생을 살 때 하나님께서는 우리의 삶에서 돈을 가져가신다. 우리는 물질을 소유하더라도 그것에 애착을 가지지 않고 오직 모든 것의 근원 되시는 하나님께 더 가까이 나아가야 한다.

• **예배** : 모든 성경 주석가들은 아브라함의 삶에서 특이한 사항을 하나 주목하게 되는데, 바로 그가 단 쌓기를 게을리 할 때마다 잘못된 길로 나아갔다는 점이다. 이 점은 대단히 중요한 의미를 우리에게 알려주는데, 바로 예배란 하나님과 하나 되기 위한 거룩한 회합이라는 것이다. 예배를 통하여 우리는 주님께서 우리에게 주신 최상의 것들을 다시 온 마음을 다하여 주께 돌려드림으로써 주님과 일치하게 된다.

만일 아브라함이 제단을 쌓았다면 그는 약속의 땅에 기근이 임하였을 때 애굽에 내려가지 않고 하나님과 일치하였을 것이다. 영적인 일들에서 사람의 이기심은 곧바로 망상을 낳는다. 만일 우리가 하나님께 첫 제단을 쌓은 곳으로 돌아간다면, 우리는 자신을 의지하는 엉성한 확신의 망상으로부터 해방될 것이다. 예배는 성도의 삶을 거룩하게 하는 가장 기본적인 요소이다.

자기 유익을 구하는지에 대한 시험창 13:5-13

"네 앞에 온 땅이 있지 아니하냐 나를 떠나가라 네가 좌하면 나는 우하고 네가 우하면 나는 좌하리라"창 13:9.

우리가 하나님과 함께하는 믿음의 삶을 시작하면 반드시 매력적이고 화려한 부요한 미래가 우리에게 열릴 것이다. 이러한 삶을 사는 것은 하나님의 자녀로서 우리의 권한이기도 하다. 그러나 믿음의 삶을 살아가려면 하나님께서 우리를 위한 삶을 택하시도록 하기 위해 우리는 우리의 권한을 양도하고 포기해야 한다. 이는 하나님의 음성에 순종함으로써 자연적인 것을 영적인 것으로 변화시키는 훈련이다. 믿음의 삶을 살지 않는다면 우리는 자신의 복지를 위하여 마땅히 자신의 권리를 주장하게 된다. 그러나 믿음의 삶에서는 그러한 권리와 주장을 진심으로 포기하고 하나님께 맡길 수 있는가를 시험 받게 된다. 우리는 우리의 권리를 주장하면서 나아갈 때마다 영적인 통찰력을 잃게 된다.

하나님과 함께하는 삶의 가장 큰 대적은 죄가 아니라 완전하게 선하지 않은 좋은 것들이다. 세상적인 관점에서 볼 때 아브라함은 그가 원하는 땅을 먼저 선택하는 것이 더욱 지혜로운 것처럼 보였을 것이다. 이는 아브라함의 권리였다. 따라서 주변 사람들은 먼저 좋은 땅을 선택하지 않는 아브라함을 보고 '바보'라고 하였을 것이다. 우리 중 대부분의 사람들도 하나님이 우리를 위해 상황을 선택하시도록 맡기기보다 스스로 자기 권리를 택하기를 선호함으로써 영적인 삶을 살지 못한다. 인생길을 걸으면서 우리는 하나님께 우리의 눈을 고정하는 법을 배워야 한다.

• **부요의 부산물 :** 아브라함의 부요함은 아브라함에게 엄청난 부산물을 가져다주었다. 모든 소유는 언제나 결핍이 따라오기 마련이다. 이번 경우는 가축들을 위한 땅이 부족하였다. 예수 그리스도께서는 이 땅에 오셨을 때 아무것도 소유하지 않으셨다. 우리 주님을 나타내는 상징적인 모습이 있다면 그것은 궁핍이었다고후 8:9 ; 눅 9:58. 이 또한 주님을 따르는 주님의 성도들에게도 마찬가지이다. "가난한 자 같으나 많은 사람을 부요하게 하고 아무것도 없는 자 같으나 모든 것을 가진 자로다"고후 6:10. 이러한 마음을 소유하지 않을 때 우리가 소유하는 모든 것들은 더욱 마음속에 소유의 욕망을 만들어 낸다.

• **곧은 자세 :** 롯은 이 세상의 것들만 생각함으로써 진정한 교제의 장을 잃었다. 그러나 아브라함은 하나님과 지속적으로 만나왔기 때문에 조금도 당황하지 않고 그 즉시 인내함을 보여준다. 아브라함의 곧은 자세는 자신의 체면에서 나온 것이 아니라 거룩에서 나온 것이었다. 이러한 곧은 자세는 이 땅에서 가장 거룩한 분이신 예수 그리스도의 삶 속에서 잘 나타난다. "그리스도께서도 자기를 기쁘게 하지 아니하셨나니"롬 15:3.

• **사리를 따짐으로 인한 오염 :** 롯은 자신이 생각할 때 최상이라고

여기는 것을 소유하기 위하여 선택하였다. 사리를 따져 자신의 이익을 취하다보면 어느새 하나님과의 만남을 등한히 여기는 마음을 갖게 된다.

최고의 신실함의 모형창 13:14-18

"이에 아브람이 장막을 옮겨 헤브론에 있는 마므레 상수리 수풀에 이르러 거주하며 거기서 여호와를 위하여 제단을 쌓았더라"창 13:18.

• **하나님께서 나타나심** : 하나님께서 자신을 아브라함에게 나타내셨을 때 아브라함의 믿음은 상승되었다. 하나님께서 자신을 숨기셨을 때에는 아브라함의 믿음이 떨어졌다. 하나님께서 아브라함에게 첫 번째로 나타나신 때는 가나안에 처음으로 도착하였을 때이며, 하나님께서 자신을 첫 번째로 숨기신 때는 아브라함이 애굽에 들어갔을 때였다. 아브라함이 하나님의 나타나심을 다시 본 때는 아브라함이 롯을 향하여 모든 것을 양보한 때였다.

• **하나님의 메시지** : 아브라함의 삶을 통하여 볼 때 하나님의 섭리와 아브라함의 행동에는 분명한 연관이 있다. 하나님의 약속은 아브라함의 믿음의 행위와 삶에 연관되어 있다. 오직 아브라함이 하나님을 향한 참된 믿음으로 행할 때 하나님께서는 아브라함에게 말씀하

셨다.

• **하나님의 사람** : 바울은 아브라함을 믿음의 삶의 본으로 삼는다. 거룩한 삶의 본이 아니라 참되신 하나님을 믿으며 시험을 이긴 삶의 본으로 제시한다. 속죄에 의하여 우리 마음이 거룩하게 된 것과 삶의 시련을 지나 거룩하게 된 믿음은 서로 다른 것이다. 삶의 시련을 지나 거룩하게 된 믿음은 하나님으로부터 오는 측량할 수 없는 초자연적인 복이다.

13장

전쟁

창 14:1-16

"아브람이 그의 조카가 사로잡혔음을 듣고 집에서 길리고 훈련된 자 삼백십팔 명을 거느리고 단까지 쫓아가서"창 14:14.

아브라함을 연구해보면 다른 성경의 인물들과 마찬가지로 그의 삶을 인도하는 원칙들이 아무것도 없다. 아브라함에게서 발견되는 불일치는 오히려 하나님의 일관성을 드러낸다. 또한 우리가 주목할 것은 아브라함의 영적인 도태의 전후에 아브라함이 하나님께 신실하였다는 사실이다. 따라서 아브라함에게서 아주 중요한 진리를 발견하게 되는데, 그것은 믿음은 추상적이거나 어떤 원칙이 아니라 인격적 관계라는 사실이다. 실체reality는 논리에서 발견되지 않는다. 실체는 '인격'이다. 예수님께서는 "내가 곧 진리"라고 말씀하셨다. 우리의 영적인 삶은 주 예수 그리스도와의 인격적 관계에 기반을 둔 것이며 그 관계에 따른 책임을 지는 것이다.

폭력의 방법창 14:1–8

"당시에 시날 왕 아므라벨과 엘라살 왕 아리옥과 엘람 왕 그돌라오멜과 고임 왕 디달이 소돔 왕 베라와 고모라 왕 비르사와 아드마 왕 시납과 스보임 왕 세메벨과 벨라 곧 소알 왕과 싸우니라"창 14:1–2.

이 전쟁은 성경에 기록된 첫 번째 전쟁이다. 전쟁의 원인은 지배하고 싶은 욕망이다. 창세기 14장에는 세상 사람들이 이 세상을 살아가는 방법이 잘 기록되어 있고 가장 집중적인 영적 해석으로 가득 차 있다. 자연의 세계에서나 은혜의 세계에서나 투쟁 없이 사는 것은 불가능하다. 이것이 삶의 현실이다. 이 세상에서 신체적, 정신적, 영적 삶의 뿌리에는 언제나 대립이 있다.

신체적 생명은 피의 혈구가 싸워 이기는 힘에 달려 있다. 만일 우리 안에 외부에서 침입하는 힘을 이길 수 있는 내적 힘이 있으면 우리는 건강을 유지한다. 정신세계도 마찬가지의 원칙이 적용된다. 만일 명확하고 힘 있는 정신적 삶을 유지하기를 원하면 우리는 균형 잡힌 생각을 가질 수 있도록 싸워야 한다. 도덕적으로도 마찬가지이다. 만일 도덕적으로 싸울 힘이 충분히 있으면 우리는 덕이라는 도덕적

균형을 유지할 수 있다. 영적으로도 마찬가지이다. 비영적인 것은 영적인 모든 것을 없애려고 한다. 그러나 예수님께서는 우리에게 "담대하라 내가 세상을 이기었노라"요 16:33고 하셨다. 주님의 이 귀한 말씀을 이해한다면, 우리는 대항하는 세력을 만났을 때 완전한 기쁨을 누릴 수 있다. 우리를 대항하는 것들을 믿음으로 이겨낼 때 우리는 거룩의 균형을 유지하게 된다. 믿음은 시련되어야만 하고, 가장 귀한 믿음은 바로 시련을 이긴 믿음이다.

겁먹은 방어 전쟁창 14:9–12

"네 왕이 소돔과 고모라의 모든 재물과 양식을 빼앗아 가고 소돔에 거주하는 아브람의 조카 롯도 사로잡고 그 재물까지 노략하여 갔더라"창 14:11–12.

하나님의 섭리가 기대하지 않게 우리를 모든 복잡한 상황 가운데 둘 때 우리에게는 두 길 중 하나를 택해야 하는 시험이 온다. 즉, 그 상황에서 하나님을 믿고 기다릴 것인가? 아니면 믿음과는 상관없이 단지 어려움을 당한 자들을 도우려는 자들에게 손을 벌릴 것인가? 성경에서는 자기 유익을 구하는 자들이 풍성해지기 시작하면 그 복을 잃게 될까봐 겁먹는 것을 보여준다. 어떤 개인이 이러한 겁먹은 상태가 되면 그가 할 일이 있을 때 '다른 사람'의 도움이 필요하다고 힘없이 말한다.

피곤에 지쳐 있거나 퇴보를 느끼기 시작할 때 당신은 둘 중 한 가지를 하였다고 확신할 수 있다. 즉, 자연의 법칙을 무시하였든지 아니면 의도적으로 하나님과의 교류를 차단한 것이다. 피곤의 경고 사인이 들어오면 이는 뭔가 잘못되었다는 것을 의미한다. 그때 주님의 경고의 음성은 놀랍도록 부드럽게 들려온다. "그 길이 아니구나. 이제 그만하고 포기하여라." 영적 피곤은 하나님의 때에 대하여 무의식적으로 조바심을 내는 데에서 발생한다. 당신이 피곤을 느끼거나 지쳐 있을 때 사람들에게 뜨거운 우유를 부탁하는 대신에 하나님께 돌아가라. 자연 세계에서 피곤이나 신경병이 걸리는 이유는 주된 관심사를 잃기 때문인데, 영적인 삶에서도 마찬가지이다. 그리스도인들의 봉사라고 불리는 많은 것들이 사실은 영적 질병을 가리기 위한 포장일 뿐이다.

하나님의 사역에는 피곤이라는 것이 없다. 만일 당신이 주님의 기쁨과 하나 되면 당신은 주님을 섬길수록 더 많은 충만함으로 누리게 되어 있다. 당신이 하나님으로부터 온 생명에 의하여 다스림을 받을 때 당신의 모든 순간은 당신의 것이 아닌 신비한 에너지로 가득 차게 될 것이다. 당신의 삶은 그 무엇도 막을 수 없는 차고 넘치는 풍성한 삶이 될 것이다.

하나님의 영감을 받는 전쟁창 14:13-16

"아브람이 그의 조카가 사로잡혔음을 듣고 집에서 길리고 훈련된 자 삼백십팔 명을 거느리고 단까지 쫓아가서"창 14:14.

창세기 13장에서 아브라함은 자기 유익을 구하는 시험을 통과하였다. 14장에서는 자기 만족의 시험을 지나고 있다. 사실 아브라함의 입장에서는 롯에게 발생된 사건을 알게 되었을 때 하나님께서 자신의 손을 들어주시는 가운데 하나님의 공의가 이루어졌다고 믿으면서 안일함에 빠질 수 있었다. 그러나 아브라함은 이 시험에서 실패하지 않았다. 그는 팔짱을 끼고 의자에 앉아서 거룩한 모습으로 능글맞은 웃음을 지으며 "아마도 지금쯤 롯이 뭔가 깨달았겠지"라고 말하지 않았다. 대신, 그는 롯을 구출하기 위해 하나님 편에 서서 하늘의 힘찬 영웅심을 가지고 생명을 걸고 전쟁에 나갔다.

이러한 전쟁이 발생할 때마다 승리를 이끄는 군사들을 보면 신실한 성도들의 신실한 자녀들인 것을 발견할 수 있다. 바로 아브라함에게는 "집에서 길리고 훈련된 자들"창 14:14이었다. 자연 세계에서는 훈련과 관련하여 셋이 있다. 바로 아버지, 어머니, 자녀들이다. 영적인 세계에서도 셋이 있는데 바로 하나님, 교회, 그리고 회심한 성도들이다. 만일 어떤 영적인 생명이 또 다른 영적인 생명을 낳지 못하였다면 그 사람은 하나님 앞에서 그 이유에 대하여 대답해야 할 것이다.

영적인 전쟁에서 자신이 낳은 영적 생명이 아닌 다른 사람들에 의해 회심한 영혼들을 의지해야만 하는 불임의 성도들에게 하나님의 자비가 임하기를 바란다.

14장

넉넉히 이긴다

창 14:17–24

"그가 아브람에게 축복하여 이르되 천지의 주재이시요 지극히 높으신 하나님이여 아브람에게 복을 주옵소서 너희 대적을 네 손에 붙이신 지극히 높으신 하나님을 찬송할지로다 하매 아브람이 그 얻은 것에서 십분의 일을 멜기세덱에게 주었더라"창 14:19–20.

우리는 현실적으로 완벽한 삶이 아니라 철저하게 현실적인 삶을 살아야 한다. 이 사실은 종교적인 믿음과 종교적인 쇼를 구분하며, 이러한 구분은 아브라함의 삶 속에서 분명하게 드러난다. 하나님은 현실이 아니라 실제이시다현실로 나타나는 것은 영원한 것의 그림자이고 실제는 영원한 존재의 상태를 의미한다–역주. 하나님께서는 주의 성령을 우리에게 심기어 주심으로써 우리로 하여금 하나님의 사랑의 실체에 의해 보호함을 받는 가운데 철저하게 현실적인 삶을 살도록 하신다.

우리는 "나는 하나님을 이렇게 저렇게 느끼지 못한다"고 말한다. 그러나 하나님은 영원한 '실체'이고 현실로 나타나는 일시적인 '현상'이 아니기 때문에 우리가 감각으로 주님을 느끼는 것은 가능하지 않다. 느낌은 현실로 나타나는 현상과 관련되며 현실이 지난 후에 찾아온다. 옳다는 느낌은 순종에 의하여 만들어지는 것이지 느낌이 먼저 올 수는 없다. 우리는 감각을 통하여 현실을 접하게 되고 믿음에 의하여 실체를 접하게 된다. 현실 속에서의 시험은 "내가 믿음의 삶을 살 것인가? 아니면 믿음을 거부하는 상식적인 삶을 살 것인가?"이다. 믿음은 나를 현실적으로 완벽하게 만들지 않는다. 그러나 믿음은 나를 철저하게 현실적으로 만든다.

승리를 얻었을 때

> "아브람이 그돌라오멜과 그와 함께한 왕들을 쳐부수고 돌아올 때 소돔 왕이 사웨 골짜기 곧 왕의 골짜기로 나와 그를 영접하였고"창 14:17.

믿음에 의하여 철저하게 현실적인 삶을 사는 데 최고의 시험은 승리를 얻은 직후에 온다. 오랜 기간 동안 마음껏 안정을 취하면서 그 사람의 마음을 다스리는 성향이 즉각적으로 나타난다. 우리는 "온

동네가 그 문 앞에 모였던" 그 다음날에 우리 주님께서는 찬양하기 위해서가 아니라 기도하기 위해 새벽 미명에 일어나셨다는 기사를 읽게 된다막 1:32-35. 아브라함의 승리는 자신에게 넉넉히 이긴 것을 드러내었다. "나는 승리를 얻었다"라고 말하는 것은 이기적인 간증이다. 그러나 하나님의 성령이 증거할 때는 "승리자께서 나를 붙드셨습니다"라고 말하게 된다. 만일 우리가 승리를 얻은 후에 그 승리를 자신에게 치부하고 있다면, 그 순간 우리는 하나님과 바른 관계를 맺고 있는 것이 아니다. 우리는 하나님을 예배하는 대신에 주께서 우리를 통하여 이루신 것만 의식하며 주님께서 가져다주신 경험을 자랑한다. 나의 현실은 하나님에 의하여 내게 주어진다. 이때 나는 현실 속에서 무신론자로 살거나 예배자로 살 수 있다. 아브라함은 승리 이후에 하나님을 예배하는 자로 증거되었다.

승리자가 예배자로 있는 곳에서창 14:18-20

> "너희 대적을 네 손에 붙이신 지극히 높으신 하나님을 찬송할지로다 하매 아브람이 그 얻은 것에서 십분의 일을 멜기세덱에게 주었더라"창 14:20.

아브라함은 승리 이후에 하나님을 예배하는 자였다. 아브라함이 가장 중요한 승리의 인물로 등장하였을 때 어디에선가 멜기세덱이 나타나서 아브라함보다 위에 선다.

"멜기세덱의 경이적인 모습보다 더 완전하게 영원한 신성의 제사장직과 왕직을 나타낼 수 있는 모형이나 상징이 있을 수 있을까? 멜기세덱은 볼 수도 없는 영원한 과거로부터 나타나서 미래의 영원한 확신에 속하였다. 그는 영원한 대제사장이다"드보스.

아브라함은 철저하게 현실적인 하나님 자녀들의 모형인 반면 멜기세덱은 그리스도의 모형이다. 아브라함은 성육신하신 하나님을 믿는 삶을 대표하고 멜기세덱은 하나님의 성육신을 대표한다. '내 안에 계신 그리스도,' '그리스도 안에 있는 나,' '주님 그리스도,' '종된 그리스도' 등의 표현을 통해, 우리는 멜기세덱과 아브라함의 관계를 쉽게 이해할 수 있다.

철저하게 현실적인 믿음의 삶을 살기 위한 최고의 교훈은 어떻게 예배하는지를 배우는 것이다. 믿음은 우리가 예배해야 하는 하나님과 인격적인 접촉을 갖게 한다. 우리는 모든 상황에서 하나님을 예배하는 관계를 유지해야 한다. 믿음의 초기 단계에서는 이러한 자세가 어렵다. 우리는 집회에 참여할 때, 뭔가 깨달음을 얻을 때 하나님을 예배하는 관계를 잘 유지하는 것 같지만 삶에서는 전혀 그 관계를 현실로 나타내지 못한다. 우리는 예배드리는 삶을 살아야 한다고 끝없이 말은 하지만 자신에게 그러한 삶을 살라고 요청하지는 말라고 한다.

우리는 현실적인 상황에서 하나님을 위하여 싸워야 한다. 하나님을 위하여 싸운다는 뜻은 주님을 향한 믿음에 따라 현실적인 삶을 살 때 오직 주님만 의지하는 것을 의미한다. 멜기세덱은 철저하게 현실적인 삶을 살아낸 믿음의 영웅에게 새 힘을 주기 위하여 떡과 포도주를 가져온다. 그리스도는 절대로 우리 인간의 복잡한 현실적인 삶에 친히 관여하지 않으신다. 따라서 "예수께서 무슨 일을 하실 것인가"를 묻는 것은 믿음의 질문이 아니라 바리새인들의 질문이다챔버스가 꾸짖기 원하는 신앙은 하나님 앞에서 사람이 순종해야 할 책임을 하나님께 넘기고 인간의 책임을 회피하려는 신앙 자세를 말한다.–역주.

우리가 실제로 질문해야 하는 내용은 "예수님은 내게 무엇을 하라고 하실까"이다. 그리스도께서 우리가 처한 상황에 계시는 것은 불가능하다. 바로 그 이유 때문에 주께서는 우리를 그곳에 처하게 하신 것이다. 우리는 우리가 처한 현실적인 상황에서 새사람을 입고 주님을 나타내야 한다. 만일 우리가 이 땅에서 현실 속에 거하지 않고 전능하신 하나님처럼 실제가 되려고 한다면, 그 사람은 상상도 할 수 없는 최대의 사기꾼이요 교만한 자일 것이다. 우리는 하나님의 아들들과 딸들이 되어야 한다. 현실의 삶을 부인하지 않는 가운데 현실을 살면서 언제나 뜻을 다하는 믿음의 행위로 새사람을 입어야 한다. 우리는 우리 몸이 성령의 전인 것을 기억하고 예배하는 자세로 우리의 썩을 몸에서 하나님이 나타나도록 해야 한다. 이를 위하여 우리는 영적 영양분 곧 떡과 포도주를 취해야 한다. 이러한 영적 영양분은 하나님을 위한 우리의 현실적인 싸움에서 우리를 지탱해 줄 것이다.

아브라함을 거룩의 예로 취하는 것은 위험하다. 거룩은 예수 그리스도의 완전함이 현실의 경험 속에서 그 자체를 나타내는 것을 의미한다. 만일 아브라함을 거룩의 그림으로 취한다면, 우리는 그의 삶을 세분하여 이 부분은 거룩이고 다른 부분은 거룩이 아니라고 해야 한다. 이렇게 하면서 우리는 잘못된 영적 해석을 만들어 놓게 된다. 아브라함은 믿음의 결과가 아니라 믿음의 삶을 보여주는 그림이다. 그는 항상 철저하게 현실적인 믿음의 삶을 살아가면서 실수도 하고 순종도 하며 난처한 입장이 되기도 하고 시험을 통과하기도 하였다. 고상한 모습을 보이기도 했지만 자신의 죄악으로 인하여 감당할 수 없는 상황에도 처했다. 그러나 믿음의 상승과 추락을 지나는 과정을 통하여 아브라함은 결국 현실 속에서 연단된 믿음을 이루어 갔던 것이다.

승리자가 여전히 가치가 있을 때창 14:21-24

"오직 젊은이들이 먹은 것과 나와 동행한 아넬과 에스골과 마므레의 분깃을 제할지니 그들이 그 분깃을 가질 것이니라"창 14:24.

아브라함은 자신을 위한 특권을 거절하였다. 그러나 그는 자신과 함께하던 사람들의 특권은 지켜 주었다. 우리는 우리의 권리를 주장하지 않을 수 있는 완벽한 권리가 있다. 자신의 권리를 양도하는 것은 그리스도인의 특권이다. 그러나 우리는 우리와 함께하는 자들의 권리를 보호해 주어야 한다는 사실을 인식하지 못할 때가 많다. 그들이 우리처럼 믿음의 선상에서 자신들의 권리를 양도할 것인지 말 것인지는 그들의 책임이다. 우리의 책임은 그들이 그들의 권리를 취할 수 있도록 돕는 것이다.

15장

별에 메어 달린 마차

창 15:1-6

"아브람이 여호와를 믿으니 여호와께서 이를 그의 의로 여기시고"
창 15:6.

하나님께서는 광야를 예상하신다. 만일 주님께서 우리에게 마차를 노새에 연결하여 끌라고 하시면 우리는 이상하게 생각하지 않는다. 그러나 주님께서 우리의 자연산 목재로 만든 마차를 전능하신 하나님의 별에 메어 놓으라고 하시면 우리는 주님의 말씀을 제대로 이해한 것이 맞는지 의구심에 빠진다. 믿음은 마차를 별에 메어 달리는 것이다. 영적 광신자는 마차에서 별star로 뛰어넘어가서 마차의 연결고리를 잘라내어 마차를 없애 버린다. 성도는 절대로 천사가 아니며 천사처럼 되지 않을 것이다. 성도는 몸과 피를 지니고 하나님의 작정이 어떻게 성공적으로 이 땅에서 이루어지는지를 보여주는 무대에서의 삶을 산다. 주님께서 우리에게 요구하시는 모든 것은 주 안에 거하면서 평범한 삶을 사는 것이다.

이후의 계곡에서 본 비전

"이 후에 여호와의 말씀이 환상 중 아브람에게 임하여 이르시되 아브람아 두려워하지 말라 나는 네 방패요 너의 지극히 큰 상급이니라"창 15:1.

이후에 계곡에 있게 되었다는 뜻은 실체의 세계와 현실의 세계 사이에서 왕래가 있었다는 뜻이다. 한 사람의 삶을 건강하게 유지시키는 것은 이 두 세계 사이에 성공적인 교류가 있는 것이다. 신비한 삶만 사는 사람에게는 '이후'가 없다. 이 땅에서 열매 없는 삶은 지독히 이기적인 삶이다. 하나님 앞에 서 있는 우리의 실제 모습과 이 땅에 서 있는 우리 삶 사이에는 교류가 있어야 한다. 우리의 마차는 별에 메어 있어야 하고 마차를 별에 메는 방법은 오직 믿음이다.

하나님을 향하여 성공적인 삶을 산 이후에 오는 것은 감정이다. "그것이 가치가 있었던 것일까?" 겁쟁이는 위험이 오기 전에 두려워한다. 영웅의 마음은 승리를 마친 후를 두려워한다. 아브라함이 승리를 마친 이후 계곡으로 내려갔을 때 하나님께서 그에게 말씀하셨다.

"두려워하지 말라."

만일 영적 훈련을 받기 전에 "나의 목표는 하나님 그분입니다"라고 말한다면, 이는 단지 영적 유아들의 바람일 뿐이다. 그러나 하나님께 영광이 되는 승리를 이룬 후에 이렇게 말한다면, 그가 이룬 승리는 대단한 영광을 얻지 못할 것이다. 이는 당신의 목적은 승리의 영광이 아니라 오직 하나님께서 당신을 통하여 이루고자 하신 계획의 완성이기 때문이다.

아브라함의 비전을 가리는 베일veil

> "아브람이 이르되 주 여호와여 무엇을 내게 주시려 하나이까 나는 자식이 없사오니 나의 상속자는 이 다메섹 사람 엘리에셀이니이다 아브람이 또 이르되 주께서 내게 씨를 주지 아니하셨으니 내 집에서 길린 자가 내 상속자가 될 것이니이다"창 15:2-3.

아브라함은 반항적인 사람이 아니었으며 사려 없는 사람도 아니었다. 그는 엘리에셀이 그의 상속자라고 믿고 하나님의 목적에 묵묵히 따랐다. 그는 하나님의 뜻이 무엇인지 밝히 알기를 원하였다. 아브라함이 외쳤다. "저는 자신이 없습니다." 이는 하나님을 대항하여 불평하는 것이 아니라 자신의 연약함에 대한 신앙적인 탄식이었다.

하나님께 도전하는 것이 아니라 자신의 안타까운 마음을 표현한 것이다. 아브라함은 자신이 하나님의 뜻을 오해한 것에 대해 자신을 탓하고 있었다. "주님, 이렇게 낙심한 저를 용서하소서. 저의 모든 소망과 이상이 잘못되어 있었음을 발견합니다." 이는 아브라함이 자신의 몸에서 나올 자가 상속자가 될 것이라고 믿었다는 뜻이다.–역주

아브라함은 자신이 불쌍한 것이 아니라 하나님께 실망하는 자신의 마음을 안타깝게 여긴 것이다. 그는 주께서 친히 하신 약속을 어떻게 이루실지 전혀 이해할 수 없었다. 아브라함은 자신의 상속자로서 엘리에셀 밖에 없는 상황이기에 이제 자녀를 갖는다는 이상은 자신의 오해였다고 결론을 내린 것이다. 아브라함의 비전을 가리는 베일 때문에 그는 이렇게 말하였다. "이제 다 끝났습니다. 그렇다면 주님께서 처음에 무엇을 의미하셨던 것인지를 알려주시기 바랍니다."

만일 하나님의 약속이 이루어지고 있지 않다면, "오, 하나님의 뜻을 오해했던 것이 틀림없어"라고 말하지 않도록 주의하라. 우리는 하나님을 향하여 완벽한 신뢰를 가져야 한다. 믿을 만한 더 많은 좋은 것들을 보면서 오직 하나님만 향하여 믿음을 가지는 것! 이보다 더 영웅적인 것은 없다. 실제 사건이 발생하기 전에 믿음을 가지는 것은 절망 가운데 소망을 갖는 것과 같다. 그러나 놀라운 승리를 얻은 이후에도 하나님께서 우리에게 소망하라고 하신 것이 하나도 이루어지지 않을 경우에 하나님을 믿는 것은 또 다른 것이다.

높은 고지에서 들리는 음성과 그곳에서 보이는 광대함

"여호와의 말씀이 그에게 임하여 이르시되 그 사람이 네 상속자가 아니라 네 몸에서 날 자가 네 상속자가 되리라 하시고 그를 이끌고 밖으로 나가 이르시되 하늘을 우러러 뭇별을 셀 수 있나 보라 또 그에게 이르시되 네 자손이 이와 같으리라"창 15:4-5.

여기서 우리는 신약에서 밝히 알려주는 깊은 진리들을 보게 된다. 자녀가 전혀 없는 아브라함이 모든 열방의 아버지가 될 것이라고 한다. 이 약속이 얼마나 우스꽝스럽게 들리는가! 하나님께서는 진흙에 빠져 있는 마차를 보고 있는 아브라함을 불러 밤하늘의 별들을 보게 하신다. 그리고 주님께서 친히 말씀으로 아브라함의 마차를 하늘의 별에 연결시키신다. 하나님께서 별들을 보게 하신 것은 의심하는 마음에 증거를 제공하기 위함이 아니라 흔들리는 믿음에 영적 영양분을 제공하기 위함이다. 성도에게 자연은 하나님께서 우리에게 주시는 하늘의 음식이다. 자연은 단지 연속되는 사건들이나 상징 혹은 사인이 아니다. 자연은 하나님의 신실한 자녀들에게 영양분을 주시는 하나님에 대한 실제 증거이다.

믿음의 삶에 대한 전반적인 훈련은 하늘의 빛과 이 땅의 누추한 현실이 섞이면서 진행된다. 하나님을 묵상함과 이 땅의 일들을 고려하는 것이 함께 가야 한다. 하늘에 올라 그곳에서 내려다보는 가운데 우리는 이 땅에서 무엇을 해야 하는지를 계획해야 한다. 하늘의 별들과 같은 하나님의 계획과 우리가 이 땅에서 세우는 계획이 서로 연결되어야 한다.

의욕 없이 사는 것과 정신없이 조급하게 사는 것은 사탄의 역사보다 더 악하다. 하나님께서는 이러한 삶에 대하여 심각하게 책임을 물으실 것이다. 의욕 없이 살아가는 것은 하나님께 대한 완전한 모독이다. "나는 하나님을 바라보지 않겠다. 내가 할 수 있는 것은 다 해보았지만 이제는 모든 것이 끝이다. 나는 절망 가운데 있다." 마찬가지로 조급한 삶은 힘없는 삶의 극단으로써 하나님께 큰 모독을 안겨드리는 삶이다. "나는 기도할 시간이 없다. 하나님을 바라볼 시간이 없다. 다른 아무것도 신경 쓸 수 없다. 나는 이것을 해야만 한다." 땀 흘리는 것을 영감을 받은 것으로 오해하는 사람들이 있다. 우리는 도랑에 빠져 있는 비참한 작은 마차를 하나님의 계획에 따라 별에 연결하여 끌어당기기보다는 자기 힘으로 땀을 뻘뻘 흘리며 아무 생각 없이 고생만 한다.

하나님께서는 아브라함의 마차를 주께서 창조하신 하늘의 별에 '주님의 말씀'으로 연결하셨다. 우리의 개인적인 인생 속에서 모든 문제에 대한 가장 위대한 해답은 언제나 우리가 주의 성령을 의지하는 가운데 주님의 말씀 가운데 발견된다. 예수 그리스도는 하나님께서 성육신하신 분이다. 그분은 주님의 말씀을 우리에게 영과 생명이 되게 하신다. 하나님께서 우리에게 영양분을 주시기 위해 우리 인간들의 작은 마차들을 예수님의 말씀에 연결하신다. 조급하거나 의욕을 잃은 가운데 주의 말씀을 가까이 하지 않을 때마다 우리는 연결된 부분을 망치로 부수고 자기 멋대로 달리는 마차가 된다.

진실하고 덕 있는 자세

"아브람이 여호와를 믿으니 여호와께서 이를 그의 의로 여기시고" 창 15:6.

아브라함은 자신을 의지하는 자리에서 벗어나 하나님만 의지하고 있다. 아브라함은 그 마음의 여러 고상한 모습들을 드러냈고 믿음의 여정에서 많은 덕을 드러냈다. 그러나 이러한 것들이 아브라함을 하나님 앞에서 의롭게 만든 것은 아니었다. 하나님의 앞에서의 의는 하나님을 향한 아브라함의 살아 있는 확신을 통하여 완성되었다.

이 구절은 '우리의 의가 되시는 주님'이라는 가장 중요한 교리의 첫 번째 보석이다. 의는 공의와 옮음 앞에서 조금도 흠이 없는 것이다. 모든 죄인을 의롭게 하는 것은 오직 믿음 밖에는 없다. 그러나 우리를 구원하신 주님을 의롭다고 증거하는 것은 우리의 의로운 삶이다. 만일 믿음의 삶을 살지 않는다면 우리는 하나님께 모욕을 끼치는 존재가 된다.

16장

차선과 최선

창 16:1-6

"아브람의 아내 사래가 그 여종 애굽 사람 하갈을 데려다가 그 남편 아브람에게 첩으로 준 때는 아브람이 가나안 땅에 거주한 지 십 년 후였더라"창 16:3.

영적인 삶에서는 좋은 자리에서 더 나은 자리로 나아가고 더 나은 자리에서 최선의 자리로 나아가는 것이 아니다. 영적인 삶에서 우리가 나아가야 하는 대상은 오직 한 분이시다. 그분은 바로 최선이신 하나님 자신이시다. 하나님께는 차선이 없다. 물론 우리에게는 하나님의 명령에서 벗어나 하나님의 허용하시는 뜻으로 내려가려는 완고함이 있지만 지금 이러한 이야기를 하자는 것은 아니다. 하나님의 최선을 구하다 보면 이를 막는 것이 자연적인 관점에서 볼 때 죄나 불완전한 것들이 아니라 오히려 옳고 선하고 고상한 것들임을 발견하게 된다. 자연적인 덕이 오히려 하나님께 가장 항복하기를 거절하는 대항세력이라는 것을 발견하게 될 때 우리의 영혼에는 심각한 갈등이 시작된다. 우리 중 대부분의 사람들은 야비하고 악한 것들에 대해서는 굳이 옳고 그름을 논쟁하지 않는다. 그러나 우리는 좋은 것에 대하여 논쟁한다. 자연적인 덕이 더 깊고 강할수록 예수 그리스도를 향한 대항도 더욱 강해진다.

광적인 자기 부인

> "아브람의 아내 사래는 출산하지 못하였고 그에게 한 여종이 있으니 애굽 사람이요 이름은 하갈이라 사래가 아브람에게 이르되 여호와께서 내 출산을 허락하지 아니하셨으니 원하건대 내 여종에게 들어가라 내가 혹 그로 말미암아 자녀를 얻을까 하노라 하매 아브람이 사래의 말을 들으니라"창 16:1-2.

아브라함의 집에 자녀가 없다는 것은 매우 큰 슬픔이었으며 아브라함의 믿음에 계속적인 시련이었다. 아브라함의 부르심은 그가 자녀를 얻게 된다는 약속에 뿌리를 둔 것이었다. 아브라함과 사라는 하나님의 명령을 이루기 위하여 그들의 최선을 다하는 가운데 하나님의 명령에서 벗어나 하나님의 허용하시는 뜻으로 내려갔다하나님의 명령은 옳고 그름의 절대적인 기준이지만 하나님의 허용하시는 뜻은 하나님의 더 크신 계획 가운데 인간의 실수와 죄악을 내버려 두시는 것을 뜻한다.–역주. 하나님의 뜻을 이루시고자 인간적으로 열광하는 자들마다 언제나 비참한 실수를 하게 된다.

우리를 위한 교훈이 여기에 있다. 광적인 자기 부인에 주의하라챔버스가 여기서 '자기 부인'을 언급한 것은 하나님의 뜻을 인간의 힘으로 이루려는 극기 또는 금욕주의, 나아가 인간의 열정을 의미하고 있다.–역주. 그 이유는, 광적인 자기 부인은 자신의 위치에서 벗어나 큰 실수를 하게 되고 그 결과는 지속되기 때문이다. 광적인 자기 부인에 빠지기 시작하면 우리는 자신의 운명을 멋대로 해석하면서 그 해석에 열정을 다하게 된다. 운명은 결코 추상적인 것이 아니다. 사람의 운명은 하나님과의 인격적인 관계에 달려 있다. 아브라함은 이 교훈을 나중에 얻었다. 모리아 산에서 아브라함은 하나님께서 하신 말씀에 순종하는 것과 그 말씀을 하신 하나님께 순종하는 것이 어떻게 다른지 알았다. 광적인 열정은 하나님께서 분명하게 보여주실 때까지 기다리지 못하고 내 운명을 자기 마음대로 해석한 후에 그 해석에 혼신을 다할 때 나타난다. 믿음의 차원에서 볼 때는 아무것도 하지 않고 기다려야 하는 상황인데 광적인 차원에서는 이러한 때 뭔가를 해야 한다.

성도에게 자연적인 충동은 그 충동이 하나님의 뜻에 일치하지 않거나 영감으로 바뀌지 않을 때 반드시 그 성도를 파멸로 이끈다. 자연적인 충동이 잘못된 것이 아니라 그 충동이 삶의 영적인 운명에 복종하지 않을 때 우리를 잘못된 곳으로 인도한다. 따라서 자연적인 충동은 반드시 우리의 삶을 이끄시는 하나님께 바쳐져야 한다. 당신의 자연적인 충동으로 하나님의 계획을 앞서는 일이 없도록 주의하라.

현명한 판단의 허위

> "아브람의 아내 사래가 그 여종 애굽 사람 하갈을 데려다가 그 남편 아브람에게 첩으로 준 때는 아브람이 가나안 땅에 거주한 지 십 년 후였더라 아브람이 하갈과 동침하였더니 하갈이 임신하매 그가 자기의 임신함을 알고 그의 여주인을 멸시한지라"창 16:3-4.

아브라함과 사라는 그들이 살던 시대의 풍습과 가장 잘 어울리는 현명한 판단을 내린 후에 그 판단을 따랐다. 그러나 자신들의 예리한 판단에 따라 행동함으로 인하여 그들은 하나님의 말씀이 어떻게 성취되어야 하는지에 대해 하나님을 지시하는 입장에 서게 되었다. 그들은 온 마음을 다하여 하나님을 신뢰하기보다 자신들의 현명함을 의지하였다.

절대로 "하나님께서는 이렇게 하셔야 해" 또는 "이렇게 하시면 안 돼"라고 말하지 말라. 믿음은 하나님의 말씀을 이루는 것이다. 우리가 주님께 명령할 일은 없다. 우리는 단지 하나님께 충성해야 하며 주님의 말씀이 초자연적인 방법으로 성취될 것을 믿어야 한다. 절대로 하나님께서 당신에게 행하라고 하신 것 외에 더 많은 하나님의 뜻을 이루겠다며 앞서는 일이 없도록 주의하라.

우리 주님의 삶의 뚜렷한 특징은 하나님의 뜻을 행하려고 열심을 낸 것이 아니라 하나님의 뜻을 행하기 위해 순종하였다는 사실이다. 절대로 하나님의 섭리를 간섭하시면서 "자, 이제 제가 돕겠습니다"라며 아버지의 손에서 일을 빼앗아 간 적이 없으시다. 주님은 단순히 순종하셨으며 하나님의 지혜에 의하여 주의 뜻이 이루어질 것을 믿고 모든 것을 맡기셨다. 사래와 아브라함처럼 우리는 언제나 급할 때가 많다. "하나님께서 무엇을 원하시는지 이제 알게 되었다. 당장 그 일을 하자." 우리는 이렇게 서두르고 앞서가는 가운데 자기 영혼에도 상처를 주고 나아가 다른 사람의 삶에 피해를 입히곤 한다.

잘못된 헌신 후의 분노

> "사래가 아브람에게 이르되 내가 받는 모욕은 당신이 받아야 옳도다 내가 나의 여종을 당신의 품에 두었거늘 그가 자기의 임신함을 알고 나를 멸시하니 당신과 나 사이에 여호와께서 판단하시기를 원하노라"창 16:5.

사래는 잘못된 결과에 대해 아브람을 탓하고 있다. "내가 받은 모욕은 당신이 받아야 옳도다." 사래는 분노 가운데 이 말을 하였다. 이 모든 잘못된 결과는 아브람이 허락하지 말아야 할 것을 허락했기 때문에 발생하였다. 여기서 우리가 주목할 것은, 아담의 경우처럼 사래가 아니라 아브람이 하나님의 엄한 판단을 받는다는 사실이다. 그들은 아내들의 말을 듣고 그들이 말려들지 말았어야 할 일에 말려들었다. 하나님 앞에서 전적인 책임을 지고 판단을 받게 되는 자는 아내가 아니라 남편이다. 이 모든 과정 속에서 아브람은 결국 남자로서의 구실은 하였을지는 몰라도 하나님 앞에서는 판단 받을 일을 행하고 말았다. 이 모든 일의 직접적인 요인은 사래의 광적인 자기 헌신임에도 불구하고 하나님께서는 그녀를 판단하지 않고 아브람을 판단하신다딤전 2:14. 이는 인간들의 판단과는 정반대이다. 하나님은 아내에게 책임을 묻지 않고 결국 둘의 대표인 남편에게 책임을 물으신다.

광적인 감각의 지배

> "아브람이 사래에게 이르되 당신의 여종은 당신의 수중에 있으니 당신의 눈에 좋을 대로 그에게 행하라 하매 사래가 하갈을 학대하였더니 하갈이 사래 앞에서 도망하였더라"창 16:6.

사래의 감정 폭발과 여종 하갈에 대한 거친 자세는 하나님의 섭리를 자신의 손으로 이루려고 노력할 때 자기 영혼에 상처를 입히고 나아가 다른 사람에게 피해를 입히는 좋은 예가 될 것이다. 사래는 여종 하갈이 본래의 노예 자리로 돌아가도록 하갈을 거칠게 핍박하였지만, 자신은 더 이상 노예가 아니라고 믿던 하갈은 주인 사래를 피하여 도망하게 된다. 하갈은 죄를 상징하지 않는다. 오히려 하갈과 그녀의 아들 이스마엘은 하나님으로부터 실제 보호와 축복을 받게 된다.

하갈은 자연적인 삶을 대표한다. 그러나 그 삶이 본래 자리에서 벗어나면 영적인 삶보다 앞서게 된다. 우리의 자연적인 삶은 영적인 것에 순복하고 영적인 것에 의해 완전한 다스림을 받아야 한다. 자연적인 것들은 어떠한 고통을 지나더라도 순종을 통하여 영적인 것들로 바뀌어야 한다. 자연적인 삶의 특징은 자연 영역을 제멋대로 지배하고자 하는 독자적인 열정이다. 따라서 삶 속에 대혼잡을 만드는 것은 죄악뿐 아니라 최선을 대항하는 차선도 있다. 차선은 언제나 하나님과 다른 사람에게 '자신을 드러내기 위해' 자연스럽게 결단하고 노력하는 성향이 있다.

17장

계속적인 회심

창 16:7–16

"하갈이 자기에게 이르신 여호와의 이름을 나를 살피시는 하나님이라 하였으니 이는 내가 어떻게 여기서 나를 살피시는 하나님을 뵈었는고 함이라"창 16:13.

하갈은 자연적인 삶을 대표한다. 그녀는 죄를 대표하는 것이 아니다. 죄는 회심할 수 없다. 그러나 하갈은 할 수 있다. 그녀는 자연적인 삶을 우리 안에 계신 성령에게 어떻게 계속적으로 굴복시킬 수 있는지에 대한 아주 좋은 예이다. 우리는 결코 "나는 자연적인 일을 다시는 안 할 것이다"라고 말할 수 없다. 이는 광적인 사람의 망상일 뿐이다. 하나님의 섭리에 의하여 우리 몸이 새로운 조건 가운데 있게 될 때 우리는 우리의 자연적인 삶이 우리 안에 계신 하나님의 성령의 지시에 순복하도록 해야 한다. 과거에 한 번 순복하였다고 해서 계속 순복하리라고 보장되지 않기 때문이다.

계속적인 회심의 자세는 자연적인 삶에 대하여 유일한 올바른 자세이다. 성도의 삶은 평생 끊임없이 하나님을 의지해야 한다. 그러나 우리는 이를 끝까지 거부한다. 우리는 자연적인 것을 나쁘다고 여기고 제거하려고 하든지, 아니면 자연적인 것은 항상 있는 것이니 감각적인 것과 함께 옳은 것이라고 주장한다. 두 자세 모두 옳지 않다. 영적인 삶을 방해하는 것은 우리가 계속적으로 변화하지 않고 오히려 완고한 교만 가운데 하나님의 보좌에 침을 뱉으며 "내가 내 삶의 주인이 되겠다"라고 말하는 것이다. 그러나 우리의 의지력으로는 스스로의 삶에 주인이 될 수 없다. 조만간 우리의 의지는 더 큰 힘에 굴복하게 되는데, 바로 하나님 아니면 사탄이다.

여호와의 사자와 무너진 열정

"여호와의 사자가 광야의 샘물 곁 곧 술 길 샘 곁에서 그를 만나"

창 16:7.

어쩔 수 없는 절박한 상황에서 하갈은 하나님의 사자를 만나게 된다. 자신의 위치에서 벗어난 사래의 광적인 자기 부인과 복수심은 너무나 잘못된 것이었다. 그러나 사래의 잘못이 하갈의 과격한 행동을 합리화시킬 수는 없다. 하갈은 자신이 저지른 잘못에 대하여 책임을 져야 했다. 하갈은 아브라함의 후손의 어머니가 되기를 원했다. 하갈은 마음속으로 사래와 동등해지는 정도가 아니라 아브라함의 사랑을 차지하기를 원했고 하나님의 계획 속에 있던 사래를 대신하고자 했다.

정열passion은 어떤 실현 가능성이 바라보일 때 마음속의 욕구와 교만이 겹치면서 나타난다. 마음속의 욕구는 작은 것일 수도 있고 큰 것일 수도 있다. 그러나 욕구로 인한 즉각적인 결과는 혐오스러운 광야에 처해지는 것이고 자존심을 상하게 된다. 정열은 우리로 하여금 어떤 자리를 추구하게 만든다. 그러나 오히려 영적 수치를 당하게 된다.

하갈이 사래와 바른 관계를 맺는 지점은 그녀가 사래에게 순복하는 지점이다. 이는 자연적인 삶이 성령의 다스림을 받는 관계에 들어가야 한다는 것을 보여준다. 자연적인 삶이 우리를 주관해서는 안 되고 영적인 것이 우리를 다스려야 한다. 그리고 영적인 것이 자연적인 생명을 지배해야 한다. 우리는 계속적으로 자연적인 생명이 우리 안에 계신 하나님의 성령께 복종하도록 변화시켜야 한다.

여호와의 사자와 상한 자존심

"이르되 사래의 여종 하갈아 네가 어디서 왔으며 어디로 가느냐 그가 이르되 나는 내 여주인 사래를 피하여 도망하나이다 여호와의 사자가 그에게 이르되 네 여주인에게로 돌아가서 그 수하에 복종하라"창 16:8–9.

여호와의 사자와 양심은 서로 구별되는 것이지만 "돌아가서 복종하라"는 같은 말을 한다. 만일 하나님의 음성이 양심의 음성과 일치되지 않으면 우리는 양심의 음성을 들을 필요가 없다. 그러나 하나님의 음성과 양심의 소리가 같으면 우리는 반드시 그 음성에 순복해야 한다. 그렇지 않으면 그 음성이 경고하는 특별한 일로 인하여 망하게 될 것이다. 내 책임이 분명한데 그것을 내려놓고 이전의 압제로 돌아가라는 말인가? 그렇다. 모든 정열과 교만을 버리고 내 생각에 따라 행동하던 자세에서 돌이켜서 하나님이 정해주신 주인에게 돌아가라. 그렇게 하면 결과적으로 하나님의 뜻이 이루어지게 될 것이다.

자연적인 교만은 사람들 앞에서 드러나기를 원하는 마음이다. "나는 다른 사람에게 굴하지 않겠다. 다른 사람이 나에게 굴복하도록 하겠다." 이러한 마음이 자연적인 삶을 다스리면서 성령의 다스림을 대항하도록 한다. 이와 같이 자연적인 교만이 있는 곳마다 주님께서는 피치 못하게 그 교만을 공적으로 부끄럽게 만드신다.

여호와의 사자와 약속의 말씀

> "여호와의 사자가 또 그에게 이르되 내가 네 씨를 크게 번성하여 그 수가 많아 셀 수 없게 하리라 여호와의 사자가 또 그에게 이르되 네가 임신하였은즉 아들을 낳으리니 그 이름을 이스마엘이라 하라 이는 여호와께서 네 고통을 들으셨음이니라 그가 사람 중 들나귀같이 되리니 그의 손이 모든 사람을 치겠고 모든 사람의 손이 그를 칠지며 그가 모든 형제와 대항해서 살리라 하니라"
>
> 창 16:10–12.

성경 전체에서 이 장면은 세상의 비참을 향하여 하나님께서 어떠한 인격적 자세를 취하시는지를 보여준다. "내가 네 고통을 들었음이니라." 주님은 이 세상의 고난에 무관심하지 않으시다. 고통의 신음소리를 들을 수 없는 귀머거리 하나님이 아니시다.

하갈의 가장 큰 욕구는 아브라함의 믿는 자녀들의 어머니가 되는 것이었다. 그러나 주님은 "안 돼. 하갈은 이스마엘의 어머니가 되어야 한다. 이스마엘은 복을 받을 것이다"라고 말씀하신다. 약속의 한계는 그 약속 자체와 관련되어 있다. 하갈은 자신이 아브라함의 믿는 자녀들의 어머니가 될 수 있다는 망상에서 빠져 나와야 한다. 하나님께서 하갈과 그녀의 아들 이스마엘이 떠나는 것을 허락하셨을 때, 이는 그들에게 허락되지 않은 약속의 자리로부터 떠나게 된 것이다창 21:10 ; 갈 4:30.

자연적인 것과 관련된 것들에 대한 우리 주님의 태도는 인내 가운데 매우 단호하고 엄격하시다. 예수님께서 그분의 어머니에게 엄하셨던 것처럼 자연적인 것을 향하여 잔인하지는 않지만 엄격하시다요 2:4. 사도 바울도 그의 몸에 대하여 엄격하였다고전 9:27.

처음에 거듭날 때 우리는 '이스마엘'을 왕위에 앉히려고 한다. 곧 우리의 자연적인 재능을 하나님께 바치면서 "하나님께서 이 재능을 사용하셔서 주의 일을 하실 거야. 나는 이 재능이 주를 섬기는 데 사용되도록 잘 살펴야 하겠다"고 말한다. 그러나 만일 자연적인 재능을 보좌 위에 앉히면 나는 내 영혼 속에서 반란을 일으키는 것이다. 계집종과 그녀의 자녀는 왕위에 있으면 안 된다. 오히려 멀리 떠나야 한다. 자연적인 것은 반드시 희생제물로 드려져야만 하나님의 성령과 완벽한 조화를 이룰 수 있게 된다. 만일 우리가 자연적인 삶을 우리 안에 계신 성령께 복종하게 하고 순종하게 하면 우리는 하나님의 아들들이 나타날 때를 앞당길 수 있다롬 8:21.

자연적인 교만과 덕을 다스릴 수 있는 사람은 도시를 차지할 수 있다. 그들이 자연적인 삶을 주님께 완벽하게 순복시키면 하나님께서는 과감히 그들을 믿으시고 세상에서 마음껏 활동하도록 풀어 놓으신다.

여호와의 나타나심과 기다리는 인내

"하갈이 자기에게 이르신 여호와의 이름을 나를 살피시는 하나님이라 하였으니 이는 내가 어떻게 여기서 나를 살피시는 하나님을 뵈었는고 함이라 이러므로 그 샘을 브엘라해로이라 불렀으며 그것은 가데스와 베렛 사이에 있더라 하갈이 아브람의 아들을 낳으매 아브람이 하갈이 낳은 그 아들을 이름하여 이스마엘이라 하였더라 하갈이 아브람에게 이스마엘을 낳았을 때 아브람이 팔십육 세였더라"창 16:13-16.

우리도 하갈처럼 하나님을 뵙기 전에는 만물과 사건들을 실제 그대로 보지 못한다. 우리가 주님을 뵐 때 처음으로 실제 그대로 본다. 외부적인 것이 달라진 것이 아니다. 내적인 눈이 수술됨으로 인하여 바르게 보게 된 것이다. 하나님을 볼 때 우리는 전에는 볼 수 없었던 것을 보게 된다.

18장

하나님의 축복의 창고

창 17:1

"아브람이 구십구 세 때 여호와께서 아브람에게 나타나서 그에게 이르시되 나는 전능한 하나님이라 너는 내 앞에서 행하여 완전하라"창 17:1.

하나님께서는 절대로 실수를 하지 않으시기 때문에 사람을 당혹하게 할 때가 많다. 인간들의 실수를 허용하시는 과정에서 그 실수가 당시에는 옳은 것처럼 보일지라도 주님께서는 궁극적으로 자신이 옳다는 것을 증명하신다. 하나님께서는 사람이나 마귀에게 속지 않기 위하여 꼼수를 사용하시는 적이 없다. 우리는 개인적으로 우리 삶을 통하여 잠깐 하나님의 목적을 방해할 수는 있어도 우리의 생이 어디서 마치든 궁극적으로는 하나님의 뜻이 이루어질 것이다.

인간의 자유의지는 하나님의 주관적인 역사이다. 우리는 하나님의 뜻을 불순종할 수 있다. 하나님은 주권 가운데 그러한 능력을 우리에게 허락하셨다. 그러나 우리는 결코 하나님의 뜻을 좌절시킬 수는 없다. 하나님께서는 사람과 사탄이 얼마든지 최악을 행할 수 있도록 충분한 여지를 주셨다. 주님은 다른 사람들이 그들의 뜻에 따라 끝까지 버티어 보도록 허락하신다. 그러나 결국 그들은 자신들의 뜻이 아무것도 이룰 수 없다는 것을 깨달은 후에 마지못해 하면서 또는 기꺼운 마음으로 결국 하나님의 뜻만 옳다는 것을 고백하게 된다. 이는 하나님의 자녀들의 개인적인 삶에도 적용된다. 우리는 자신의 모든 독자적인 계획들을 이루어나갈 자유가 있다. 그러나 너무 늦든 말든 상관없이 결국 우리가 발견하게 되는 것은 초기에 주님께서 말씀하신 대로 순종하였더라면 훨씬 나았을 것이라는 사실이다.

우리는 아브라함의 삶에서 그의 잘못으로 인한 결과들을 분명하게 보았고, 아브라함의 큰 실수들이 그의 후손들에 의해서도 똑같이 반복되는 것을 보게 된다. 그러나 아브라함의 삶에서(물론 우리 삶에서도 마찬가지이지만) 변함없는 진리를 하나 발견할 수 있다. 그것은 그의 삶에 원인과 결과로 나타나는 현상들이 아니라 하나님의 하나님 되심으로 주의 간섭하심과 은혜가 나타난다는 사실이다.

영원히 "안 돼"라고 말씀하시는 준엄함

주님의 말씀이 아브라함에게 비전환상 가운데 임하였다. 하나님의 방법은 언제나 먼저 비전을 주시고 그 다음에 실체를 나타내시는 것 같다. 그러나 비전과 실체 사이에는 종종 굴욕을 당하는 깊은 계곡이 있다. "해 질 때 아브람에게 깊은 잠이 임하고 큰 흑암과 두려움이 그에게 임하였더니"창 15:12. 얼마나 자주 믿음의 사람들이 비전을 받은 후에 시험을 받기 위하여 어두운 상황 가운데 처하게 되는지! 하나님께서 성도에게 비전을 주실 때마다 주님은 그 성도를 주의 손의 그림자에 두신다. 이때 성도의 의무는 잠잠히 있으면서 듣는 것이다. 창세기 15-16장에서 우리는 어두운 가운데 하나님께서 빛을 보여주실 때까지 기다리는 대신에 사람들의 '좋은 조언'을 듣는 것이 얼마나 위험한 것인가를 보게 된다.

하나님께서 비전을 주시면 곧바로 어두움이 따라온다. 이때 기다리라. 만일 당신이 하나님의 때를 기다린다면 주님께서는 주께서 친히 주신 비전이 이루어지는 자리로 당신을 인도하실 것이다. 만일 기다리지 못하면 당신은 하나님께서 초자연적으로 역사하실 기회를 제거하는 것이다. 하나님께서 당신에게 주신 비전을 빨리 성취하시도록 하나님을 도우려고 하지 말라. 우리가 할 수 없는 것들이 몇몇 있는데, 그중 하나가 하나님을 돕는 것이다.

우리는 비전의 현실적인 성취가 어떠할 것이라고 절대로 예측해서는 안 된다. 우리는 변화산상에서 믿음으로 하나님의 목적을 분명하게 본 후에 하나님을 위하여 어떻게 하겠노라고 결단한다. 그러나 변화산에서 내려오면 그 순간부터 완전한 어두움 가운데 처하게 된다. 우리는 주님을 믿지만 그럼에도 어두움 가운데 걷게 된다. 이 시점에서 우리는 열광적으로 일하고 싶은 유혹을 받게 된다. 그러나 이때 우리는 하나님을 기다려야 한다. 만일 어두움이 우리로 하여금 영적 침체에 빠지게 한다면 그 책임은 우리에게 있다. 하나님께서 아무것도 보이지 않는 어두움의 체험을 우리에게 허락하실 때는 주께서 우리에게 주실 수 있는 최고의 것을 주시는 때이다. 만일 우리가 이 시점에서 뭔가를 한다면 이는 분명히 잘못된 것이다. 우리는 아무것도 알 수 없는 상황 가운데 가만히 있어야 하고 그 상황으로 인하여 "감사합니다"라고 말해야 한다. 하나님께서 우리에게 아무것도 주지 않으실 때는 우리가 주님 안에 있을 때이다. 이때 우리가 뭔가를 하려고 결심하면 그 순간에 우리는 자신을 주님 밖으로 끄집어내는 것이다. 극소수의 성도만이 이 교훈을 터득한다.

아브라함은 약속의 땅에 기근이 찾아왔을 때 그 땅에는 아무것도 없었기 때문에 그곳에 머물려고 하지 않았다. 이러한 자세라면 아브라함은 아무 자녀가 없기 때문에 하나님께서 자녀를 주실 것으로 믿지 않을 것이다. 하나님께서는 계속 아브라함에게 하나님 자신 외에는 아무것도 주지 않으셨다. 따라서 뭔가를 하기로 결단하는 순간에 아브라함은 하나님을 믿는 믿음에서 뛰쳐나와 하나님께서 영원히

"안 돼"라는 관계 속으로 자신을 쳐넣게 된다. 하나님께서 우리에게 오직 주의 명령의 말씀 외에는 아무 빛이나 설명도 없이 그 말씀대로 행하라고 하실 때가 있다. 그러나 주님의 모든 명령에는 그 명령을 수행할 수 있는 힘이 담겨 있다. 우리는 주의 능력 가운데 절대로 약해져서는 안 된다.

창세기 16장과 17장 사이에는 13년의 시간이 흐른다. 아브라함은 하나님의 약속을 기다리면서 13년의 긴 훈련을 지나게 된다. 아브라함과 사래의 성급한 행동은 세대를 거쳐 내려올 정도로 하나님의 계획을 매우 복잡하게 만들어 버렸다. 마찬가지로 모세도 하나님의 뜻을 자신의 방법으로 이루려고 함부로 행동하다가 40년간 훈련을 받으며 기다려야 했다. 아담과 하와도 같은 행동을 하였는데 그들의 기대를 현실 속에 빨리 나타내려고 '지름길'을 택함으로 말미암아(유혹을 선택한 것을 의미한다) 결국 잘못된 길로 나아가게 되었던 것이다. 유혹은 이기적인 욕망으로부터 생기는 것이 아니라 하나님의 목적을 이루려는 정열적인 욕구로부터 온다.

아브라함은 훈련을 마치는 과정에서 한 가지 결단을 하게 되는데, 바로 하나님께서 그분의 방법대로 하시도록 한 것이다. 이후 아브라함에게는 더 이상 사람의 방법을 의지한 흔적이 없다. 그는 하나님만 의지하게 되었다. 모든 자기 만족은 다 파괴되었고 하나님께서 주의 말씀을 어떻게 이루실 것인가에 대하여 상식적으로 따라보려는 한 가닥의 의심도 없었다. 하나님은 절대로 서두르지도 않으시지만 동시에 지체하지도 않으신다. 주님은 주님의 방법으로 주님의 계획을 이루신다. 우리는 주님께서 일하실 때 훼방하는 방해꾼이 될 수도 있고 주님을 돕기 위한 토기장이 손의 진흙이 될 수도 있다.

이제 아브라함은 비전이 아니라 실제 하나님을 본다. 실제 하나님에 대한 지식은, 우리의 확신이 하나님이 주신 축복이 아니라 오직 하나님께 있게 될 때 주어진다. 아브라함의 믿음은 이제 실제 하나님 위에 세워진 시련을 이긴 믿음이 되었다.

영원히 "그렇다"가 되시는 실체

하나님은 엘샤다이 곧 전능자이시다. 모든 것에 조금도 부족함이 없으시다. 옛 시대에서 새로운 것을 창조해내는 엘샤다이의 놀라운 역사가 은혜의 왕국 전체에 흐르고 있다. 만일 우리가 기도나 순종이나 헌신으로 우리 안에 하나님의 아들을 만들어낼 수 있다고 생각한다면, 우리는 정확하게 사래와 아브라함이 하갈과 관련하여 저질렀던 것과 똑같은 큰 실수를 하게 된다. 우리는 사람의 뜻이나 육에 속한 방법으로 거듭난 것이 아니라 하나님의 뜻에 의하여 거듭났다. 이 일이 사람으로서는 불가능하다는 것을 깨닫자마자 하나님께서 그 일을 하실 것이다. 불가능이라는 가장자리에 이끌리는 것이 바로 하나님의 축복의 창고 가장자리로 이끌리는 것이다. 영원히

"그렇다"라는 대답을 듣는 자리는 우리가 하나님께서 '엘샤다이' 곧 모든 것에 충만한 분이심을 인식할 때이다. 만일 우리가 하나님과 관련하여 하나님께서 영원히 "안 돼"라고 하신 것을 영원히 "그렇다"로 대답하시도록 애쓰지 않는 한, 오랜 침묵과 훈련의 기간이 필요 없다.

하나님께서는 과거의 것을 버리고 완전히 새로운 것을 창조하지 않으신다. 주님은 과거의 것에서부터 새로운 것을 창조하심으로 과거의 것과 새로운 것이 하나 되게 하신다. 사람이 어떤 특별한 죄를 짓다가 그 죄를 멈추었다는 사실이, 그 사람이 거듭났다는 것을 보여주는 증거는 아니다. 예수님께서는 사람들이 죄인들이라고 칭하는 자들에게 거듭날 필요를 말씀하지 않으시고 오히려 종교적인 사람을 비롯한 소위 정직하고 경건한 사람들에게 거듭날 필요를 말씀하셨다. 니고데모는 희미한 기억 가운데 하나님을 예배하고 있었다. 그 사람 안에는 아직 '엘샤다이'의 창조의 역사가 없었다. '엘샤다이'의 창조는 오직 주 예수 그리스도에 의해서만 가능하다갈 4:19.

영원한 길의 타당성

아브라함의 믿음은 지속적이어야 했다. 곧 그는 주님의 임재를 무의식 가운데 의식하면서 계속적으로 전능자가 보는 앞에서 인생을 걸어야 했다. 우리는 하나님을 신뢰하지 않기 때문에 하나님 앞에서 행하지 않는다. 우리가 하나님께 확신이 없다는 증거는 종종 불평하는 모습이다. 만일 우리가 하나님과 동행한다면 불평하는 것은 불가능하다. 그 이유는 우리가 믿음의 영구한 빛 가운데 걷기 때문이다.

욥이 "내가 하나님을 믿는데 이러한 대우를 받는 것은 억울하다"라고 말하였다고 하자. 하지만 욥은 하나님을 신뢰하면서 그러한 대우를 받았다. 믿음은 우리가 하나님을 보는 것이 아니라 하나님께서 우리를 보신다는 사실을 아는 것이다. 우리는 이 사실만 알면 된다. 다른 것은 필요 없다. 이 믿음을 가질 때 우리는 완전한 자유의 삶을 살 수 있다.

영적인 불평은 우리가 하나님이 아니라 다른 뭔가를 원할 때 생긴다. 우리는 하나님께서 우리에게 뭔가를 주셔서 기분이 좋아지도록 하시거나 성경에 대한 놀라운 통찰력을 주시기를 원한다. 그러나 이것은 성도의 마음 자세가 될 수 없다. 이러한 자세는 불신자의 마음 자세로 자신이 원하는 뭔가를 얻기 위하여 하나님께 나아올 뿐이다. 만일 우리가 주께서 우리에게 주신 모든 것을 다시 주님께 드리지 않는다면, 우리가 받은 것들은 오히려 우리를 멸망케 하는 것들이 된다.

영원한 날에 모든 것이 바르게 되리라

아브라함은 그의 믿음에서 아직 완전하지 않았기 때문에 흠이 있었다. 만일 약속의 땅에 거하였다면 그는 흠이 없었을 것이다. 그러나 그는 애굽으로 내려갔고 따라서 그의 믿음에 흠이 생겼다. 우리는 과거 신학자들이 말하던 '선행적 은총'prevenient grace을 무시해서는 안 된다. 곧 하나님의 은혜를 받아야만 자신을 의지하지 않고 하나님을 예배하게 된다는 가르침이다. 만일 신령한 예배보다 자신의 도덕적 기질을 의지한다면, 우리는 매번 잘못된 길로 나아가게 될 것이다.

아브라함의 실수 및 믿음의 본이 되는 영광스러운 모습들은 우리를 바르게 세우기 위하여 기록된 내용들이다. 우리는 아브라함의 인생 자취를 따라야 하는 것이 아니라 그가 믿음으로 걸었던 발자취를 따라야 한다.

우리는 우리 삶 가운데 남에게 흠 잡힐 만한 약점들을 제거한 후에, "자, 이제 나는 모든 것이 괜찮다고 생각한다"라고 말한다. 이러한 자세는 하나님 앞에서 흠 없이 행하는 것과 상관이 없으며 오히려 하나님을 믿는 믿음의 삶과 정반대로 걷는 것이다. 만일 우리가 하나님을 믿는 믿음 안에서 걷는다면 따로 제거해야 할 약점들이 아무것도 없다. 반면 하나님을 향한 믿음 가운데 행하지 않고 있다면, 사람들에게 우리가 아무리 옳게 보여도 사실은 모든 것이 오점이요 문제이다.

만일 주 예수 그리스도의 빛 가운데 자신을 보았다면 그 사람은 자신의 부족함에 대하여 어떻게 말하겠는가! 우리는 말로 표현할 수 없을 정도로 누추하다! 우리는 자신에 대하여 어떤 약점을 말하는 정도가 아니라 사형 선고를 내릴 수밖에 없다는 사실에 동의하게 된다. 따라서 더 이상 자신을 의지하지 않고 하나님만 의지하게 된다. 오직 주님만이 아무 흠이 없으시다는 것을 깨닫는 가운데 사람들의 연약함에 신경 쓰지 않고 오직 주님만 바라보게 된다. 또한 자신의 삶 가운데 가장 큰 사기꾼은 바로 자신이었음을 깨닫게 되면서 "저는 저 자신에게 질렸습니다"라고 고백하게 된다. 만일 정말로 자신에게 질렸다면, 당신은 자신을 장사지내고 그 후 영원한 하나님이 당신의 모든 것이 되게 할 것이다. 아직 이 단계까지 가지 않았다면, 당신은 하나님을 향한 믿음이 아직 없는 것이다.

당신은 "뭘 해야 할지 모르겠다"라고 말하는가? 그렇다면 아무것도 하지 말라. "아무것도 보이지 않는가?" 그렇다면 아무것도 찾지 말라. 바보스러울 정도로 하나님을 신뢰하라. 상식적인 입장에서 보면 하나님을 믿는다는 것은 정신 나간 것이다. 믿음은 "주께서 내게 뭔가를 주신다면 제가 주님을 믿겠습니다. 그러나 주시지 않으시면 저도 주님을 믿을 수 없습니다"라는 식의 흥정이 아니다. 믿음이란 주님께서 우리에게 돈을 주시든 말든 건강을 주시든 말든 주님을 신뢰하는 것이다. 믿음은 하나님을 신뢰하는 것이지 주께서 주신 축복과 선물을 의지하는 것이 아니다.

각자 처한 상황 가운데 하나님 앞에서 행하며 완전하자. 그때 우리는 자신이 아브라함의 참된 자녀들임을 입증하게 될 것이다.

19장

경외함

창 17:2–14

"아브람이 엎드렸더니"창 17:3.

아브라함이 하나님 앞에서 말하지 않고 침묵했던 때를 주목해 보는 것은 중요하다. 물론 그것은 불평으로 인한 침묵을 말하는 것이 아니다. 경외함이란 바로 존경과 두려움과 놀라움으로 말문이 막히는 것이다. 거짓으로 경외하는 모습을 취하지 않도록 주의하라. 이는 가장 무서운 불신앙의 속임수이기 때문이다. 경외란 어떤 사람이 하나님께서 누구시며 주께서 자기를 위해 어떤 일을 행하셨는지를 깨달을 때 나타나는 영혼의 상태이다. 이러한 장엄하고 친밀한 경외함을 가장 잘 표현하는 사람들은 바로 어린아이들이다.

신실함 속에서 인격적인 관계

"내가 내 언약을 나와 너 사이에 두어 너를 크게 번성하게 하리라" 창 17:2.

신실하신 분예수 그리스도의 아버지하나님 아버지와의 언약은 믿음이 자신 안에 생겨난 사람이라면(곧 자신과 하나님과의 관계가 맺어진 사람이라면) 누구든지 맺을 수 있다. 종종 우리는 자신의 경험 또는 "하나님께 복종합니다"라는 자신의 결단과 언약을 맺는다. 그러나 이것은 '자기 우상들'과 언약을 맺는 것이다. 곧 하나님을 향한 자신의 결단과 진심을 우상으로 만드는 것이다. 하나님과의 언약은 내가 하나님 앞에서 한 맹세를 지키느냐 마느냐 하는 문제가 아니다. 우리와 언약을 하신 하나님의 신실하심을 끝까지 의심하지 않고 주의 언약을 의지하느냐 하는 문제이다. 우리의 구원은 하나님의 영광이 달린 문제이지, 우리의 영광이 달린 문제가 아니다.

하나님을 믿는 믿음을 소유한 자가 많지 않다. 보통 종교적으로 자신과 엄중한 맹세를 한 이후에 그것을 믿음으로 오해한다. 하나님께서 원하시는 것을 행하겠다고 약속하면서 끝까지 주님께 진실하겠다고 맹세한다. 그러한 결심과 맹세를 유발시킨 성경 구절을 엄숙하게 기록해 둔다. 그러나 사람이라면 그 누구도 자신의 다짐대로 할 수 없다. 하나님만이 하나님의 약속을 완벽하게 지키시고 이루신다.

따라서 우리는 지속적으로 스스로 뭔가를 약속하는 대신에 하나님의 약속에 자신을 의탁해야 한다. 자신을 완전히 하나님께 맡기는 것이야말로 하나님께서 우리에게 선물로 주신 믿음에서 나오는 유일한 행위이다. 곧 주님께서 약속의 선물로 우리에게 주신 믿음은, 하나님과 우리 사이의 인격적 관계를 위한 것이다.

예수께서는 "내게로 오라"고 말씀하셨다. 우리가 예수님께로 가는 것을 막는 것은 종교적인 자기 우상이다. 우리는 하나님께서 우리와 언약하시려는 것을 허락하지 않을 것이다. 그 대신 자신의 결단과 의지를 믿고 주님과 맹세하려고 한다. 맹세란 내가 결심하였으면 지킬 수 있다고 믿는 것이다출 19:8. 그러나 이것은 주님께서 원하시는 것이 아니다. 우리는 하나님의 신실하신 성품에 우리를 맡겨야 한다. 그렇게 되면 주께서 우리를 어떻게 다루시든 문제가 되지 않는다. 우리는 자신을 신뢰하지 말고 오직 주님만 신뢰해야 한다.

결실을 위한 심오한 깨달음

> "아브람이 엎드렸더니 하나님이 또 그에게 말씀하여 이르시되"창 17:3.

아브라함의 엎드린 자세는 깊은 겸손과 진실한 신뢰 및 참된 기뼘을 표현하는 것이다. 이러한 자세는 하나님을 믿는 믿음의 특성이다. 우리가 하나님을 만나면 그 증거가 실제로 나타나게 된다. 만일 겸손함이나 신뢰나 참된 기쁨과 같은 증거가 없다면, 우리는 주님을 만난 것이 아니라 종교적인 자기 자신과 만난 것이다. 그러면서 "나는 하나님의 증거를 기다려야 한다"라고 말한다. 이것이 자기 우상이다. 그 안에는 하나님을 믿는 믿음이 없으며 병든 아기의 칭얼거림만 있을 뿐이다.

우리는 어린아이처럼 자신을 순수하게 하나님께 던져야 한다. 그리고 그 결과에 대해서는 신경 쓰지 말아야 한다. 그러면 요한복음 14장 27절처럼 "나의 평안을 너희에게 주노라"는 주님의 약속이 당장 이루어지게 된다. 하나님에 대한 심오한 깨달음은 말로 다할 수 없는 평강을 주기 때문에 자신의 유익을 구할 이유가 없게 된다.

친교에 관한 귀한 인식

"보라 내 언약이 너와 함께 있으니"창 17:4.

사람의 영혼 속에서 하나님의 영에 의해 창조된 믿음은 결코 개인적이지 않다. 믿음이 창조되고 나면 우리는 하나님의 엄청난 우주적인 목적에 사로잡히게 된다. 성령은 각 개인의 삶을 변화시켜서 하나님을 향하는 큰 물결에 속하게 한다. 믿음은 우리 개인의 어떤 목적을 이루기 위하여 하나님을 취하는 수단이 아니다. 오히려 믿음은 하나님께서 우리에게 주신 선물로써 주께서 우리를 통하여 주의 목적을 나타내시는 수단이다. 하나님께서는 우리의 허락 없이 주께서 원하시는 대로 우리를 사용하신다. 우리가 우리의 손을 사용하기 위하여 어떤 허락이 필요 없는 것처럼, 주께서 우리를 사용하려 하실 때 어떤 허락을 요구하실 필요가 없다. 그러나 우리는 주님과의 관계를 뚜렷하게 유지해야 한다. 기계가 모터에 기어로 연결되지 않으면 힘을 발휘할 수 없는 것과 마찬가지의 이치이다요일 1:7.

열국의 아비로 약속된 왕족

"너는 여러 민족의 아버지가 될지라"창 17:4.

이 놀라운 약속은 하나님의 능력을 나타낼 수도 있고 도덕적으로 예민한 사람을 만들어 낼 수 있다. 나를 향하신 하나님의 목적이 나의 의식 속에서 느껴지기 시작할 때 나의 마음은 불가능이 가능해질 것을 느끼면서 웃음으로 가득 차게 된다. 이 웃음은 의심 가운데 비웃는 웃음이 아니다. 하나님께서 분명하게 불가능한 일을 가능케 하실 것을 믿는 믿음의 웃음이다. 어떤 사람이 하나님을 믿지 않는 가장 확실한 표시가 있다면, 그것은 초자연적인 것을 믿지 않는 것이다. 만일 하나님이 그 사람 안에 있지 않다면 그 누구도 하나님을 믿을 수 없다. 아브라함에게 주신 약속은 처음부터 끝까지 하나님 자신이다. 우리는 하나님께서 역사하실 수 있는 여유를 만들어 드려야 할 뿐 아니라 하나님께서도 우리를 위하여 충분한 공간을 가지고 계시다는 사실을 믿어야 한다.

영적인 실제에 대한 신체적 표시창 17:5–14

> "너희는 포피를 베어라 이것이 나와 너희 사이의 언약의 표징이니라"출 17:11.

'아브라함'이라는 새로운 이름은 그가 새로운 성향을 소유하게 되었음을 알려준다. 할례식은 우리 안에 새로운 성향이 생김으로 인하여 우리 자아가 전부 고상한 성품으로 변하였음을 나타내는 것이다마 5:48. 할례 또는 할례가 상징하는 성결은 모든 자기 우상을 잘라내고 하나님께 모든 것을 내어맡기는 결단이다. 과거의 속성과 새로운 속성이 하나가 되어야 한다. 구약에서 할례는 이 둘이 하나 되는 것을 상징한다. 신약에서는 성결의 상징이다.

새로운 창조는 과거의 세상이 '엘샤다이'에 의하여 새롭게 된다.

성령께서 오시면 서로 구별되었던 두 속성이 섞이게 되면서 하나의 속성이 된다. 과거의 것은 하나님의 들어오심으로 인하여 고상한 속성으로 변해야 한다. 새로운 속성에서는 오직 하나님만이 전부이다.

유대교는 사람이 아브라함의 혈통에서 나기만 하면 모든 것이 잘된 것이라고 가르쳤다. 그러나 사도 요한은 "육으로 나는 것이 아니라 영으로 나야 잘된 것이다"요 1:12-13라고 말하였다. 그 후에 신비주의자들이 나타나 하나님께서는 물리적인 세계와 무관하다고 하였다. 그러나 이에 대해서도 사도 요한은 "아니다. 예수 그리스도께서는 육체로 오셨다"요일 4:2라고 말하였다. 즉, 모든 더럽혀진 것들마다 그리스도를 통하여 거룩하게 된다는 뜻이다. 정결한 사람이 되는 대신에 종교적인 위선자가 되어 하나님께 모독이 되지 않도록 주의하라.

20장

환희

창 17:15–27

"아브라함이 엎드려 웃으며"창 17:17.

믿음의 삶의 여정 가운데는 우리가 매우 종교적으로 상투적이 되고 겉치레를 하게 되는 때가 있다. 그때는 보통 종교적으로 남들에게 드러내고 싶어 하는 때인데, 이러한 때 우리는 성령을 근심케 한다. 황홀함을 체험하는 국면도 바로 그러한 국면일 때가 있다. 영적 환희는 의식적으로는 감당할 수 없는 기쁨을 체험하게 되면서 정신적으로 주변 환경으로부터 이탈되는 현상이다. 이러한 상태는 그 사람이 하나님께 나아가거나 사탄이 그 사람을 장악할 수 있는 그러한 열린 상태이다. 만일 스스로 황홀을 얻기 위해 신비 체험을 추구한다면, 그는 곧 사탄에게 장악될 것이다. 그러나 충성스럽게 주님께서 맡기신 일을 감당하다가 그러한 체험을 하게 된다면, 그 환희는 하나님과 직접적으로 대화하는 과정이 될 것이다. 아브라함의 환희로 가득한 웃음은 후자에 속하는 황홀한 체험이었다.

하나님의 역설과 인간의 감정

> "하나님이 또 아브라함에게 이르시되 네 아내 사래는 이름을 사래라 하지 말고 사라라 하라 내가 그에게 복을 주어 그가 네게 아들을 낳아 주게 하며 내가 그에게 복을 주어 그를 여러 민족의 어머니가 되게 하리니 민족의 여러 왕이 그에게서 나리라"창 17:15-16.

웃음과 슬픔은 인간의 가장 강한 감정이다. 이 두 감정은 모두 하나님께 바쳐져야 한다. 본문창 17:15-27에 나오는 웃음은 성경에서 가장 처음 나오는 웃음으로서 의미가 깊다. 하나님의 약속이 너무 커서 아브라함은 땅에 엎드려 경배한다. 그러나 그 약속은 또한 너무나 역설적이기에 아브라함은 환희 가운데 웃게 된다. 이 웃음은 의심의 웃음이 아니라 놀람으로 인한 웃음이다. 너무나 불가능한 약속인데 아브라함은 이를 완벽하게 믿기에 뭔가 내부적으로 균형이 깨진 것이다. 우리도 종종 미세하나마 그러한 환희를 경험해 왔다. 우리가 하나님을 만나 주님께 전심으로 우리의 모든 것을 맡길 때마다 주님의 피조물로서 완전하고 흘러넘치는 느낌 가운데 평강과 기쁨을 체험하게 된다.

하나님 앞에서 어린아이 같은 마음으로 웃는 웃음이 아니라면 그 웃음은 끔찍한 웃음이 될 수 있다. 멸시와 조롱의 웃음이 될 수도 있고 악한 것을 즐기는 웃음도 될 수 있다. 그러한 웃음은 가시나무가 불에 타는 듯한, 귀를 찢는 징그러운 웃음이다. 그러나 하나님으로 인하여 기쁨으로 가득 찬 어린아이 같은 웃음은 누가 보아도 즐겁다.

인간의 언어로 표현된 하나님의 공주

> "아브라함이 엎드려 웃으며 마음속으로 이르되 백 세 된 사람이 어찌 자식을 낳을까 사라는 구십 세니 어찌 출산하리요 하고"창 17:17.

'사라'라는 의미는 공주라는 뜻으로써 아마도 그녀가 '열방의 어머니'가 된 사실을 나타내는 것 같다. 이 이름은 사래가 수고하여 얻은 것이 아니다. 단지 하나님을 향한 그녀의 믿음으로 인하여 그녀 안에 새로운 것이 창조되었기 때문에 주어진 이름이다. 우리는 아브라함과 사라에게서(물론 자신 안에서도 마찬가지이다.) 아름답지 못한 특징들을 발견하게 된다. 그런데 우리가 발견하게 되는 것은, 하나님께서 새로운 존재로 여기며 새 이름을 주신 것이 우리 안에 구속적으로 새롭게 창조한 것을 지적하여 언급하신다는 사실이다. 곧 보화가 '질그릇' 속에 있는 것이다.

하나님의 눈에 보이는 공주는 그 공주에게 어떤 장점이 있기 때문에 공주가 아니다. 우리 주님께서 "내 자매요 내 어머니"라고 부르실 때 그 조건을 보면 "누구든지 하늘에 계신 내 아버지의 뜻대로 하는 자"마 12:50라고 되어 있다. 이는 어쩌다가 하나님의 뜻을 한 번 행하는 것이 아니라 계속 행하는 성향을 의미한다. 믿음은 생명수가 흘러 넘치는 샘이다. 만일 믿음의 삶을 계속적으로 살아간다면 우리는 주 예수님의 자매요 형제가 될 것이다. 믿음의 삶을 사는 방법은 단 한 가지, 바로 믿음의 삶을 '사는 것'이다.

하나님의 목적과 인간의 기대창 17:18-21

> "아브라함이 이에 하나님께 아뢰되 이스마엘이나 하나님 앞에 살기를 원하나이다 하나님이 이르시되 아니라 네 아내 사라가 네게 아들을 낳으리니 너는 그 이름을 이삭이라 하라 내가 그와 내 언약을 세우리니 그의 후손에게 영원한 언약이 되리라"창 17:18-19.

아브라함은 이스마엘이 약속의 자녀일지도 모른다는 생각을 하며 만족했다. 그러나 하나님의 계시를 통하여 아브라함은 하나님께서 약속하신 상속자가 아직 태어나지 않았다는 사실을 알게 되었다.

하나님께서는 심지어 그 자녀가 태어날 정확한 시간을 알려 주셨다. 왜 하나님께서는 갑자기 주님의 약속과 관련하여 그렇게 구체적으로 말씀하셨을까? 아마도 지금 이 순간까지 아브라함의 믿음에 의심이 섞여 있었던 것 같다. 지금 이 순간까지 아브라함은 주님께서 주의 약속을 어떻게 이루실지를 깨닫지 못했기 때문에 하나님을 완벽하게 신뢰한 것은 아니었다.

하나님의 프로그램과 인간의 실행창 17:22-27

> "그날에 아브라함과 그 아들 이스마엘이 할례를 받았고 그 집의 모든 남자 곧 집에서 태어난 자와 돈으로 이방 사람에게서 사온 자가 다 그와 함께 할례를 받았더라"창 17:26-27.

이 구절은 아브라함이 하나님의 말씀을 얼마나 철저하게 순종하는가를 보여준다. 그는 주의 말씀에 따라 철저하게 할례 예식을 행하였다. 하나님께서는 과거에 무지개를 사용하셨듯이 하나님의 약속에 관한 증표와 상징으로써 할례를 사용하셨다. 할례는 구약의 역사 속에서 하나님의 백성을 위해 마련된 증표로써, 그들은 할례를 통해 자신들은 하나님과 언약을 맺은 하나님의 백성임을 나타냈다. 하나님께서는 그들에게 언약적인 약속을 하셨지만 그들이 이 언약에 동의

한다는 징표가 필요하였다. 따라서 하나님의 언약의 백성들은 할례를 통하여 자신들이 주님의 언약에 동의한다는 것을 나타냈다.

로마서 10장 10절은 "사람이 마음으로 믿어 의에 이르고 입으로 시인하여 구원에 이르느니라"라고 말한다. 이는 주를 향한 우리의 믿음을 확증하는 데 우리의 입으로 표현해야 한다는 것이다. 바로 이 표현이 우리가 주님의 자녀라는 증표이다. 예를 들어, 회개할 때 우리는 무릎을 꿇는다. 이러한 자세는 우리의 생각보다 훨씬 강한 의미를 가진다. 아마도 그 누구도 쉽게 무릎을 꿇지 않을 것이다. "그러나 무릎을 꿇는 것은 너무 창피합니다!" 물론 그렇다! 우리가 주님을 순종하는 것을 막는 것은 우리 안에 있는 인간적인 자연적 교만이 우리를 지배하고 있기 때문이다. 이 교만은 절대로 하나님 앞에서 무릎을 꿇지 않을 것이다. 그러므로 당신이 행위적 자세로 자신을 하나님 앞에 굴복시키지 않는다면, 구원은 절대로 당신의 현실로 나타나지 않을 것이다.

21장

하나님의 친구

창 18:1-15

"내 주여 내가 주께 은혜를 입었사오면 원하건대 종을 떠나 지나가지 마시옵고"창 18:3.

야고보 사도는 아브라함을 "하나님의 벗"약 2:23이라고 불렀다. 그러나 우리는 '구주'와 '친구'를 혼동해서는 안 된다. 우리 주님께서는 일반 사람들에게 "나의 친구"라고 부르신 것이 아니라 주님의 제자들에게 "너희는 … 곧 나의 친구라"요 15:14고 말씀하셨다. 하나님과 친구가 되었다는 뜻은 그 사람 속에 하나님의 속성이 생김으로 인하여 주님과 교통할 수 있게 되었다는 뜻이다. 이러한 속성이 사람 속에 생기는 것은 자연적으로 될 수 없고 오직 성령께서 그 사람 속에 들어오심으로 가능하다. 그렇게 되면 우리는 우리 안에 창조된 새로운 생명을 근거로 우리에게 주어지는 하나님의 계시를 순종하게 되면서 하나님과의 친구 관계가 시작된다. 그 새로운 생명은 말로 다할 수 없을 정도로 겸손하고 거룩하다. 순결하며 때 묻지 않고 완벽하게 '엘샤다이'의 하나님, 즉 과거의 세계 속에 새로운 것을 창조하여 그 세계를 변모시키는 하나님께 헌신되어 있다.

하나님과의 친구 관계는 하나님과 우리 동료들과의 관계 속에서 행동으로 나타나는 믿음이다. 우리는 하나님께서 우리를 사랑하셨듯이 다른 사람들을 사랑한다. 우리는 다른 사람들의 배은망덕함을 통하여 우리가 하나님께 보여드렸던 배은망덕함을 보게 된다. 하나님과의 친구 관계로 인하여 동료들과 친구 관계가 맺어질 때 하나님의 마음이 즐겁다.

친교의 제단창 18:1-5

"내 주여 내가 주께 은혜를 입었사오면 원하건대 종을 떠나 지나가지 마시옵고 물을 조금 가져오게 하사 당신들의 발을 씻으시고 나무 아래에서 쉬소서 내가 떡을 조금 가져오리니 당신들의 마음을 상쾌하게 하신 후에 지나가소서"창 18:3-5.

아브라함에게 하나님께서 나타나신 사건은 구약에서 성육신에 대해 말하는 가장 놀라운 표적이다. 실제적으로 하나님께서 사람의 몸을 입고 오셨다는 사실은 주님께서 자신을 사람과 동일시하신다는 뜻이고 사람들의 여러 상세한 생활에 간섭하신다는 뜻이다. 우리 주님은 세례 요한처럼 금욕주의자가 아니셨다. 주님은 제한이나 금지를 받지 않으셨으며 비정상적인 열정을 지닌 분도 아니셨다. 우리 주님의 생애는 자연적인 것과 초자연적인 것이 일치가 되었다. 자연적인 것들을 파괴하여 버리지 않으셨다.

위 장면은 하나님의 아들의 오심을 환영하는 겉치레의 준비가 아니다. 단지 그 상황 가운데 아브라함과 사라의 눈이 열려서 하나님을 알아본 것이다. 우리 주님은 언제나 가장 평범한 방법으로 찾아오시기 때문에, 그분을 알아볼 만큼 깨어 있지 않으면 우리는 그분을 놓칠 것이다. 사람의 속성이 바뀐 가장 분명한 증거는 하나님을 알아보는 것이다. 날마다 모든 사건 속에서 주님의 인도하심을 느끼고 주님의 음성을 듣는 사람은, 마치 친구와 대화하고 친구와 함께 어디를 가는 것처럼 "하나님께서 저를 이곳으로 인도하셨습니다," "하나님께서 제게 말씀하셨습니다"라고 말할 수 있게 된다.

친교의 제단이 의미하는 바는, 우리가 우리 삶의 모든 사건 속에서 자신을 하나님께 헌신한다는 뜻이다. 처음에 아브라함은 하나님을 믿는 참된 믿음과 삶의 구체적인 현실적 문제들을 접목시키는 것이 어려웠다. 반면에 우리 주 예수님의 현실적인 삶은 모든 구체적인 사건들 속에서 하나님을 믿는 주님의 실제 믿음을 끊임없이 드러내셨다. 제자들의 발을 씻어주시는 사건, 금식, 기도, 혼인 예식 등, 이 모든 사건이 친교의 제단을 나타냈다.

친교 훈련창 18:6–8

"아브라함이 엉긴 젖과 우유와 하인이 요리한 송아지를 가져다가 그들 앞에 차려 놓고 나무 아래에 모셔 서매 그들이 먹으니라"창 18:8.

하나님께서 우리의 손님이 되시는 실제 사건은 친교 훈련 과정에서 가장 놀랍고 기쁜 사건이다. 남을 대접하는 마음 가운데 나그네를 대접하다가 우리는 주님을 우리의 집으로 영접하는 영광을 얻기도 한다. 아브라함은 자신의 집을 방문한 나그네를 대접하다가 하나님을 대접하였다. 이는 그가 근본적으로 하나님을 향한 준비된 마음 자세를 가지고 있었음을 보여준다.

우리는 지나가는 나그네를 맞이하기 위하여 특별 행사를 하듯 단장하지 않는다. 우리의 자연적인 속성과 어울리지 않은 그러한 분위기와 자세로 나그네를 기다릴 수 없다. 우리의 본래 모습대로 살다가 지나가는 나그네를 맞이하게 된다. 우리가 나그네로 지나가시는 하나님을 우리의 손님으로 맞이할 수 있는 유일한 방법은, 우리의 몸을 주님의 집으로 바꾸시는 성령을 주께로부터 받는 것이다.

이는 우리가 하나님을 위한 궁전을 준비한다는 뜻이 아니다. 오히려 하나님께서 우리의 몸에 들어오셔서 우리가 하나님을 위하여 살듯이 그분이 우리의 일상생활과 일상적인 만남 가운데 우리 대신 사신다는 뜻이다.

우리 주님께서는 주께서 보내시는 자들을 마치 주님 자신을 맞이하듯 하라고 가르치셨다마 10:40. 그러므로 우리가 주님의 이름으로 다른 사람에게 접대를 받게 되면, 그 접대가 우리에게 드려지기보다 우리의 주인께 드려졌다는 사실을 기억해야 한다. 사실 이 세상에서 우리가 주님에 의하여 보내질 때 접대와 환영보다는 거절과 조롱을 받을 때가 훨씬 많다. 그러나 주님에 의하여 보냄 받은 우리가 접대와 환영을 받는다면 그것은 실제로 주님께 드려지는 것이다. 반면 거절과 조롱을 받을 때 우리는 "그러나 나는 이러한 대접을 견딜 수 없다"라고 말해서는 안 된다. 만일 주님과 일치되어 있다면, 우리는 우리에게 합당치 않다고 느껴지는 그러한 수욕과 오해와 모독을 통과해야 할 것이다.

인간의 삶에서 잔치 자리에 가면 잔치의 주인이 누구인지 쉽게 알 수 있다. 우리 주님께서는 이러한 잔치의 자리에서 친히 자신이 잔치의 주인임을 나타내셨다. 마찬가지로 우리는 먹고 마시는 평범한 삶 속에서 우리가 예수님을 어떻게 대하는지 드러낸다. 만일 먹고 마시는 것에만 빠져 있으면 우리는 잔치의 주인이신 예수님을 모독하는 것이다. 만일 잔치에 참여하지 않는 금욕주의자라면, 우리는 잔치의 주인이신 주님과 동행하기를 거절하는 것이다. 그러나 겸손한 성도가 되면 우리는 주님을 존귀하게 모시고 매일의 평범한 삶 가운데 주님과 함께 잔치를 하게 된다.

주의 만찬the Lord's Supper은 우리가 항상 무엇을 해야 하는지를 의미하는 상징이다. 주의 만찬은 떠난 분을 애도하는 것이 아니라 우리와 항상 함께하시는 분을 기억하는 것이다. "이것을 행하여 나를 기념하라"고전 11:24는 말씀은 주님과 하나 되는 친교를 통해 주께서 자신을 다시 나타내실 때까지 주의 죽으심을 보이라는 말씀이다. 주님께서는 주님의 만찬에서 평범한 떡과 잔을 사용하심으로써 주님과의 친교 훈련은 우리의 일상 사건들과 생활 속에서 진행된다는 사실을 알려 주셨다.

친교로 인하여 밝히 알게 됨창 18:9–15

> "여호와께서 아브라함에게 이르시되 사라가 왜 웃으며 이르기를 내가 늙었거늘 어떻게 아들을 낳으리요 하느냐 여호와께 능하지 못한 일이 있겠느냐 기한이 이를 때 내가 네게로 돌아오리니 사라에게 아들이 있으리라"창 18:13–14.

아브라함의 웃음은 믿음으로 인한 기쁨으로 가득한 웃음이었다.

반면 사라의 웃음은 의심으로 인한 웃음이었다. 그녀는 하나님께서 말씀하신 것이 반드시 이루어질 것을 믿으면서도, 그녀의 믿음은 아직 아브라함의 믿음처럼 현실 속에서 역사하는 자리까지 이르지 못하였다.

하나님께서 우리의 불신앙을 간과하시는 때가 있다. 또한 갑자기 우리의 불신앙을 빛 가운데로 이끄셔서 그 빛 앞에서 우리를 너무나 부끄럽게 하시는 때도 있다. 주께서 이렇게 행하시는 이유는, 우리가 얼마나 어리석고 비참한 존재인지를 나타내기 위해서가 아니라 주께서 우리를 통하여 이루시고자 하는 목적이 우리 안에 있는 특별한 의심에 의해 방해를 받고 있기 때문이다.

믿음의 자녀는 자신의 그럴듯한 생각을 가지고 하나님의 약속을 제한해서는 안 된다. 대신 우리는 자신의 논리를 내려놓고 하나님의 능력에 우리를 맡겨야 한다. 하나님께서는 절대로 인간의 이성에 상반되지 않으신다. 주님은 언제나 이성의 세계를 초월하실 뿐이다. 우리는 하나님께서 과거에 우리를 위하여 행하신 일들을 기억하며 그 경험으로 하나님을 제한하려는 경향이 있다. 이러한 자세는 하나님을 방해하고 성령을 근심케 한다. 하나님께서는 우리와의 친교 시간을 통해 우리로 하여금 주의 말씀을 더욱 깨닫게 하신다. 그때 우리는 엄청난 환희를 느낀다. 그러나 곧 우리는 주님께 "그러나"라고 하며 따지기 시작한다.

우리는 창세기 18장 9-14절에서 이 세상에서 가장 멋진 식탁 위에서의 대화를 볼 수 있다. 식탁 위에서 하나님과 아브라함과 사라가 대화를 나눈다. 이 장면은 그들의 친교가 얼마나 다정하고 평안한지를 보여준다. 주님께서 질문하신다. "사라가 왜 웃느냐?" 이때 사라는 웃지 않았다고 부정한다. 주님께서는 온유하지만 단호하게 꾸짖으신다. "아니라, 네가 웃었느니라!"

불신앙에 빠져 하나님께 꾸지람을 들을 때마다 우리는 그 꾸지람을 영광으로 취할 줄 알아야 한다. 그리고 기꺼운 마음으로 주님의 꾸지람을 신속하게 받아들일 때 하나님의 목적은 계속 우리 안에서, 또한 우리를 통하여 이루어질 것이다. 인생 속에서 우리가 감당할 수 없는 사건들을 겪게 될 때 우리는 황당한 마음으로 비웃을 수도 있고 하나님께서 친히 주님 자신의 목적을 위해 그 사건들을 허락하셨음을 깨달을 수 있다.

22장

정상에 도착함

창 18:16-33

"아브라함은 여호와 앞에 그대로 섰더니 아브라함이 가까이 나아가 이르되"창 18:22-23.

아브라함은 건방진 자세나 무례함이 없이 하나님과 친밀한 관계를 갖게 되었다. 중보 기도는 주님께서 무엇을 하시는지 깨닫고 조금도 무례함이 없이 하나님 아버지와 자녀 사이에 깊은 신뢰와 친밀함이 생긴 것을 의미한다. 이러한 관계가 맺어지면 우리는 우리가 해결할 수 없는 염려와 고통을 주께서 해결하실 수 있도록 주님의 품에 던지게 된다. 그러나 이 뜻이 "주님이 알아서 다 하세요."라고 모든 짐을 주 앞에 던져 버린다는 뜻은 아니다. 만일 이렇게 행한다면 우리의 영적인 삶은 큰 문제에 부딪히게 될 것이다. 이러한 자세는 주님과의 친밀한 관계의 모습이 아니다. 우리는 하나님께 우리의 사정을 의탁한 가운데 그 문제 가운데에서 나오지 말고 그 자리에 서서 주께서 그 문제들을 우리를 위하여 어떻게 해결하시는지를 보아야 한다. 당신은 "그러나 저는 믿음이 없어요"라고 말할지도 모르겠다. 일단 당신의 문제를 주님께 가져가기 바란다. 그 후 하나님께서 그 문제들을 해결하시는 동안 주님과 함께 거하라. 그렇게 되면 하나님과의 친밀한 관계와 당신의 문제 해결은 영원히 당신의 것이 될 것이다.

만일 우리가 영적 갓난아기라면 우리는 매일 '장난감'을 달라고 보챌 것이다. 물론 주님께서는 우리가 보챌 때마다 당장 나타나셔서 장난감을 주실 수도 있다. "이것이 고장났어요. 더 이상 가지고 놀 수 없어요. 새것을 사 주세요." 그러나 믿음으로 성숙한 사람은 "이것이 고장났어요. 아빠가 고쳐주세요. 아빠가 이것을 고치시는 동안 저는 아빠 옆에서 아빠가 어떻게 고치시는지를 보고 싶어요"라고 말할 것이다. 하나님은 장난감 사장이 아니라 우리의 아빠, 아버지이시다.

실제와 현실이 연합될 때창 18:16-19

"나 여호와가 아브라함에게 대하여 말한 일을 이루려 함이니라"창 18:19.

아브라함은 여호와 하나님을 본다. 그러나 그는 그의 손님께 자신의 책임을 다한다. 아브라함은 주님과 함께하는 일행들이 누구인지 알았지만 여전히 평범한 사람들을 대접하듯 예의를 다하였다. 이러한 실제와 현실의 연합은 우리 주님의 삶에서 습관적으로 나타났다. 보통 이러한 실제와 현실을 연합시키는 아브라함의 모습은 우리가 이것을 배울 때까지 나타나지 않는다. 예를 들어, 우리는 하나님과 아주 귀한 교제의 시간을 갖는다. 그 후 현실을 대하면서 불평이 생긴다. "내가 가서 청소도 해야 하고 노동도 해야 한다는 말인가!" 하나님께서 당신을 특별한 존재로 대우하신다고 착각하지 말라. 이는 유아기적인 착각으로써 발꿈치를 들고 서서 하나님처럼 키가 크다고 생각하는 것과 같다. "다른 사람들이나 이러저러한 것을 할 수 있지, 나는 기도하는 일에 전념해야 한다." 믿음으로 순종하는 삶의 가장 큰 비밀은, 이 몸을 가지고 사는 현실적인 상황들이 하나님과의 실제적 교제로 인하여 승화된다는 사실이다.

17절에서 하나님께서 아브라함에게 계시를 알려주시기 전에 주와 동행하는 자들과 대화를 나누신 것을 주목하라. 하나님께서는 아무에게나 자신을 계시하지 않으신다. 하나님의 계시는 그 계시를 받는 사람의 상태에 따라 허락될 수도 있고 허락되지 않을 수도 있다 시 18:24-26. 하나님은 주의 계시를 받을 자격이 되는 사람을 취하신다. 아브라함은 자신의 순종을 통하여 그러한 자격을 얻었고, 하나님께서는 더욱 그를 자신과의 연합으로 인도하셨다. 이는 아브라함을 흡수하여 꼭두각시같이 만든 것이 아니라, 두 인격 간의 완전한 연합을 이루었음을 의미한다.

무서운 심판창 18:20-22

> "소돔과 고모라에 대한 부르짖음이 크고 그 죄악이 심히 무거우니 내가 이제 내려가서 그 모든 행한 것이 과연 내게 들린 부르짖음과 같은지 그렇지 않은지 내가 보고 알려 하노라"창 18:20-21.

소돔과 고모라에 대한 부르짖음은 죄에 대한 도덕적 부르짖음으로써 하나님의 심판을 요청한다. 땅 전체가 죄에 대한 심판을 요구한다창 4:10. 오직 하나님을 아는 몇 사람들만이 중보 기도로 주께 부르짖을 뿐이다.

여호와께서는 "내게 들린 부르짖음과 같은지 그렇지 않은지 내가 보고 알려 하노라"고 말씀하셨다. 이는 마지막 결정을 내리는 단계가 되었다는 뜻이고, 하나님의 오래 참으심의 기간이 다 완료되었다는 뜻이다. 22절의 "그 사람들"은 창세기 19장 1절에 등장하는 두 천사들로서 여호와 하나님과 동행하였던 천사들이다. 이제 그들은 마지막 확인을 하기 위해 사람의 모습으로 소돔을 향하여 떠났다. 그들은 떠났지만 아브라함은 "여호와 앞에 그대로" 섰다.

최상의 분께 드리는, 호소하는 경외심창 18:23-33

> "아브라함이 또 이르되 주는 노하지 마옵소서 내가 이번만 더 아뢰리이다 거기서 십 명을 찾으시면 어찌 하려 하시나이까 이르시되 내가 십 명으로 말미암아 멸하지 아니하리라"창 18:32.

아브라함의 자세에는 건방짐이 없었다. 오직 깊은 겸손과 친밀함이 있었다. 아브라함은 하나님께 질문하지 않고 하나님께서 문제를 어떻게 해결하시는지를 직접 보았다. 하나님께서는 아브라함이 얼마든지 중보하도록 허락하시면서 주께서 어떤 기본적인 조건으로 만물을 다스리시는지를 깨닫게 하셨다. 아브라함은 단계별로 중보하였고, 여호와 하나님은 한 번도 아브라함보다 앞서서 대답하지 않으시고 그 모든 단계를 허락하셨다. 이러한 중보의 과정을 통하여 마침내 아브라함은 하나님과 완전하게 일치되는 지점에 이르게 되면서 중보를 멈춘다. 하나님의 마지막 뜻이 확인되면 더 이상 중보기도가 필요 없다요일 5:16.

우리는 중보를 수단으로 주님을 향한 우리의 실제 믿음과 현실 속에서 발생하는 사건들과의 갈등으로 인하여 우리 마음속에 발생하는 여러 문제들을 하나님께서 어떻게 풀어 가시는지 더욱 이해하게 된다. 유혹이 우리 마음속에 침투해 들어올 때마다 또는 하나님의 섭리가 우리가 믿는 것과 상충될 때마다 우리는 흔들리지 말고 하나님께서 마땅히 행할 바를 행하고 계시다는 확신을 가져야 한다.

하나님 앞에서 아무런 중보 기도 없이 주저앉아서 "주의 뜻이 이루어지길…"이라고 말하는 것은 주님을 모독하는 것이다. 불신앙에서 나오는 건방진 태도가 또 있는데, 그것은 "기도해 보았자 아무런 소용이 없다. 하나님께서 원하시는 대로 하시겠지"라고 말하는 것이다. 하지만 우리가 주님과 마음껏 대화를 나눈 후에 "주님의 뜻이 이루어지길 바랍니다"라고 말하는 것은 전혀 다른 이야기이다. 이러한 경우는 하나님과의 가장 긴밀한 관계 속에서 나오는 귀한 기도가 된다. 아브라함의 중보 기도를 통해, 우리는 사정없이 뭐든 구하는 무례한 기도와 하나님의 거룩한 품성으로 인하여 우리가 넘지 말아야 할 어떤 경계선이 있다는 것을 알면서 드리는 기도에는 분명한 차이가 있다는 것을 발견하게 된다. 중보 기도를 통하여 계속 간절하게 같은 것을 청원하는 것은 흥정이 아니라 주의 뜻을 알기 위한 과정이다.

아브라함이 중보 기도로 하나님께 가까이 나아갈수록 그는 자신의 보잘것없음을 더욱 인식하게 된다. "나는 티끌이나 재와 같사오나 감히 주께 아뢰나이다"창 18:27. 진정으로 자신이 보잘것없다고 느끼는 사람은 어린아이가 부모님 앞에서 부끄러워하지 않듯 절대로 하나님 앞에서 부끄러워하지 않는다. 하나님의 자녀는 더욱 하나님만 전적으로 의지하는 자신들을 의식하게 된다.

영적인 삶의 초기 단계에서 우리는 믿음의 기도보다는 염려로 인한 기도를 드릴 때가 많다. 나는 당신이 깊은 내면의 상태에 이르렀을 때 자신을 위한 기도를 시도해 보라고 도전한다. 당신은 당신의 영과 주의 영이 하나가 될 만큼 하나님과 친밀한 관계를 느끼고 있기 때문에 자신을 위한 기도를 할 수 없을 것이다. 우리 주님께서 중보 기도를 통하여 집요하게 기도할 것을 요청하신 것은 절대로 당신 자신을 위해서가 아니라 다른 사람들을 위해서이다. 우리가 더 이상 감지할 수 없을 정도로 자신을 위한 기도를 멈추고 다른 사람들을 위하여 중보 기도할 때 드디어 우리는 '정상으로 가고 있는' 것이다. 기도는 우리의 인품 가운데 가장 고상한 부분이 최고의 활동을 한다. 기도의 가장 중요한 본질은 믿음이다.

23장

간신히 구원 받음

창 19:1–29

> "그 사람들이 그들을 밖으로 이끌어 낸 후에 이르되 도망하여 생명을 보존하라 돌아보거나 들에 머물지 말고 산으로 도망하여 멸망함을 면하라"창 19:17.

하나님께서는 우리에게 특별한 은사를 주셔서 우리가 다른 그리스도인들을 대할 때 사람을 보는 것이 아니라 주님을 볼 수 있게 하신다. 만일 그들만 보고 주님을 볼 수 없다면, 이는 그들이 잘못된 것이 아니라 우리가 잘못된 것이다. 만일 다른 사람에게서 하나님과 관련된 그 어떤 것도 볼 수 없다면, 이는 우리 안에 하나님이 계시지 않기 때문이다. 도덕이라는 말을 타고 달릴 때 우리는 기독교의 겸손을 바리새인들의 위선으로 바꾸게 되며 의심을 분별이라고 오해하게 된다. 그러나 주님의 구속에 근거하여 우리가 하나님과 바른 관계를 맺은 후에 다른 사람에게서 하나님께 속하지 않은 것들을 보게 된다면, 이는 하나님께서 우리의 중보 기도를 통하여 그들을 회복하시기 위함이다. 우리는 아브라함을 통하여 하나님의 구속과 중보 기도에서 가장 중요한 본질이 무엇인지 이해할 수 있게 된다.

은혜로운 체험에 의하여 준비됨창 19:1–3

> "롯이 간청하매 그제서야 돌이켜 그 집으로 들어오는지라 롯이 그들을 위하여 식탁을 베풀고 무교병을 구우니 그들이 먹으니라"창 19:3.

롯에게 두 천사가 나타난 사건은 창세기 18장에서 여호와 하나님과 두 천사가 아브라함에게 나타난 사건과 일치한다창 18:2. 롯은 아브라함처럼 하나님 앞에서 고결한 사람은 아니었다. 그러나 롯이 천사들을 보고 땅에 엎드려 절을 했다는 사실은, 하나님께서 가까이 계심을 알 수 있는 능력이 있었다는 뜻이다. 그 시대 사람들과 비교하여 롯은 의로웠다. 이는 그가 아브라함과 함께하였기 때문이다. 아브라함과 함께하며 가졌던 은혜로운 경험이 롯에게 있었던 것처럼, 당신의 삶 가운데 그러한 체험이 있다면 소중히 여겨야 한다. 그 이유는 그러한 경험이 없었더라면 그릇되게 행동할 수밖에 없었을 텐데 그러한 은혜의 경험을 통하여 우리는 바른 행동을 할 수 있기 때문이다. 하나님의 사자가 당신을 찾아올 때 어떤 모습으로 오든지 잘 알아볼 수 있도록 주의하라.

창세기 19장 3절을 보면 천사들은 롯의 집에 들어갔다. 하나님께서 어떤 집에 들어가시는 것은 뭔가를 보장하기 위함이 아니라 그 집에 하나님과 가까운 뭔가가 있기 때문이다. 하나님께서 보시는 것은 우리의 공로가 아니라 믿음이다. 만일 우리의 모든 부패 속에서도 지푸라기 같은 믿음이 있기만 하면 하나님께서는 그 믿음을 붙들어 주실 것이다.

지금까지 받은 유혹을 보면서 당신의 애착이 어디에 있는지를 주목하라. 만일 당신이 유혹을 성공적으로 이겨왔다면, 이는 당신의 애착이 가장 높고 순결한 것에 있다는 증거이다마 4:11. 그러나 만일 당신이 최상에 애착을 가지고 있지 않다면, 이는 당신의 영적 감각이 무디어져 있다는 증표이다. 어떤 사람이 죄 가운데 멸망할 수밖에 없게 되는 이유는, 그의 마음속이 완전히 꼬여서 가장 순결한 주님을 믿을 수 없기 때문이다. 개인적인 삶에서도 이러한 현상이 나타나지만 소돔 성에서는 이러한 현상과 부패가 무서울 정도로 나타났다.

큰 죄악을 제안함창 19:4-9

"롯을 부르고 그에게 이르되 오늘 밤에 네게 온 사람들이 어디 있느냐 이끌어 내라 우리가 그들을 상관하리라"창 19:5.

소돔의 역사는 죄가 가장 끔찍한 타락의 시작임을 드러낸다. 죄는 성향이지 행위가 아니다. 소돔의 타락은 죄의 결과이다. 사람들이 말하는 죄와 성경이 말하는 죄 사이에는 뚜렷한 구분이 있는데 다들 이를 놓치고 있다. 따라서 거짓 복음 설교는 오직 도덕적으로 타락한 불한당들만이 하나님의 심판을 두려워할 필요가 있다고 주장한다. 그러나 주님께서는 오히려 죄인이던 세리들보다 당시 가장 도덕적이고 의롭던 바리새인들에게 끝없이 엄하게 대하셨다마 21:31. 주님께서는 우리가 볼 수 없는 뭔가를 보신 것인데, 이는 바로 죄의 성향이다.

롯은 소돔에서 유일하게 하나님을 대표하는 사람이었다. 그는 소돔의 가증한 죄악에 물들지는 않았지만 세속적인 사상에 물들지 않았던 것은 아니었다. 따라서 그는 공포에 빠졌다. 공포라는 것은 잘될 줄 알았는데 뭔가 잘못된 결과로 드러날 때 나타나는 감정이다. 사실, 하나님께 자신을 헌신하는 대신에 다른 뭔가를 하려는 성향은 거의 언제나 하나님과의 관계에 문제가 있다는 사인이다.

롯은 의심하는 마음을 가지고 있었기 때문에 두 길 사이에서 우왕좌왕하였다. 이렇게 되는 이유는, 롯의 신앙은 자신이 하나님 앞에서 체득한 것이 아니라 남의 것을 보고 흉내 낸 것이기 때문이었다. 그러한 감상적인 신앙은 눈에 보이지 않는 하나님 대신에 눈에 보이는 것을 선택한다. 그리고 천천히, 그러나 분명하게 세상과 하나님 사이에서, 물질과 하나님의 의 사이에서 양다리를 걸치는 희미한 믿음 가운데 안주한다. 최고의 시험에서 아브라함은 하나님을 예배하고 기다린 반면에, 롯은 자신의 꾀를 의지하였다.

하나님의 목적이 성취됨창 19:10-29

"하나님이 그 지역의 성을 멸하실 때 곧 롯이 거주하는 성을 엎으실 때 하나님이 아브라함을 생각하사 롯을 그 엎으시는 중에서 내보내셨더라"창 19:29.

하나님과 단둘이 서 있던 아브라함은 롯과 그의 가족을 구원하는 열쇠였다. 아브라함의 중보 기도에 대한 응답으로써 천사들은 롯과 그의 가족들이 준비가 되든 말든 그들을 소돔에서 끄집어내었다. 그러나 롯은 간신히 구원을 얻게 되었는데 그 이유는 그의 망설임 때문이었다. 그의 망설임은 두려움을 만들었고 나아가 정상적인 판단을 내리지 못하게 하였다. 위기 속에서 망설임은 자신을 내려놓지 않았다는 표시이다. 하나님께 자신을 완전히 내려놓은 영혼은 더 이상 이 세상에서 붙들 것이 없기 때문에 망설일 필요가 없게 된다.

우리가 하나님과의 교제를 멈추면 즉시 어려움들이 불성곽처럼 우리를 둘러싼다. 이 길로 가든 저 길로 가든 두렵기 때문에 우리는 하나님께서 이끄시는 길보다는 스스로의 발걸음만 주목하게 된다. 이때 그 자리에서 빠져나올 수 있는 유일한 길은 다른 곳에서 구조의 손길이 오는 것이다. 하나님께서는 다른 사람들의 중보 기도를 통하여 구조의 손길을 뻗치신다. 이러한 구조의 손길이 오면 우리는 주님께서 제공하신 탈출의 길로 인식하고 그 도움을 절대적으로 받아들여야 한다. 그리고 주께서 우리를 향하여 비전이 있으시며 우리를 사랑하셔서 축복하신다는 사실을 잊어서는 안 된다. 동시에 우리는 자신이 이러한 구조를 받을 만한 자격이 있는 것이 아니라 오직 하나님의 목적과 자비 때문에 우리에게 구조가 임하였다는 사실을 깨달아야 한다.

24장

안전한 항구에서 파선되다

창 19:30-38

"롯이 소알에 거주하기를 두려워하여 두 딸과 함께 소알에서 나와 산에 올라가 거주하되 그 두 딸과 함께 굴에 거주하였더니"창 19:30.

커다란 폭풍을 지난 후에 항구에 이르면 우리는 이제 안전하다고 생각한다. 그러나 롯처럼 어떤 사람들은 얄팍한 영적인 꾀cleverness로 인하여 항구에서 파선된다.

제임스 파젯 경Sir James Paget, 1814-1899: 영국 의사이며 병리학자. 뼈와 관련한 파젯씨 병과 유방암 발견으로 잘 알려져 있으며 현대 의료 병리 과학의 창시자이다.-역주은 "꾀란 즉각적으로 즐거운 보상을 얻기 위한 마음의 활동으로서 꾀를 부리고 싶은 욕구는 언제나 존재한다"라고 말하였다. 그는 지적인 꾀에 대하여 말하였지만, 이것은 영적인 세계에도 그대로 적용할 수 있는 정의이다. 우리는 지적으로 꾀를 부리는 데 전문가가 아닐지라도 영적으로 꾀를 부리는 사람들이 될 수 있다. 예를 들어, 우리는 과거에 하나님께서 우리를 찾아오셔서 행하신 일을 기억하며 살면서 지금은 의도적으로 빈둥거린다. 그러면서 "성령을 의지하고 있다"고 말한다. 물론 주님께서 놀라운 영적 깨달음을 주시는 때도 있고 그렇지 않는 때도 있다. 그러나 만일 영적으로 감동 받은 이후에 아무것도 하지 않고 빈둥거리기만 하면, 우리는 어느 날 깜짝 놀랄 실패 가운데로 떨어지게 된다. 빛과 영감이 주어지는 순간들이 우리의 표준이다. 만일 그러한 순간들 사이에서 영적으로 꾀를 부리며 자신을 신뢰하면 우리는 반드시 실패하게 된다.

꾀를 부림으로 위험에 처한 세상 역사

> "큰 딸이 작은 딸에게 이르되 우리 아버지는 늙으셨고 온 세상의 도리를 따라 우리의 배필 될 사람이 이 땅에는 없으니 우리가 우리 아버지에게 술을 마시게 하고 동침하여 우리 아버지로 말미암아 후손을 이어가자 하고"창 19:31-32.

아브라함의 삶 속에서도 죄로 가득 찬 꾀가 나타난 적이 있었는데창 12:10 그 꾀는 그의 친지들에게서도 다시 나타나고, 특히 롯의 성품에서 끊임없이 나타나는 약점이었다. 사람의 행동은 자신의 죽음과 함께 끝나는 것이 아니다. 그는 그의 행동으로 인해 파생되고 누적된 결과들을 볼 수 없겠지만 나중 세대는 그 결과들을 보게 된다. 아담과 함께 시작한 인간의 꾀로 인한 위험은 노아에게로 이어지고 그 후 아브라함과 롯에게 이어졌다. 이후에 이스라엘 백성과 유다 백성에게서 가장 두드러지게 나타난 특징은 이러한 영적인 '꾀'였다. 꾀로 인한 위험은 롯의 비정상적인 행동과 같은 결과를 빚어내기도 한다. 당신은 "나는 절대로 그러한 죄악을 범할 리 없습니다"라고 말할 것이다. 그러나 어떤 사람이 그러한 죄악을 범할 수 있었다면, 그 누구든지 교훈을 멸시하고 주의하지 않을 경우 같은 죄악을 범할 수 있는 것이다.

문제는 하나님의 뜻을 행하기보다 자신의 꾀를 따르는 데 있다. 이러한 사람들은 주께서 말씀하시면 그 말씀을 이리저리 따져본다. 만일 자신이 내린 결정을 다른 사람이 칭찬해 주기를 원한다면, 이는 당신이 하나님을 예배하는 대신에 당신의 꾀를 신뢰한다는 사실을 나타낸다. 만일 "내가 옳다는 것을 나는 증명할 수 있다"라고 말한다면, 이는 당신이 옳다는 것을 증명하기 위하여 당신 자신의 논리를 사용해야 하기 때문에 결국 당신이 옳지 않을 수 있다는 뜻이 된다. 그러나 당신이 하나님을 향한 믿음 가운데 행하면 논리적으로 당신이 옳다는 것을 증명하는 것은 중요하지 않게 된다. 그 이유는 당신에게 중요한 것은 하나님의 확실한 인정이기 때문이다. 따라서 당신은 사람의 인정을 구하지 않게 된다. 우리는 하나님을 예배하며 주의 뜻을 수행하기 위해 우리의 꾀를 사용해야 한다. 그러나 우리의 꾀가 나의 뜻을 수행하고 나의 유익을 구하는 데 사용되면 우리는 마침내 형식적으로 하나님께 나아가 나의 간교함을 축복해 달라고 부탁하게 된다. 당신의 꾀가 아니라 하나님의 뜻에 따라 선택하며 살 수 있도록 당신의 길을 인도해 달라고 하나님께 구하며 하나님을 의지하라. 언제나 예배가 먼저이고 꾀가 그 다음이다.

경악스러운 타락의 세상 역사

> "롯의 두 딸이 아버지로 말미암아 임신하고 큰 딸은 아들을 낳아 이름을 모압이라 하였으니 오늘날 모압의 조상이요 작은 딸도 아들을 낳아 이름을 벤암미라 하였으니 오늘날 암몬 자손의 조상이었더라"창 19:36-38.

감각적인 정열은 언제나 공포 후에 찾아온다. 삶의 이상을 잃고 나면 육체의 죄악으로 떨어지는 것은 쉽다. 당신이 뭔가에 대해 공포를 느끼면서 꼼짝 못하고 있으면 사탄은 아주 쉽게 그의 부패한 능력으로 당신의 몸을 장악할 기회를 얻을 수 있다.

공포란 우리가 우리 주님의 생명으로부터 완전하게 차단되어 있다는 뜻이다. 주님은 사악함의 속성과 전혀 관계가 없으시다. 주님께서 어떻게 계속적으로 즉흥적인 베드로를 다루셨는지를 주지하라. 주님은 충동이 공포로 이끄는 것과 공포가 부패와 감각적 정열에게 문을 열어준다는 사실을 아셨다. 성도는 신경의 공포에 무너지면 안 된다. 만일 무너지면 성령의 전을 사탄에게 넘겨주게 된다. 히스테리 병적인 흥분 상태 주변에는 언제나 사탄이 숨어 있으며 사탄은 히스테리에 빠진 사람을 장악할 틈을 엿보고 있다.

우리가 참으로 감정을 다스릴 수 있는 능력을 가질 수 있다는 사실을 아는 사람은 많지 않다. 또한 만일 우리가 감정을 성령의 통제 아래 두지 않으면 인간의 감정이 우리를 다스린다는 사실을 아는 사람도 많지 않다. 감정은 어떤 단계까지는 행동에 영향을 미치지 않기 때문에 순진하게 보인다. 그러나 더 깊은 단계로 내려갈수록 결국 감정은 현실 가운데 가장 부패한 행동으로 그 실체를 드러낸다. 하지만 하나님의 말씀은 단호하며 조금도 변색되지 않는다. 우리 주님은 몸의 정결뿐 아니라 생각의 정결함도 요구하신다.

25장

블레셋 사람들

창 20:1–7

"아브라함이 거기서 네게브 땅으로 옮겨가 가데스와 술 사이 그랄에 거류하며"창 20:1.

'필리스티니즘'Philistinism이라는 용어는 매튜 아놀드Matthew Arnold, 1822–1888 : 영국 시인이며 문학 비평가. 현대 사회 문제에 대한 통찰력 있는 비평을 하였다. –역주 에 의하여 많은 사람들에게 보편화되었다. 오늘날 이 용어는 교양 없는 사람들을 지칭한다. 이 용어를 이곳에서 사용하는 이유는 아브라함이 블레셋 사람을 처음으로 만났기 때문이다. 그 당시 아브라함은 자신을 신뢰하는 자리로 내려가 영적으로 무지한 사람들 곧 여호와 하나님을 알지 못하는 사람들과 타협하였다.

"아브라함이 어떻게 이런 행동을 하였는지 이해할 수가 없다"라고 말하는 것은 스스로 속는 것이다. 만일 자신의 마음을 솔직하게 들여다본다면 당신은 절대로 이런 말을 할 수 없을 것이다. 우리는 하나님의 기준이 아니라 자신의 기준을 세움으로써 영적인 시각장애인이 되지 않도록 주의해야 한다. 우리가 하나님의 기준 곧 하나님 자신을 기준으로 삼을 때 개인적인 허풍은 불가능하다. “나는 구원 받았으며 거룩하게 되었으니 무엇을 하든 다 괜찮을 것이다”라고 말하는 것은 스스로 속이는 것이다. 자신 또는 존경받는 성도를 의의 기준으로 삼을 때, 우리는 안일함으로 눈이 가리워질 것이다.

아무리 기독교 신앙을 고백한다고 할지라도 오직 하나님의 은혜만이 우리로 하여금 자신에 대하여 정직하게 하며 자신의 얄팍한 간교함을 드러낸다. 우리는 너무나 전반적으로 부패하였기 때문에 전능하신 하나님께서 오셔서 우리를 구원하셔야만 했다! 이 사실을 잊고 자신 및 우리가 선호하는 어떤 성도들을 기준으로 삼기 시작할 때 우리는 분명히 잘못 가는 것이다. 우리는 자신에 대한 모든 인식 및 자신의 기준을 제거해야 한다. 그리고 우리 앞에 언제나 우리 주 예수님을 두고 주님만 기준 삼아야 한다. 그러면 우리는 절대로 자신에 대한 망상에 빠지지 않게 될 것이다. 우리의 눈은 언제나 자신이 아니라 하나님께 있어야 한다.

반응의 성향

"아브라함이 거기서 네게브 땅으로 옮겨가 가데스와 술 사이 그랄에 거류하며"창 20:1.

성경이 체험 사건을 기록해 놓았을 때는 삶의 해답을 위하여 당신 자신의 체험을 살펴보라. 성경이 계시의 기준을 드러낼 때는 당신의 체험이 아니라 하나님을 보라.

큰 영적 체험을 지난 후 아브라함은 이전 경우창 12장처럼 다른 장소로 옮기기로 결정한다. 아브라함의 반응을 체험의 관점에서 보면 어떻게 이렇게 훌륭한 신자가 똑같은 죄악에 두 번이나 빠져들게 되는지 이해할 수 있게 된다. 우리는 "하나님께서 내게 경고한 것을 두 번 다시는 행하지 않을 것이다"라고 말한다. 그러나 당신은 또 행할지 모른다. 만일 당신이 하나님 대신에 당신의 맹세를 신뢰한다면, 아브라함처럼 반드시 또 같은 죄를 지을 것이다.

당신이 옳다고 완벽하게 확신하는 것을 언제나 주의하라. 그러한 상태에서는 하나님께 여쭙는 것을 꿈에도 생각하지 않을 것이다. 우리의 확신은 자신의 기지에 있어서는 안 되고 언제나 하나님께 있어야 한다. 자신의 도덕적 판단이나 지적 분별력, 의와 공의에 대한 느낌을 절대로 확신하지 말라. 그 자체로는 모든 것들이 옳지만 우리 안에서 그것들이 우리 생각대로 다 옳은 것은 아니다. 우리는 하나님만 완벽하게 의지할 때만 옳을 수 있다.

우리가 같은 죄를 반복한다는 사실을 알게 될 때 우리의 위험은 죄악의 진흙탕 속에 누워서 일어나려고 하지 않는 것이다. 아무리 맹세를 하고 기도를 해도 되풀이되는 죄악의 위험에서 벗어날 수 없다. 오직 그 위험에서 안전하게 피할 수 있는 길은 어린아이 같은 마음으로 하나님만 완벽하게 신뢰하는 것이다.

이성에 의한 신중함

> "그의 아내 사라를 자기 누이라 하였으므로 그랄 왕 아비멜렉이 사람을 보내어 사라를 데려갔더니"창 20:2.

아브라함이 소돔에서 멀리 떨어져 있었던 것은 아주 옳게 행동한 것으로 여겨진다. 그것은 하나님의 사람으로서 지혜롭고 지각이 있으며 생각이 깊은 행동이었다. 그러나 아브라함이 약속의 땅을 떠날 때마다 하나님께서는 그를 꾸짖으셨다. 과거에 애굽에 내려간 때처럼 아브라함은 그랄로 가면서 자신은 적절하게 행동하였다고 생각하였다. 그러나 각 경우마다 그 결과는 그가 의도한 바와 완전히 다르게 나타났다. 그리고 각 경우마다 아내 사래를 빼앗겼다. 우리 인생의 결정을 일반 지혜를 의지하여 내릴 때마다, 우리는 하나님과의 관계를 손상시키고 다른 사람에게도 피해를 끼치게 된다. 아브라함은 자신이 그랄 왕 아비멜렉에서 잘못을 행하고 있다는 의식이 없었다. 그러나 실제로는 그랄 왕에게뿐 아니라 하나님께도 크게 잘못하고 있었던 것이다. 이러한 실수를 하지 않으려면 다른 방법이 없다. 자신의 생각에 올바른 판단을 의지하지 말고 하나님만 의지하는 것이다.

우리는 "나는 내가 맞다는 것을 안다"라고 말하면서 자신의 도덕 및 논리의 우월함을 주장한다. 그러나 이때 우리의 모습을 성령의 입장에서 보면 우리가 잘못되어 있다는 것이 증명된다. 만일 마음속에 스스로 옳다는 것을 입증할 수 있다면 바로 그것이 나의 악한 성향에 따라 그릇되게 행하고 있는 증거이다.

깨달음의 꿈

> "그 밤에 하나님이 아비멜렉에게 현몽하시고 그에게 이르시되 네가 데려간 이 여인으로 말미암아 네가 죽으리니 그는 남편이 있는 여자임이라"창 20:3.

하나님께서 나의 잘못으로부터 선한 결과를 만드셨다고 해도 이것이 나의 잘못을 잘한 행동으로 만드는 것은 아니다. 내가 마땅히 올바른 길로 가야 할 때 옳지 않은 길로 가게 된 것은 하나님의 허용하시는 뜻일 뿐이다. 당신은 하나님께서 원하시는 뜻을 알고 어린아이 같은 순전하고 단순한 마음으로 그 뜻을 순종하기 시작한 때가 있을 것이다. 그러다가 하나님의 자녀로서 주님만 의지하는 대신에 친구들의 조언을 받든가 아니면 당신 스스로 여러 생각을 한 후에 우왕좌왕하다가 갑자기 스스로의 판단에 지혜롭고 확실한 길을 택하여 나아간다. 그 후에 세월이 지나면서 당신의 완고함은 더욱 강해짐에도 아무런 문제가 발생하지 않는다. 사탄은 어느새 당신의 마음속에 찾아와서 당신이 결국 잘한 것이라고 속삭인다.

그러나 사실은 그렇지 않다. 이는 그릇된 행동이었다. 당신은 당신을 통하여 이루어져야 할 하나님의 뜻을 막았다. 하나님께서는 당신이 주의 허용하시는 뜻 가운데 행하도록 내버려 두셨던 것이다하나님의 뜻은 하나님의 기준에 의해 분명하게 옳고 그름을 말할 수 있는 것이지만, 하나님의 허용하시는 뜻은 더 높은 차원의 계획을 위해 한동안 죄와 그릇됨과 마귀가 역사하는 것을 허용하시는 것을 의미한다.-역주.

오직 하나님께서 우리 삶의 평가자라는 사실을 잊지 말고 스스로 자신의 삶을 평가하는 일이 없도록 주의하라. 만일 내가 자신을 평가하면 이는 하나님을 불의하게 만드는 것이다. 만일 언행이 자신의 도덕적 기준에 따른 것이라면, 나는 구주가 필요 없게 된다. 그러면 하나님께서 나의 죄를 위하여 예수 그리스도를 십자가에서 피 흘리게 하신 것도 아무 쓸모없는 헛된 낭비가 되기에 하나님은 불의하시게 된다. 만일 하나님께서 나를 죄인으로 평가하시고 구세주가 필요하다고 하시는데 내가 의롭다고 입증한다면, 나는 하나님을 불의하게 만드는 것이다. 아무튼 내가 자신을 스스로 죄인으로 평가하든 의인으로 평가하든 그 평가는 하나님의 얼굴에 주먹질을 하는 것이요 평가를 내리는 것 자체가 내가 악하다는 증거이다. 하나님의 최종 판단은 우리 모두 죄인이요 유일한 하나님의 의는 예수 그리스도 밖에 없다는 것이다. 따라서 자신을 의롭다고 하거나 예수 그리스도의 의가 필요 없다고 하면 하나님을 불의하게 만드는 것이다. 이러한 진리는 오직 믿음의 직관으로만 깨달을 수 있다마 11:25.

올바른 상황의 딜레마창 20:4-7

> "하나님이 꿈에 또 그에게 이르시되 네가 온전한 마음으로 이렇게 한 줄을 나도 알았으므로 너를 막아 내게 범죄하지 아니하게 하였나니 여인에게 가까이 하지 못하게 함이 이 때문이니라"창 20:6.

상황을 조성하는 분은 하나님이시다. 아브라함이 이를 인정하지 않을 때마다 스스로 상황을 바꾸어 보려는 어리석음에 빠지곤 하였다. 그리고 실제로 문제를 일으켰다.

오직 하나님의 자비로 인하여 하나님은 아비멜렉에게 간섭하셔서 아브라함이 더 무서운 죄를 짓지 못하도록 막으셨다. 하나님의 주권적인 간섭에 의하여 우리를 죄에서 구원하시는 것과 우리 개인의 신실한 믿음으로 인하여 죄를 대적하는 것 사이에는 큰 차이가 있다. 전자는 우리가 영원토록 찬양할 이유이지만 후자는 우리 믿음의 성품을 자라나게 하는 요인이다. 우리 인생 가운데 하나님께서 우리로 하여금 죄를 짓지 못하도록 막으시는 때가 있다. 인생을 돌아보라. 그리고 하나님께서 우리를 어떻게 죄로부터 보존하셨는지를 보라. 이때 만일 이렇게 보존된 이유가 자신들의 순수함과 도덕성 때문이라고 생각한다면 이는 가장 무서운 위험 가운데 빠져드는 것이다. 그렇지 않다. 이렇게 우리가 보존되는 이유는 오직 하나님의 자비일 뿐이다.

26장

수욕

창 20:8-18

"아브라함이 이르되 이 곳에서는 하나님을 두려워함이 없으니 내 아내로 말미암아 사람들이 나를 죽일까 생각하였음이요."창 20:11.

수욕을 당하는 것과 겸손을 절대로 혼동하지 말라. 겸손은 결코 부끄러움을 당하지 않는다. 우리 주님께 '수욕'이라는 용어를 쓸 때 이는 주님의 인격적인 면이 아니라 주께서 처해진 상황으로 인하여 쓰인 것이다. 근본 하나님의 본체시지만 하나님과 동등 되게 대접을 받지 못하시고 만유의 주시지만 오히려 가장 무서운 죄인으로 취급 당하심이 주님께서 당하신 '수욕'이다. 우리에게 수욕을 적용한다면 이는 어떤 이유에서든 우리의 자랑스러운 조건들이 제거되고 낮아졌다는 의미이다. 우리가 스스로 자랑스러워하며 하나님께서 인정해 주시는 것으로 알고 있었던 것이 오히려 하나님께 전혀 가치 없는 것으로 드러날 때 우리는 우리를 겸손케 하는 수욕을 체험하게 된다.

아비멜렉의 겸손과 영예창 20:8-10

"아비멜렉이 그날 아침에 일찍이 일어나 모든 종들을 불러 그 모든 일을 말하여 들려 주니 그들이 심히 두려워하였더라"창 20:8.

아비멜렉의 진정한 겸손은 자신의 꿈을 신복들과 나눈 점에 있다. 그는 의도적으로 모든 신복들을 불러서 자신이 처한 상황에 대하여 의논하였다. 그의 모든 것에 대한 고백은 공적이었으며 결국 그는 아브라함을 만나 단호하게 말하였다. 물론 아비멜렉이 사라에 대하여 말할 때 쏘아 붙이는 말은 하였지만 그럼에도 앙심이나 복수심을 갖지는 않았다창 20:8-11,16.

십중팔구 알면서도 가만히 두고 보고 있는 것은 교만한 마음에서 나올 때가 있다. 그러다가 그 교만은 상황에 따라 무례함이나 사악함으로 바뀌기도 한다. 인간의 마음속에서 매우 복잡한 것 중 하나는 알려야 하는 것을 숨기고 숨겨야 하는 것을 알리는 것이다. 숨김으로 인하여 마음의 안정을 느끼면 그 숨김이 옳은 것인지 질문해 보라. 드러냄으로 인하여 마음의 안정을 느끼면 그 드러냄이 옳은 것인지 질문해 보라. 숨겨야 하는지 아니면 드러내야 하는지를 정확히 알고 싫으면 어떠한 희생을 감수해서라도 최상의 대상이신 하나님께 순종하는 것이다. 자신이 수욕을 당할까 하여 뭔가를 감추는 것은 하나님과의 관계를 파괴할 수 있다. 예를 들어, 다른 사람을 향하여 못마땅한 마음을 가지고 있다고 하자. 그런데 성령께서 그 사람과의 관계를 회복하라고 말씀하신다마 5:24. 그때 우리는 "싫다. 나와 하나님 사이만 괜찮으면 된다"라고 말한다. 그러면서 어떠한 희생을 감수하고서라도 하나님의 말씀을 순종하기보다 기도를 수단으로 자신의 불순종을 만회하려고 한다. 이러한 상태가 되면 우리는 그 사람과의 관계를 회복하는 것이 불가능하게 된다. 이때 이 사람이 이렇게 행동하는 이유는, 그가 다른 사람 앞에서 수욕을 당할까 두려워하여 그 수욕을 피할 수 있는 간교한 꾀를 부린 것이다.

지금 이러한 모습이, 아브라함이 그랄 왕 아비멜렉 앞에서 행한 행동이다. 그는 하나님의 뜻에 순종하기보다 하나님으로부터 독립하여 자신의 뜻대로 행동하고 있다. 그는 수욕을 피하기 위하여 꾀를 사용하고 있다. 그 결과 아비멜렉의 집에 여러 말썽이 생겼다. 아브라함이 하나님을 향하여 잘못된 자세를 취할 때 그는 애굽 왕 바로 앞에서 범하였던 것과 같은 실수를 그랄 왕 아비멜렉 앞에서 하게 되었다. 애굽 왕 바로가 아브라함에게 불평할 만한 이유가 있었던 것처럼 그랄 왕 아비멜렉도 아브라함의 행동에 대해 불평할 이유가 있었다창 12:13–20. 아비멜렉은 떳떳하게 그 불평을 통하여 자신의 진실과 공평을 주장하면서 아브라함의 진실치 못함과 불의함을 책망하였다.

이때 아브라함이 자신이 행한 일을 깨달으면서 얼마나 큰 수욕을 당하였겠는가!

아브라함의 수욕과 영예창 20:11-18

> "아브라함이 이르되 이곳에서는 하나님을 두려워함이 없으니 내 아내로 말미암아 사람들이 나를 죽일까 생각하였음이요. 또 그는 정말로 나의 이복 누이로서 내 아내가 되었음이니라"창 20:11-12.

아브라함이 사과하는 장면은 그가 얼마나 부끄러움을 느끼고 있는지를 분명히 드러낸다. 그는 최근에 소돔성의 멸망을 보면서 아브라함에게 있었던 사람에 대한 두려움이 다시 생겼다고 고백했다. 따라서 그는 어디로 가든지 사람의 속성을 의심하게 되었다고 말하였다. 아브라함은 아비멜렉 앞에서 부끄러운 자세로 자신이 왜 그렇게 행동하는가에 대한 동기와 자신이 처하였던 상황에 대하여 설명한다창 20:11. 아브라함은 사라가 그의 누이가 아니라는 사실을 시인하였고 자신의 거짓말 때문에 마땅한 수욕을 받게 되었음을 알려주었다. 아브라함의 경우 이 시점에서 나중에 야곱에게서 발견되는 간교함은 보이지 않는다. 아브라함은 하나님을 기억하며 주께서 약속하신 자녀 때문에 사라를 보호하려고 하였다.

우리는 자신의 개인적인 선호를 그리스도인으로서의 뜻을 이루는 것이라고 오해하는 위험이 있다. 우리는 이러한 어리석음의 베일을 벗어 던져야 한다. 보통 이러한 착각은 이렇게 시작한다. 우리는 먼저 간교해진다. "자, 내가 지금 조심하지 않으면 그 사람이 자신의 목적을 이루기 위하여 내 자리를 차지하려고 할 거야." 그러나 이렇게 말하는 실제 이유는 우리가 그 사람을 좋아하지 않기 때문이다. 그러면서 하나님께서도 그 사람을 싫어하실 것이라고 단정한다. 만일 우리가 그 사람을 좋아한다면 상황은 완전히 반대가 될 것이다. 그 사람은 어떠한 상황에서도 믿어도 될 사람이며 하나님도 그를 많이 사랑할 것이라고 생각한다. 이처럼 우리는 자신의 입장과 생각을 중심으로 우리 멋대로 하나님의 뜻을 이루려고 한다. 그러나 이러한 자세는 주님께서 주님의 방법으로 주님의 뜻을 이루도록 주께 맡기는 것과는 전혀 다른 자세가 된다.

우리 주님은 두려움이나 교활함이 없으셨고 상황을 조작하기 위해 정치를 하신 적이 없으셨다. 주님은 아무도 의심하지 않으셨고, 하나님 아버지 외에는 그 누구도 믿지 않으셨다. 따라서 주님은 복수심을 품은 적이 없으셨고 주님의 성품이나 행동으로 인하여 수욕을 당한 적이 없으셨다. 우리는 오직 자신의 교만을 만족시키려 할 때 수욕을 당하게 된다.

아브라함의 약점은 분명했으며 그의 죄악은 자명하게 드러났다. 그럼에도 그의 고결함은 특별하였다. 아브라함의 삶의 여러 국면들이 거룩을 설명하기 위한 예로 사용될 수 있겠지만, 그는 실패와 성공의 모습을 통하여 우리에게 살아 있는 믿음의 예가 된다. 거룩은 우리 주님께서 우리 안에서 행하시는 어떤 것이 아니라, 우리 안에 계신 주님 자신이다.

> "너희는 하나님으로부터 나서 그리스도 예수 안에 있고 예수는 하나님으로부터 나와서 우리에게 지혜와 의로움과 거룩함과 구원함이 되셨으니"고전 1:30.

27장

선하신 하나님

창 21:1–8

하나님께서 우리 인간의 마음에 원하시는 최대의 요구는 모든 상황을 볼 때 주께서 약속하신 것이 전혀 이루어질 수 없는 것처럼 보일 때에도 하나님은 선하시다고 믿는 것이다. 성경에서 이러한 믿음을 매우 잘 보여주고 있는 인물 중 아브라함이 있다. 바울은 아브라함의 삶을 요약하여 말한다. "아브라함이 하나님을 믿으매"롬 4:3.

하나님께서 자신의 약속을 친히 지키심

"여호와께서 말씀하신 대로 사라를 돌보셨고 여호와께서 말씀하신 대로 사라에게 행하셨으므로"창 21:1.

오직 약속을 하신 하나님만이 그 약속을 지키실 수 있다. 창세기 21장 1절은 믿음의 삶을 살아가는 모든 성도들의 성공과 실패를 포함한 자서전이라고 하겠다. 모든 것이 약속의 성취와 상반되게 진행되는 기간 동안에 아브라함은 가장 기본적인 이 사실을 망각하고 하나님께서 하나님의 약속을 이루실 수 있도록 친히 도우려고 하였다. 그러나 하나님만이 하나님의 약속을 지키신다. 우리가 할 일은 하나님께서 친히 그 약속을 지키실 것을 온전히 신뢰하는 자리에 나아가는 것이다살전 5:23-24.

"여호와께서 그 말씀대로" 사라를 방문하셨다. 주님은 약속의 말씀으로 신자를 찾아가시며 성취의 말씀으로 그를 다시 방문하신다. 아브라함은 약속이 이루어지는 아무런 조짐 없이 25년을 기다렸다. 우리 대부분은 기다림에 대하여 아무것도 모른다. 우리는 기다리지 않고 견딜 뿐이다. 믿음의 기다림이란 두려움이나 낙망함이 없이 하나님의 선하심에 대하여 완벽하게 확신하는 가운데 나아가는 것이다.

친히 약속을 성취하심으로 자신을 나타내심

> "사라가 임신하고 하나님이 말씀하신 시기가 되어 노년의 아브라함에게 아들을 낳으니"창 21:2.

이 구절에서 하나님의 약속의 성취는 평범한 아기의 출생이다. 물론 믿음의 눈에는 가장 특별한 아기이다. 우리는 주님의 선하심을 믿는 믿음으로 하나님께 나아가지 않고 하나님에 대한 우리 자신의 개념을 가지고 나아간다. 우리는 우리가 생각하는 하나님의 개념에 따라 주께서 행동하시기를 바란다. 그러나 하나님께서는 우리의 생각과 방법에 따라 오실 수 없다. 주님은 오직 주님의 방법으로 오신다. 이때 이 방법은 사람으로서는 꿈에도 생각하지 못한 방법이다. 영원한 하나님께서 성육신을 통해 이 땅에 오셨을 때 이 세상은 그분이 너무나 '장엄할 정도로' 작은 모습으로 오셔서 그분을 결코 알아보지 못하였다.

지금도 이러한 현상은 똑같이 나타난다. 우리는 "오 하나님, 주님께서 제게 오셨으면 좋겠습니다"라고 외치지만 사실 주님은 항상 그곳에 계신다. 그러다가 갑자기 우리는 하나님을 보며 말한다. "저는 이곳에 주께서 안 계신 줄 알았는데 분명히 이곳에 계시는군요." 우리는 황폐함과 번민을 예상한다. 그러나 그 대신 우리가 하나님을 뵐 때 웃음과 환희로 넘치게 된다. 하나님의 이러한 놀라운 역사는 계속적으로 반복되어 나타남으로 마침내 우리는 우리가 지녔던, 멸시받아 마땅한 불신앙에 대하여 부끄러움을 느끼게 된다.

주의 자손을 위한 하나님의 프로그램창 21:3-8

"아브라함이 그에게 태어난 아들 곧 사라가 자기에게 낳은 아들을 이름하여 이삭이라 하였고 그 아들 이삭이 난 지 팔 일 만에 그가 하나님이 명령하신 대로 할례를 행하였더라"창 21:3-4.

아브라함이 아들 이삭을 위하여 행한 할례 의식은 자신의 생각이 아니라 하나님의 프로그램에 따른 것이었다. 하나님께서는 이 세상에 태어나는 모든 주의 자녀들을 향하여 구별된 프로그램을 가지고 계신다. 하나님께서 중생을 통하여 우리 안에 조성하신 새생명을 위한 약속과 우리의 개인적인 야망 사이에는 아무런 연관성이 없다. 우리의 야망은 철저하게 주를 위하여 포기되어야 한다. 우리는 하나님의 약속에 신경 써야 한다. 우리는 하나님의 은사를 사용하여 자신의 목적을 성취하지 않도록 주의해야 한다.

하나님께서 우리 안에 주의 아들을 형성하시기 위해 우리를 황량한 상황 가운데 처하게 하실 필요를 보신다고 하자. 이때 문제가 될 것이 무엇인가? 주께서 지금 당신과 나를 통하여 추구하시는 모든 것은 우리 안에 주의 아들을 형성시키시는 것이다. 주께서 자연적인 것들을 향하여 칼을 대실 때 우리는 신음하며 말한다. "오, 이 과정을 견딜 수 없어요." 그러나 우리는 그 과정을 지나야 한다. 만일 우리가 우리의 자연적인 생명을 우리 안에 계신 하나님의 아들에게 순종하도록 하는 것을 거부하면 우리 안에 계신 하나님의 아들은 죽임을 당하게 될 것이다. 우리는 우리 안에 계신 하나님의 아들의 생명에 맞도록 새사람을 입고 자연적인 삶을 살아가야 한다. 우리의 육체를 통하여 나타나는 삶은 주님의 영광을 드러내는 삶이 되어야 한다.

사라의 희열은 하나님의 기쁨이 사람의 마음속에 울린 것으로써 하나님의 약속이 전혀 이루어질 것 같지 않았는데도 이루어진 현장을 보면서 그 마음이 흥분으로 가득 한 상태이다창 21:6. 사라의 아들은 마리아의 '아들'을 예표하는데, 그 이유는 각각의 경우에 특별한 여인들에게 약속이 국한되어 있었으며 불가능해 보이는 탄생의 약속이 실제적으로 이루어졌기 때문이다. 교만하며 쉽게 분을 내고 여러 면에서 참으로 못난 사라에게 하나님의 약속이 이루어졌을 때, 그때 그녀가 가졌을 환상과 희열은 과연 어떤 것이었을까! 인간의 차원에서 볼 때 하나님은 가끔이 아니라 언제나 불규칙하며 우연하게 역사하신다! 이와 같이 하나님의 방법은 사람의 생각을 완전히 뒤집어놓아 입을 벌려 놀라게 만든다!

하나님의 약속이 성취되었을 때 큰 놀라움이 임하였다창 21:7. 그리스도인들이 겪는 어두운 경험들은 실제로는 전혀 어두운 경험들이 아니다. 그 경험들은 하나님께서 우리가 귀히 여기는 자연적인 것들을 희생제물로 드리게 하는 과정으로써 이 과정을 통하여 하나님의 아들과 함께할 수 있는 성품이 만들어진다. 따라서 어느 날 우리의 신음과 비참은 사라의 희열로 바뀔 것이다. "이제 하나님이 원하시는 것이 무엇인지 마침내 보았습니다!" 그러나 믿음을 잃을 때 우리는 구석자리에 숨어 멍하니 세월을 보내며 하나님 앞에서 우울증에 빠지게 된다. 그러면서 이렇게 말한다. "나는 성결해지지 않은 것 같아서 걱정이다."

만일 어두운 황량함과 대항하여 싸우려고 하면 우리는 우리 안에 있는 하나님의 생명을 죽이게 될 것이다. 맡기라. 하나님께서 약속을 성취하실 때 우리는 놀라게 될 것이다. 황량함의 기간 동안에 병든 경건주의자들은 "내가 이러한 고통을 당하다니!"라고 말할 것이다. 그들은 영적 유아이며 하나님의 뜻이 무엇인지 깨닫지도 못한 사람들이다. 하나님께서는 주님의 약속을 성취하기 위해 지금도 일하신다. 그 약속이 성취되면 우리는 더 이상 자신에 대한 생각이나 자신을 고려하는 마음이 사라지고 오직 주의 약속이 성취된 것으로 인하여 기뻐하게 될 것이다.

28장

자연적인 것은 어떤 것인가?

창 21:9–21

> "하나님이 아브라함에게 이르시되 네 아이나 네 여종으로 말미암아 근심하지 말고 사라가 네게 이른 말을 다 들으라 이삭에게서 나는 자라야 네 씨라 부를 것임이니라 그러나 여종의 아들도 네 씨니 내가 그로 한 민족을 이루게 하리라 하신지라"창 21:12–13.

만일 우리가 하나님께 순종하면 하나님과의 인격적인 교제의 삶에 딜레마가 많지 않다. 그러나 고집을 부리며 불순종하면 하나님과 우리의 관계에 많은 딜레마가 발생한다. 영적으로 딜레마에 빠지는 이유는 훈련 받기를 거절하기 때문이다. 나의 자연적인 삶을 훈련하기를 거절할 때마다 그리스도를 닮는 인격이 되기보다 더욱 건방지고 교만한 개별적인 사람이 된다.

개별성individuality은 자연인의 특징이며 인격성personality은 영적인 사람의 특성이다. 바로 이러한 이유 때문에 우리 주님은 개별성에 의하여 정의될 수 없고 오직 인격성에 의해서만 정의될 수 있다. 개별성은 아이들의 특징으로, 인격성의 껍질이라고 할 수 있다. 개별성은 구별되고 나뉘며, 인격성은 합쳐지고 섞인다. 개별성이라는 껍질은 하나님께서 인격적인 생명을 보호하기 위하여 만드신 덮개라고 할 수 있다. 그러나 인격적인 생명이 하나님과의 교제를 가지려면 개별성이라는 껍질은 깨어져야 한다. "이는 우리가 하나가 된 것같이 그들도 하나 되게 하려 함이니이다"요 17:22.

자연적인 것이 영적인 것을 향하여 모독하다

> "사라가 본즉 아브라함의 아들 애굽 여인 하갈의 아들이 이삭을 놀리는지라 그가 아브라함에게 이르되 이 여종과 그 아들을 내쫓으라 이 종의 아들은 내 아들 이삭과 함께 기업을 얻지 못하리라 하므로"창 21:9–10.

사라는 이스마엘이 이삭을 조롱하는 모습을 보고는 아브라함에게 하갈과 이스마엘을 내어쫓으라고 사정하였다. 어쩐 일인지 사라는 자신이 친히 아브라함에게 하갈을 먼저 주었다는 사실을 잊은 것 같다. 우리는 자기의 방식으로 뭔가 조치를 취할 때 항상 걱정한다.

갈라디아에 보내는 바울의 편지에는 이스마엘과 이삭에 대하여 '육체를 따라 난 자'와 '성령을 따라 난 자'로 각각 구분하고 있다. 바울은 여기서 죄를 다루고 있는 것이 아니라 자연적인 것과 영적인 것의 관계를 다룬다. 자연적인 것은 반드시 훈련되어야 하고 희생을 통해 영적인 것으로 변화되어야 한다갈 5:24. 그렇지 않으면 이 둘은 우리의 삶 속에서 무서운 분열을 초래한다.

왜 하나님께서는 자연적인 것이 희생제물이 되어야만 영적인 것이 되도록 하셨을까? 하나님께서 그렇게 하신 것이 아니다. 하나님의 계획은 자연적인 것이 순종에 의하여 영적인 것이 되도록 하는 것이었다. 그러나 죄가 들어옴으로 인하여 자연적인 것은 희생제물이 되어야만 영적인 것이 되었다. 곧 자연적인 것이 성결sanctification하게 되어야 영적인 것이 된다. 우리는 성결의 의미를 죄에서 구원받는 것으로만 이해한다. 그러나 성결의 뜻은 훨씬 풍성하다. 이는 우리가 훈련의 삶을 시작한다는 의미도 된다.

자연적인 것이 영적인 것을 향하여 심각한 모독을 하는 경우가 있다. 만일 자연적인 것이 '내어쫓기지 않으면' 자연적인 것은 스스로를 파멸시킬 뿐 아니라 한 사람의 삶을 전반적으로 혼잡하게 할 것이다. 당신은 지금 당장 자신을 훈련시켜야 한다. 그렇지 않으면 당신은 하나님을 향한 당신의 삶을 망치게 될 것이다. 만일 자연적인 것이 하나님이 아니라 자신에 의하여 영적인 것으로 성결하게 변화되지 않으면, 자연적인 것들은 내 안에 있는 하나님의 아들의 생명을 향하여 조롱할 것이다. 그리고 계속적인 의심과 갈등을 야기할 것인데, 이는 언제나 훈련되지 않은 자연적인 것들의 결과이다. "자연적인 것들을 훈련할 수 없다"라고 말하는 대신에 "자연적인 것들을 훈련시키지 않겠다"고 말하도록 하라. 당신의 삶은 그 말대로 될 것이다. 그때 이스마엘의 조롱이 당신의 삶에 가득 차게 될 것이다.

사람이 영적으로 잘못되는 이유는 고집을 부리면서 신체적으로, 정신적으로 전혀 자신들을 훈련하지 않기 때문이다. 이러할 경우 세월이 지나면서 가장 버릇없고 천박하며 야비한 사람이 된다. 그리고 제멋대로 살아온 자신 때문에 스스로 고통을 당한다. 이러한 고통은 하나님께 순복하지 않고 자신보다 더 고결한 사람들에게 순복하기를 거부하는 독자적인 개별성으로부터 나오는 자기 사랑으로 인한 고통이다.

자연적인 것을 바침

"아브라함이 그의 아들로 말미암아 그 일이 매우 근심이 되었더니 하나님이 아브라함에게 이르시되 네 아이나 네 여종으로 말미암아 근심하지 말고 사라가 네게 이른 말을 다 들으라 이삭에게서 나는 자라야 네 씨라 부를 것임이니라 그러나 여종의 아들도 네 씨니 내가 그로 한 민족을 이루게 하리라 하신지라"창 21:11-13.

하갈과 이스마엘을 내어쫓는 것은 약속의 자녀를 위한 것일 뿐 아니라 이스마엘의 안녕을 위해서도 필요한 조치였다. 문명과 조직과 자연적인 덕행으로부터 발생하는 모든 문제들은 우리가 그러한 것들을 보좌에 앉히기 때문이다. 자연적인 것들이 보좌에 앉으면 하나님의 아들을 모독한다. 문명과 조직과 자연적인 덕행들은 자연적인 생명의 결과로써 통제를 받아야 한다. 그것들이 그르기 때문이 아니라 개별적으로 우리 안에 있는 하나님의 아들의 생명에 대항하기 때문이다. 자연적인 생명은 영적이지 않다. 자연적인 생명은 반드시 내어쫓겨서 다스림을 받아야만 문제를 일으키지 않는다. 이 일을 강한 의도를 가지고 해나가야 자연적인 것이 우리를 다스릴 수 없게 된다. 독한 마음을 가지고 엄격하게 해서라도 우리는 우리의 독자적인 개별성을 우리 안에 있는 하나님의 아들에게 쳐 복종시켜야만 한다.

우리는 고집과 개별성을 신성화하는 경향이 있다. 나아가 그것을 우리의 능력이라고 부르기도 한다. 그러나 우리가 의지의 힘이라고 부르는 것을 하나님께서는 가장 경멸할 만한 약점이라고 보신다. 가장 위대한 의지를 지닌 분은 우리 주 예수 그리스도이시다. 그럼에도 그분은 자신의 의지를(우리가 생각하는 '의지'의 개념에서) 절대로 행사하지 않으셨다. 예수님의 삶은 온유함과 순종이었다요 5:19,30. 우리 주님께는 독자적인 것이나 자신의 의지로 가득 찬 것이나 자기 주장 같은 것이 없으셨다. 주님께서는 "나는 마음이 온유하고 겸손하니 나의 멍에를 메고 내게 배우라"마 11:29고 말씀하셨다. 예수 그리스도께서는 당신에게 온유하고 겸손한 영을 주실 수 없다. 우리는 이 멍에 곧 주님의 멍에를 메고 배워야 한다. 곧 우리는 뜻을 다하여 자신을 훈련시켜야 한다.

산상수훈은 개별성을 부수고 인격성을 고취시킬 것을 가르친다. 우리의 인격성이 하나님과 합쳐질 때 우리의 삶은 하나님의 특성들을 드러낼 것이다. 개별성은 자연적인 것 곧 이스마엘이나 에서 또는 다소의 사울의 특징을 드러내지만 절대로 하나님의 특성을 드러내지 못한다. 이러한 자연적인 것의 특징은 온유하고 겸손한 하나님의 아들을 조롱한다.

당신 안에서 무엇이 하나님의 아들을 조롱하기 시작하는가? "온유함? 당신은 내가 고개를 숙일 것으로 생각하는가? 우리 가정에서 충성하라고? 기도 시간에 내 마음속에 스친 음성에 순종하라고?" 계집종과 그녀의 아들을 쫓아내라. 즉, 자연적인 삶이 당신을 주관하게 하지 말고 그 삶을 부추기는 모든 것을 절제하라. 그렇지 않으면 그 삶이 당신을 파멸로 인도할 것이다. 자연적인 것들을 당신의 왕좌에서 쫓아내면 하나님께서 자연적인 삶의 합당한 분깃을 되돌려 주실 것이다. 자연적인 삶은 쫓겨난 이후에만 다시 당신과 연합될 수 있다.

만일 우리가 단호하게 자연적인 것을 쫓아내지 않으면 초자연적인 것이 우리 안에서 자연스럽게 될 수 없다. 그리스도인들 중에는 그들 안에서 초자연적인 것과 자연적인 것이 연합되어 있는 것처럼 보이는 사람들이 있다. 당신은 "글쎄요. 내 안에서는 그것들이 하나가 되지 못하네요. 자연적인 것이 영적인 것과 머리 터지게 싸우네요." 이렇게 되는 이유는 당신이 오른손을 잘라내는 과정을 지나지 않았기 때문이다. 자연적인 것을 완전하게 쫓아냄으로써 자연적인 것을 장애로 만드는 훈련을 했어야 한다. 이는 기도의 문제가 아니라 실제로 그렇게 수행해야 하는 문제이다. 만일 당신이 자연적인 오른손을 잘라내었다면 하나님께서 다시 그것을 원위치로 돌려 놓으시되 영적인 것 아래 순복하게 만드신다. 그 후 영적인 것은 우리의 삶 전체에서 드러남으로써 우리의 삶은 거룩한 부분과 세속적인 부분으로 나뉘지 않게 된다.

자연적인 것을 외면함

> "아브라함이 아침에 일찍이 일어나 떡과 물 한 가죽부대를 가져다가 하갈의 어깨에 메워 주고 그 아이를 데리고 가게 하니 하갈이 나가서 브엘세바 광야에서 방황하더니"창 21:14.

아브라함이 하갈과 이스마엘을 쫓아낼 필요는 있었지만 하갈과 이혼하지는 않았다. 이혼은 배신과 관련된다. 우리는 죄로부터 멀리 떨어져야 하는 것이 아니라 죄와 이혼해야 한다. 그 이유는 죄란 지옥과 마귀에게 속한 것이기 때문이다. 나는 하나님의 자녀로서 천국과 하나님께 속해 있다. 따라서 그 어떠한 모양이라도 죄와 관련되어서는 안 된다. 하갈과 이스마엘을 내어쫓는 것은 믿음의 삶을 통하여 진행되어야 하는 분리를 상징한다. "너희 몸을 하나님이 기뻐하시는 거룩한 산 제물로 드리라"롬 12:1. 즉, 당신 자신의 독자성을 장사지내라는 뜻이다. 이는 죄를 다루듯이 무엇인가를 향해 등을 돌리는 문제가 아니라 자신에 대한 권리를 포기하는 문제로써 나의 자연적인 독자성과 자기 주장을 포기하는 것을 의미한다.

"누구든지 나를 따라오려거든 자기를 부인하고 자기 십자가를 지고 나를 따를 것이니라"마 16:24. 예수님께서는 누구든지 주님의 제자가 되려면 예수님이 누구신지 깨달아야 하고 자신에 대한 권리를 부인해야 한다고 말씀하신다. 우리로 하여금 최고의 하나님께 나아가지 못하게 하는 것은 자연적인 입장에서 볼 때 옳고 고상하며 선한 것들이다. 자연적인 덕이 하나님께 항복하기를 거절한다는 것을 분별할 수 있을 때에야 진정 어디서 싸움이 발생하는지를 보기 시작한다. 따라서 주를 따르기 위해서는 약간의 자연적인 것들이 아니라 모든 자연적인 것들을 희생해야 한다.

자연적인 것들이 지나야 할 시련창 21:15-18

"이르되 아이가 죽는 것을 차마 보지 못하겠다 하고 화살 한 바탕 거리 떨어져 마주 앉아 바라보며 소리 내어 우니"창 21:16.

자연적인 것들을 죄악된 것이라고 부름으로써 창조주를 모독하는 일이 없도록 주의하라. 자연적인 것은 죄악된 것이 아니다. 단지 영적이지 않고 도덕성과 관련이 없을 뿐이다. 그러나 모든 떠도는 죄악들과 덕행들이 안주할 수 있는 집이다. 따라서 자연적인 것들은 하나님의 섭리 가운데 자신의 위치를 알 수 있도록 가장 호된 훈련을 받아야 한다. 기억하라. 아브라함은 이삭을 산 제물로 바치기 전에 이스마엘을 희생제물로 바쳐야만 했다.

우리 중에는 자연적인 것을 희생제물로 드리기 전에 영적인 희생제물을 드리려는 사람들이 있다. 우리가 영적인 희생제물을 드릴 수 있는 유일한 방법은, 주께서 우리에게 하라고 하신 대로 하는 것이며 우리에게 훈련하라고 하신 것을 훈련하는 것이다. 어떠한 상황에서든지 우리는 자연적인 것과 관련하여 하나님께 지시를 내려서는 안 된다. 하나님의 아들이 내게 무엇을 하라고 말씀하실 때, 나는 자연적인 것의 지시를 따라 "나는 너무나 피곤하기에 이것을 할 수 없어"라고 말해서는 안 된다. 자연적인 것을 죽인다고 해서 무엇이 문제가 되겠는가? 만일 내가 자연적인 것을 구하기 위해 하나님을 부리지 않는다면 자연적인 것을 주신 하나님의 뜻이 이루어지게 될 것이다.

자연적인 것의 최후창 21:19-21

> "하나님이 하갈의 눈을 밝히셨으므로 샘물을 보고 가서 가죽부대에 물을 채워다가 그 아이에게 마시게 하였더라"창 21:19.

자연적인 것의 최후는 광야 곧 가장 극단적이고 고통스러운 끝이다. 이스마엘이 마침내 자신을 발견한 곳은 바로 광야이다. 그러나 여전히 하나님께서 그 아이와 함께 계셨다. 이스마엘이 경험을 통하여 자신은 이삭과 함께 같은 상속을 받을 자가 아니라는 사실을 깨달은 후에 그는 아브라함으로부터 많은 것을 풍성하게 부여받게 되었다. 나아가 이스마엘은 이삭과도 친근한 관계를 유지할 수 있었다창 25:9.

우리가 단호한 결심을 통해 자연적인 것을 광야로 내보내고 훈련을 받게 할 때 하나님이 자연적인 것과 함께하신다. 주께서는 자연적인 것을 위해 우물과 오아시스를 터지게 하시며 자연적인 것을 위한 주의 약속을 성취하신다. 자연적인 것은 호된 훈련이 필요하며 끝까지 고삐를 풀지 말고 혹독하게 다루어야 한다고전 9:27. 우리가 이러한 주의 뜻을 잘 따를 때, 하나님께서는 자연적인 삶과 함께할 것이요 그 삶의 목적을 충분히 이루실 것이다.

29장

조건들

창 21:22-34

"그들이 브엘세바에서 언약을 세우매 아비멜렉과 그 군대 장관 비골은 떠나 블레셋 사람의 땅으로 돌아갔고 아브라함은 브엘세바에 에셀 나무를 심고 거기서 영원하신 여호와의 이름을 불렀으며"

창 21:32-33.

아브라함의 삶에서 그려지는 믿음의 삶은 멋있을 때도 있지만 모든 것을 망쳐놓을 때도 있다. 그가 자신의 꾀를 사용할 때는 모든 것을 망쳐놓는 것을 볼 수 있는 한편, 예배하는 삶은 그의 믿음이 얼마나 고귀한 것인지를 보여준다.

창세기 21장에서 아브라함은 상식과 믿음의 바른 관계를 보여준다. 상식은 믿음이 아니며 믿음은 상식이 아니다. 믿음과 상식의 관계는 마치 이삭과 이스마엘, 초자연적인 것과 자연적인 것, 인격성과 개별성, 영감적인 것과 감각적인 것의 관계와 같다. 상식과 적대 관계를 갖는 믿음은 맹신이며, 믿음과 적대 관계를 갖는 상식은 이성주의이다. 오직 믿음의 삶만이 이 둘을 바른 관계로 이끈다.

그 누구도 우리를 대신하여 내 안에서 이 둘을 하나 되게 할 수 없다. 자신이 이 일을 해야 한다. 이 둘이 하나 되는 사건은 생각의 차원에서 되는 것이 아니라 오직 행동의 차원에서 이루어질 수 있다. 마치 자연적인 것이 생각의 차원이 아니라 오직 삶 속에서 영적인 것이 될 수 있는 것과 마찬가지이다. 우리는 몸, 개별성, 자연적인 것 모두가 사탄에게 속한 것이라고 생각한다. 그러나 그렇지 않다. 이러한 것들은 하나님께 속한 것이며 하나님에 의하여 설계된 것이다. 바로 사람의 몸을 통하여, 그리고 자연적인 것들 속에서 하나님을 향한 우리의 예배를 드려야만 한다. 우리의 위험은 자연적인 삶을 통해 하나님을 예배하는 대신에 자연적인 것을 영적인 것으로 착각하여 자연적인 삶을 우상으로 만드는 데 있다.

하나님의 뜻이 무엇인지 알아내는 유일한 방법이 있다. 그것은 바로 알아내려고 하지 않는 것이다. 하나님의 영으로 거듭나면 당신은 하나님의 뜻 가운데 있다. 주님께서 당신에게 내면의 가책을 주지 않으시면 당신의 일반적이고 상식적인 결정들은 당신을 위한 하나님의 뜻이다. 그러나 내면의 가책을 주시면 그 즉시 멈추고 하나님을 기다리라. 당신의 마음을 성령으로 새롭게 하라. 그러면 당신은 실질적인 삶에서 하나님의 뜻을 이루게 된다. 나의 상식적인 삶에서 하나님의 뜻이란 어떤 특별한 실질적인 조건들을 그대로 받아들이면서 "오, 이것이 하나님의 뜻입니다"라고 말하는 것이 아니라, 그러한 특별한 조건들을 주 안에서 분별하여 이해하는 것이다. 상식적인 삶에서 하나님의 뜻을 행하려면 적극적으로 주의 뜻을 찾고 노력하며 행동해야 한다.

아브라함과 아비멜렉 사이의 중재창 21:22-24

> "그런즉 너는 나와 내 아들과 내 손자에게 거짓되이 행하지 아니하기를 이제 여기서 하나님을 가리켜 내게 맹세하라 내가 네게 후대한 대로 너도 나와 네가 머무는 이 땅에 행할 것이니라"창 21:23.

아비멜렉은 죄로 가득 찬 사람들을 대표하는 것이 아니라 오히려 고상하고 올바른 자연적인 사람들을 대표하고 있다. 자연적인 사람들은 하나님의 축복의 손길을 인식할 수 있지만 죄악 된 사람들은 결코 인식할 수 없다. 아비멜렉은 조직, 문화, 미적 감각 등을 지닌 문명의 형태를 상징한다. 유기체인 교회와 세상적인 조직 사이에는 중재가 있어야 한다. 현재 교회 내의 조직은 많은 부분에서 세속적이다. 구원 받는 자라면 이를 볼 수 있어야 한다. 이 사실을 망각하고 중재가 아니라 타협을 하게 될 때 우리는 하나님의 아들을 세상에 팔아넘

기게 된다.

조직에 대한 믿음의 자세는 빌라도를 향한 우리 주님의 자세에서 잘 설명된다. 주님은 빌라도와 타협하지 않으셨고 그와 중재하셨다. "하나님께서 너를 그 자리에 서게 하셨으니 그 자리에서 네가 해야 할 일을 하라. 너는 총독으로서 네 권위에 따라 그 자리에 서 있고 나는 하나님의 아들로서 나의 권위에 따라 이 자리에 서 있다. 만일 네가 네 의무에 따라 나를 죽음에 처하게 한다면 나는 나의 의무에 따라 죽음으로 가겠다." 주님의 중재에는 타협이 없었다. "만일 내 나라가 이 세상에 속한 것이었더라면 내 종들이 싸워 나로 유대인들에게 넘겨지지 않게 하였으리라"요 18:36. 이 둘 사이에는 싸움이 없다. 중재가 있을 뿐이다. 중재를 하는 이유는 하나님의 뜻이 모든 배후에 있기 때문이었다.

아브라함이 아비멜렉을 책망함창 21:25-26

> "아비멜렉의 종들이 아브라함의 우물을 빼앗은 일에 관하여 아브라함이 아비멜렉을 책망하매"창 21:25.

아브라함은 우물과 관련한 문제에서 정치적인 권리와 사적인 권리를 분명하게 구분하고 있다. 여기서 아브라함은 아비멜렉을 책망한다. 이에 아비멜렉은 자신은 자신의 종들이 아브라함의 우물을 늑탈한 일에 대하여 아는 바가 없으며 그러한 일에 대하여 들은 적도 없다고 핑계를 댄다. 이러한 대답은 자연적인 간교함이며, 간교함은 자연적인 것이 보여주는 첫 번째 중재 방안이다. 여기서 우리는 아브라함이 품위 있게 책망한 점을 주목해야 한다. 그는 절대로 개별성을 보이지 않고 항상 인격성을 보이고 있다.

영적으로 되면 우리는 먼저 우리의 몸과 중재한다. "나는 자연적인 것을 완벽하게 순복시킬 것이다. 더 이상의 중재는 없다"고전 9:27. 오늘날 이와 같은 일들이 이 세상에서 발생하고 있다. 현재 하나님의 자녀들과 문명의 자연적인 세력 사이에 중재가 있다. 우리는 이 둘 사이에 타협함이 없이 각각의 현재 요구들을 인식함으로써 이 둘 사이에 중재한다. 우리 주 예수께서 다시 오실 때는 더 이상 중재가 없을 것이다. 문명의 모든 자연적인 세력들은 순간적으로 주님께 복종하게 될 것이다. 마찬가지로 거룩해진 삶으로 들어온 자들은 뜻을 다하여 그들 자신 속에 있는 자연적인 것들을 예수 그리스도의 통치 아래 둔다. 그 과정 속에 둘 사이에는 타협이나 싸움이 아니라 중재가 있다. 그러나 그것은 둘 사이에서 뜻을 다하는 중재이다.

아브라함이 잘못하였을 때 아비멜렉이 아브라함을 책망하였다. 이제 입장이 바뀌어서 아브라함이 아비멜렉을 책망한다. 마찬가지로 세상 사람들이 종종 하나님의 자녀들을 책망하고 하나님의 자녀들이 세상 사람들을 책망한다. 이 둘 사이에 타협이나 하나 됨은 비도덕적인 것이며 부정한 것이다. 주님이 오실 때까지는 중재가 하나님께서 정하신 계획이다.

아비멜렉은 문명 가운데 하나님의 백성들을 가까이 하는 것이 얼마나 중요한지를 인식한 세상 사람들을 대표한다. 그럼에도 그들은 하나님의 백성이 되려는 의도가 전혀 없는 사람들이다. 우리 주님께서는 주의 제자들이 세상에서 나오도록 기도하지 않았다. 그들이 세상의 악에서 보호 받기를 기도하셨다요 17장.

아브라함과 아비멜렉의 합의창 21:27-34

> "두 사람이 거기서 서로 맹세하였으므로 그 곳을 브엘세바라 이름하였더라"창 21:31.

구약에서 언약이라는 것은 언제나 특별한 희생제사를 의미하였다. 성경에 나온 맹세에 대한 언급은 당신이 약속을 하는 방법에서 얼마나 죄가 될 수 있는지를 보여준다. 만일 약속을 지키지 않으면 우리는 우리의 도덕적이며 영적인 삶을 망치는 것이다. 따라서 아무리 형식적인 대인 관계라고 할지라도 약속을 하고 지키지 않는 것보다 아무것도 약속하지 않는 것이 훨씬 낫다. 만일 약속을 하면 당신은 어떤 대가를 치르더라도 그 약속을 지켜야 한다. 쉽게 약속을 한다는 것은 우리가 게으르고 무관심한 사람들이며 인생을 아무렇게나 책임 없이 산다는 뜻이다. 자연적인 사람의 약속은 그 사람과만 관련된다. 그러나 성도의 약속은 하나님과 관련된다.

아브라함과 아비멜렉 사이의 언약은 그러한 약속이었다. 아비멜렉은 그가 한 말에 책임을 져야 했다. 그러나 아브라함은 하나님 앞에서 그 약속을 책임져야 했다. 이 약속으로 인하여 아브라함의 믿음은 여호와 하나님의 영원한 언약을 믿음으로 더욱 온전하게 자라나게 되었다창 21:33.

30장

최정상으로 오름

창 22:1–3

"여호와께서 이르시되 네 아들 네 사랑하는 독자 이삭을 데리고 모리아 땅으로 가서 내가 네게 일러 준 한 산 거기서 그를 번제로 드리라"창 22:2.

아브라함의 삶에서 우리는 믿음의 삶의 실패와 승리를 다루게 된다. 창세기 22장은 아브라함의 믿음의 완벽한 순종을 기록하고 있다. 그의 믿음은 이삭을 희생제사로 드리려는 진심에서도 나타나지만 하나님께서 그에게 전에 말씀하셨던 것과 상충되어 보이는 계시를 바르게 인식할 수 있었다는 점에서 더욱 잘 나타난다. 믿음의 속성은 반드시 시련을 통과해야 한다. 아직 시련을 당하지 않은 믿음은 단지 관념적인 실제일 뿐이지 현실적으로 실제가 된 것은 아니다. 그 이유는 믿음은 논리가 아니기에 논리적인 차원에서 역사할 수 없기 때문이다. 믿음은 오직 살아 있는 순종을 통하여 조용히 역사한다. 하나님께서는 아브라함을 가장 혹독한 위기에 두심으로써 그의 믿음을 확증하셨다. 이는, 믿음이란 신자가 가장 사랑하는 대상을 마음 중심에서 하나님께 양도함으로써 증명되기 때문이다.

아브라함의 가혹한 시련

> "그 일 후에 하나님이 아브라함을 시험하시려고 그를 부르시되 아브라함아 하시니 그가 이르되 내가 여기 있나이다"창 22:1.

"하나님이 아브라함을 시험하시려고"라는 말씀은 추상적이거나 애매한 말씀이 아니라 깜짝 놀랄 말씀이다. 하나님께서 주의 은혜와 주권 가운데 친히 주의 자녀를 다루고 계신다. 하나님은 아브라함의 영적인 삶을 증진시키시기 위해 언제나 상황을 사용하셨다. 하나님의 모든 목적은 아브라함의 관념적인 믿음을 아브라함의 삶 가운데 현실적으로 실제가 되게 하는 것이었다. 하나님께서는 주의 최고의 목적을 위하여 일하시는데, 그 목적은 사실 우리의 최고의 목적이기도 하다. 바로 하나님의 최고의 뜻과 우리의 최고의 뜻이 하나가 된다.

가혹한 시련이, 사람이 아니라 하나님에 의해 준비된다. 이때 당신이 하나님과 긴밀한 관계를 맺고 있지 않으면 하나님을 향하여 거친 판단을 내리기 쉽다. 만일 그 시련의 중심부를 통하여 하나님을 본다면 당신은 하나님을 잔인하다고 말할 것이다. 하나님에 대해 어떤 판단을 내릴 권리를 갖기 전에 먼저 당신은 그 가혹한 시련을 전부 통과해야 한다. 그 시련으로 들어가면서 어떤 사람은 "하나님께서는 내가 내 자녀를 너무나 사랑하였기 때문에 그 자녀를 데려가셨습니다"라고 말하기도 한다. 그러나 그 시련을 전부 통과한 후에 당신은 무엇보다 하나님을 더 알게 되었노라고 고백하게 될 것이다. 당신이 믿음의 삶을 살고 있지 않다면 믿음의 삶에 대해 판단하지 않도록 주의하라.

아브라함의 집중

"내가 여기 있나이다"창 22:1.

하나님께서 부르실 때 아브라함은 "내가 여기 있나이다"라고 대답했다. 이 말은 인간의 마음으로부터 표현될 수 있는 가장 위대한 반응이다. 주께서 말씀하실 때 "내가 여기 있나이다"라고 말하는 것은, 우리가 주의 존전에 서 있으며 순종하는 자리에 있다는 의미이다. 또한 하나님 앞에서 자신이 어디에 서 있는지를 이해한다는 것은 주의 음성을 들을 뿐 아니라 신속하게 순종하는 것을 의미한다. 따라서 주의 음성을 듣고 순종하려는 자세는 내 위치에 대하여 주님의 관점에서 제대로 보고 있다는 표시이다. 한편 내 생각에 가장 옳다고 여겨지는 것을 행하고 싶어서 하나님과 따지고 있다면, 나는 하나님과 친밀한 관계에 있는 것이 아니다.

아브라함에게 주신 명령

> "여호와께서 이르시되 네 아들 네 사랑하는 독자 이삭을 데리고 모리아 땅으로 가서 내가 네게 일러 준 한 산 거기서 그를 번제로 드리라"창 22:2.

하나님의 말씀은 아브라함이 인격적인 믿음을 통하여 하나님과 마음껏 친교를 나눌 수 있도록 자연적인 독자적 삶을 보호하는 껍질을 부순다. 그 타격은 개별성individuality을 깨뜨리기 위한 것인데, 개별성은 독자성과 교만의 안식처로 하나님과의 교제가 불가능하기 때문이다. 하나님께서 사람의 믿음을 성장시키실 때 그 과정 속에서 반드시 희생되어야 하는 것이 개별성이다. 하나님과 교제를 나누게 되는 것은 인간의 인격성personality이다. 바로 그 이유 때문에 믿음은 언제나 인격적 생명에게 역사한다욥 1:12. 만일 당신이 자신을 향하여 혹독하게 대하지 않으면 당신의 개별성을 무너뜨리는 과정은 아주 잔인

할 것이다. 그러나 당신의 개별성에 대하여 혹독한 시련을 허락한다면, 당신은 하나님과의 인격적인 친교의 체험을 갖게 되면서 애벌레가 나비가 되는 희열을 체험하게 될 것이다.

하나님께서는 아브라함에게 명령하셨다. "네 아들 네 사랑하는 독자 이삭을 데리고…" 나중이나 내일이 아니라, 지금 데리고 가야 한다. 아브라함은 이미 확신하였기 때문에 당장 순종하였다. 그는 혈육과 의논하지 않았다. 하나님의 명령을 받은 후에 그대로 행하였다. 하나님의 성령의 명령에 당장 순종하는 것이 믿음의 사람들의 반응이다.

바른 일에 대해 논쟁하는 것은 예외이다. 하지만 우리는 무엇이 바른지를 알지만 지금 그 일을 하지 않기 위해 핑계를 댄다. 하나님께서 명하실 때 당신의 혈육과 의논하지 않도록 주의하라. 즉, 자기 연민이나 자기 관점을 따지지 않도록 주의하라. 이러한 자세는 자신의 개별성을 고려하는 것이지 하나님과의 인격적인 관계를 고려하는 것이 아니다. 이러한 것들은 하나님과 다투며 믿음을 방해하는 요소들이다. 우리 주님께서 우리를 하나님 자신과 인격적인 관계로 이끄실 때 주께서는 언제나 우리의 개별적인 관계를 깨뜨리신다. 깨지지 않은 것에 대해서는 하나님께서 칼을 대셔서 그 개별적인 껍질을 벗김으로써 그 속으로부터 하나님을 향한 생명이 나올 수 있게 한다 눅 14:26. 만일 시련을 회피하여 밖에 있게 되면 당신은 예수 그리스도를 잔인하다고 말할 것이다. 그러나 그 시련 가운데 거하면서 인내하면 당신은 하나님께서 항상 궁극적으로 원하시는 것이 주님 자신과의 인격적 관계라는 사실을 발견하게 될 것이다.

아브라함의 등정과 성별

> "아브라함이 아침에 일찍이 일어나 나귀에 안장을 지우고 두 종과 그의 아들 이삭을 데리고 번제에 쓸 나무를 쪼개어 가지고 떠나 하나님이 자기에게 일러 주신 곳으로 가더니"창 22:3.

여호와께서는 그의 종 아브라함을 매우 거친 시련의 산, 여호와의 산으로 인도하신다. 그러나 아브라함은 그 시련을 위하여 어떠한 대가를 치러야 하는지 전혀 묻지 않는다. 하나님에 대한 체험적 깨달음이 이제 하나님께 대한 그의 분명한 지식에 이르게 될 것이다. 하나님을 마음 깊게 믿는 아브라함은 말없이 가장 높은 산등성으로 오르기 시작한다. 하나님을 향한 그의 믿음은 조금도 흔들림이 없다. 이 산은 희생의 산이 아니다. 오히려 아브라함이 하나님을 지극히 사랑함을 입증하는 산이었다.

"아브라함이 아침에 일찍이 일어나 … 하나님의 자기에게 일러 주신 곳으로 가더니…" 오, 얼마나 변함없는 아브라함인가! 이것은 이삭의 희생이 아니라 아브라함의 희생이다. 하나님은 아브라함을 위하여 혹독한 시련의 과정을 선택하셨다. 아브라함은 조금도 항변하지 않고 꾸준하게 나아갈 뿐이었다.

만일 하나님께서 명령하시면 주께서는 그 명령을 순종하는 자를 위해 모든 것을 책임지신다. 당신이 해야 할 일은, 다른 모든 결과는 오직 주님의 손에 맡기고 당장 일어나 앞으로 나아가는 것이다. 만일 하나님께서 당신의 잔을 달콤하게 하셨으면 은혜로 마시라. 그러나 당신의 컵을 쓴 잔으로 만드셨다해도 주님과 교통하며 그 잔을 마시라.

31장

하나님과의 단둘의 시간

창 22:3–6

"제삼일에 아브라함이 눈을 들어 그 곳을 멀리 바라본지라"창 22:4.

하나님은 아브라함을 순결하게 하기 위하여 그를 시험하셨다. 그렇게 하시면서 하나님께서는 아브라함의 믿음을 높이셔서 하나님을 더욱 이해하게 하셨다. 아브라함의 삶은 믿음의 삶이었다. 현실 속에서 역사하는 믿음은 세상과 고립되는 기간을 지나야 한다롬 8:26. 믿음의 삶에서 시험이 오는 것은 우연이 아니다. 각 시험은 믿음의 성장에서 계획된 부분이며 지나야 하는 과정이다. 그러나 믿음의 시련과 삶의 일반적인 훈련을 혼동하지 말라. 우리가 흔히 시련이라고 부르는 많은 것들이 사실은 인생을 살아가면서 겪을 수밖에 없는 단순한 인생고일 수도 있다.

부지런해야 할 의무

> "아브라함이 아침에 일찍이 일어나 나귀에 안장을 지우고 두 종과 그의 아들 이삭을 데리고 번제에 쓸 나무를 쪼개어 가지고 떠나"창 22:3.

여기서 우리는 아브라함이 "아침에 일찍이" 일어난 모습을 본다. 이 구절은 성경에 나오는 믿음의 사람들의 특징이기도 하지만 하나님 그분의 특징이기도 하다. 구약에서 나타나는 하나님은 아침 일찍부터 일하시는 분이다. 타 종교의 신들은 저 멀리 높은 곳에서 천한 중생을 멸시하며 다스린다. 그러나 참신이신 하나님은 부지런하시며 동시에 사람들로 인하여 고통을 당하신다. 아브라함에게 자신을 드러내신 하나님은 자신의 위대한 계획을 완성시키기 위하여 뜻하시는 분이다. 주님은 주의 백성들도 마찬가지이기를 기대하신다. 만일 하나님께서 부지런하시다면 우리도 주를 향한 우리의 의무를 행하는 데 부지런해야 할 것이다.

하나님께서 우리를 대하시면서 얼마나 성실하셨으며 얼마나 오래 참으셨는지 생각해 보라! 주님께서는 셀 수도 없이 여러 번 우리를 어떤 지점까지 인도하신다. 그러면 우리는 아주 사소한 일에 불평하면서 모든 것을 그르친다. 주님께서는 또 참으시고 처음부터 다시 시작하신다. "흰 눈보다 희게" 우리를 만드시려는, 우리를 향한 주님의 소망을 생각해 보라. 또 다시 하나님께서 지난번에 당신이 포기한 그 자리에서 시작하셔야 하겠는가? 아니면 이제 "나는 어떠한 외로움과 희생이 따르더라도 하나님께 충성하겠습니다"라고 말하겠는가?

의무의 방향

"하나님이 자기에게 일러 주신 곳으로 가더니"창 22:3.

아브라함이 "하나님이 자기에게 일러 주신 곳"으로 갈 때 그는 자신의 분별력이 아니라 하나님의 말씀으로부터 그가 행할 지시를 받았다. 우리는 하나님의 말씀을 내 상황에 맞게 희석시키려는 경향이 있다. 하나님께서는 절대로 주의 말씀을 우리에게 맞추지 않으신다. 주님은 우리를 주의 말씀에 맞추신다. 우리는 아주 드물지만 분명한 말씀의 빛 가운데 보았던 그 길에 충성스럽게 서 있어야 한다. 그리고 빛이 있을 때 그 빛 가운데 걸어야 한다요 12:35-36. 만일 빛 가운데 걷지 않으면 우리는 우리의 삶을 향한 하나님의 목적을 방해하게 될 것이다. 아브라함의 삶은 두 가지를 설명한다. 조금도 주저함이 없이 하나님께 복종하는 것과, 주님의 가장 높은 목적이 이루어지도록 그분의 자녀를 하나님의 완전한 소유로 드린 것이다.

우리의 재능을 주께 드린다고 해서 우리가 하나님을 섬기는 데 합당한 사람이 되는 것은 아니다. 실질적인 일에 빠져드는 것이 사실은 하나님의 부르심을 분변하는 데 가장 큰 방해가 되기도 한다. 적극적인 사역이 주님과의 단둘의 깊은 시간과 균형을 이루지 못하면 하나님을 향한 우리의 인격적 지식은 자라나지 못할 것이며 우리는 곧 피곤에 지쳐 쓰러지게 될 것이다. 우리 주님께서 주의 나라를 세우기 위하여 사용하실 수 있는 유일한 사람들은 그들의 모든 것을 주께 다 맡긴 사람들이다눅 14:26-27,33. 그렇지 않으면 우리는 언제나 자신의 목적을 위하여 일하게 된다. 많은 사람들이 멋지게 시작한다. 그러나 예수 그리스도가 아닌 다른 명분을 위해 그들의 모든 에너지가 사용된다.

의무의 방향은 하나님을 위해 내가 뭔가를 행하는 데 있지 않고 하나님께서 내게 하라고 시키신 일을 행하는 데 있다. 그러한 와중에 하나님의 명령이 우연치 않게 기대하지 않은 순간에 임한다. 우리는 우연한 상황조차 만들지 못한다. 하나님께서 그러한 우연한 상황을 만드신다. 의무의 방향은 우리의 현재 상황에서 하나님께 충성하는 것이다.

장거리 훈련

"제삼일에 아브라함이 눈을 들어 그 곳을 멀리 바라본지라"창 22:4.

하나님께서는 우리가 당장 주목하고 계속 깨어 있기를 원하시지만 그럼에도 절대로 급하지 않으시다. 아브라함은 희생제사를 드리는 자리까지 가기 위하여 오랫동안 여행해야 했다. 그 여행 동안에 아브라함은 홀로 많은 생각을 했을 것이다. 이삭은 아버지 아브라함과 하나님 사이에 어떤 일이 진행되고 있는지 전혀 알 수 없었다. 아브라함도 말이나 행동 그 어떤 것으로도 이삭에게 아무것도 알려주지 않았다.

당신의 깊은 고독을 아무에게도 알리지 말라. 믿음의 여정 가운데 하나님께서 당신의 삶을 심오하게 다루시면 다른 사람들에게 말하지 말고 마음 깊은 곳에 두라. 주님께서는 자신의 믿음의 증거를 모든 사람 앞에서 '보이려는' 바리새인들을 질타하셨다. 거짓 경건은 언제나 주님과 나눈 심오한 시간이 없었으면서도 그러한 순간이 대단히 많이 있었던 것처럼 사람 앞에서 행세한다. 예수님께서는 자기에게 다가오는 무서운 순간들을 아시면서도 자신을 걱정하지 않으시고 제자들만을 위해 걱정하셨다. "너희는 마음에 근심하지 말라"요 14:1.

헌신된 자의 헌신의 모습

> "아브라함이 이에 번제 나무를 가져다가 그의 아들 이삭에게 지우고 자기는 불과 칼을 손에 들고 두 사람이 동행하더니"창 22:6.

아브라함은 비록 하나님의 약속의 성취와 전혀 상반되는 행동을 하면서도 하나님의 언약을 붙들고 있었다창 17:19. 그는 하나님께 질문도 하지 않았다. 진정한 믿음은 주께서 하셨던 말씀으로 하나님을 취하는 것이 아니라 어떠한 설명이 없어도, 이해가 가지 않아도 모든 어려운 상황 가운데 하나님의 말씀 그대로를 취하여 행동하는 것이다.

6절의 모습은 움직이는 장면이다. 아브라함은 하늘 아버지께 순종하고 이삭은 이 땅의 아버지께 순종하고 있다. 아브라함은 그 행동의 목적이 무엇인지 알고 있을지라도 기꺼이 자신의 삶의 기쁨을 포기하려고 하였다.

32장

하나님의 길

창 22:7–14

"아브라함이 이르되 내 아들아 번제할 어린 양은 하나님이 자기를 위하여 친히 준비하시리라 하고"창 22:8.

아브라함의 삶은 이성과 양심에 따라 살던 한 사람이 하나님을 향하여 나아가는 인생 발걸음을 인격적인 차원에서 다룬 영적 자서전이라고 할 수 있다. 그의 삶 가운데 믿음 성장의 큰 전환점이 있던 때는 하나님의 효과적인 부르심에 순종한 때이고, 조금도 주저함이 없이 주께 모든 것을 맡긴 믿음의 절정에 이른 순간이라 하겠다.

침묵의 영성의 설교

"이삭이 이르되 불과 나무는 있거니와 번제할 어린 양은 어디 있나이까 아브라함이 이르되 내 아들아 번제할 어린 양은 하나님이 자기를 위하여 친히 준비하시리라 하고"창 22:7-8.

아브라함과 이삭은 영적으로 침묵하였다. 아들은 아버지 앞에서 잠잠했고 아버지는 하나님 앞에서 잠잠했다. 따라서 하나님께서는 그들을 비영적인 차원에서 영적인 차원으로 끌어올리셨다. 곧 그들은 하나님의 길에 서게 되었기 때문에 가능성의 한계를 넘어서는 발걸음을 내딛게 되었다. 영적 체험을 쉽게 말하는 사람은 자신에게는 실제로 그러한 영적 체험이 없으면서 다른 사람의 영적 체험을 듣고 고개를 끄덕이는 것이다.

미래에 대한 압박은 주께서 친히 주의 명령을 이루실 것을 믿을 때 하나님께 전가된다. 우리는 자신이 아니라 하나님이 믿을 만한 분이심을 믿는다. 그러나 하나님의 부르심을 들은 적이 없다면 우리는 우리의 삶에 대하여 스스로 책임을 져야 한다. 실질적인 일을 하면서 언제나 스스로 생각하고 결정하면서 자신의 미래에 대한 압박을 짊어져야 한다. 우리는 필요를 보게 되고, 그러면 그 필요를 채우기 위하여 뭔가를 행한다. 이러한 삶은 주님의 효과적인 부르심과 전혀 관계가 없는 삶이며, 단지 보이는 상황에 따라 인간의 본성을 따라 사는 것이다. 그러나 하나님의 부르심이 임하면 우리는 주께서 우리에게 말씀하시는 대로 적극적으로 사는 것을 배우게 되며 미래에 대하여 염려하지 않게 된다. 하나님을 향한 믿음 가운데 발걸음을 내딛는다. 그때 합리적인 세상 친구는 "아주 멋지군. 그러나 우리가 모두 당신처럼 행한다면 세상은 어떻게 될까!"라고 조롱한다. 당신은 이 세상의 눈으로 볼 때 도무지 용납할 수 없는 비정상적인 삶을 산다. 그러나 당신의 삶은 하나님의 효과적인 부르심에 일치가 되는 삶이다. 따라서 당신은 세상 사람들에게 대답할 말이 없어진다.

히브리서 11장 17-19절은 아브라함의 영성에 대하여 더 깊은 통찰력을 제공한다. "아브라함은 시험을 받을 때 믿음으로 이삭을 드렸으니 그는 약속들을 받은 자로되 그 외아들을 드렸느니라 그에게 이미 말씀하시기를 네 자손이라 칭할 자는 이삭으로 말미암으리라 하셨으니 그가 하나님이 능히 이삭을 죽은 자 가운데 다시 살리실 줄로 생각한지라." 이는 아브라함의 상식에 관한 말씀이 아니라 그로 하여금 이를 깨닫게 한 영적 조명에 관한 말씀이다. 그러나 이 내용을 상식적으로 풀어서 아브라함은 이미 결과를 알고 있었고 따라서 실제로 이삭을 희생제사로 드린 것은 아니었다고 말하지 않도록 주의하라. 아브라함은 아무것도 몰랐다. 그는 하나님께서 어떠한 방법으로든 이삭을 그에게 돌려주실 것이라고 믿었다. 그러나 어떻게? 이에 대해 아브라함은 전혀 몰랐다. 그는 단지 초자연적인 하나님께 자신을 완전하게 드렸다.

하나님께서는 무엇을 하실 것인지 우리에게 말씀하지 않으신다. 주님은 단지 자신이 누구인지 드러내실 뿐이다.

믿음으로 순종하는 과정에서 아브라함은 가장 무서운 인격적 갈등에 처하게 된다. 바로 아버지로서의 본성적인 사랑과 믿음 사이의 갈등이다. 이삭은 아버지에게 너무나 귀한 존재였다. 하나님께 가는 길과 하나님의 가시는 길은 전혀 다른 것이다.하나님께 가는 길은 그리스도를 믿음으로 가는 과정이며, 하나님의 가시는 길은 이 세상을 주관하고 역사하시는 과정 또는 우리를 인도하시는 과정을 의미한다.–역주 우리가 주님과 함께 주님의 길을 갈 때 우리는 그 길을 이해할 수 없다. 오직 주님이 그 길을 아신다. 우리는 그 길을 이해하지 못하지만 주님이 누구신지를 안다. 우리가 하나님 안에서 믿음의 발걸음을 떼고 주의 명령에 순종하면 주께서 우리를 위해 미리 준비하신다. 그러나 우리가 친히 준비하면 하나님은 하실 일이 없게 된다.

복종한 아들의 희생제물

"이에 아브라함이 그 곳에 제단을 쌓고 나무를 벌여 놓고 그의 아들 이삭을 결박하여 제단 나무 위에 놓고 손을 내밀어 칼을 잡고 그 아들을 잡으려 하니"창 22:9–10.

하나님께서는 모든 사람의 걸음과 행사를 다스리신다잠 20:24. 우리가 자신을 하나님께 맡길 때 주님은 모든 우연한 상황을 주장하신다. 이때 우리는 주께서 우리를 처하게 하신 상황에서 힘껏 주의 명령을 지켜야 한다.

이삭을 결박한 것은 그리스도의 죽음을 예표하고 있다. 최근에 어떤 사람들은 그리스도의 죽음을, 우리를 위한 희생제물로 보기보다는 삶의 본으로 삼는 것을 강조하고 있다. 그러면서 기도와 성별된 삶을 통해 하나님의 은총을 받을 수 있다고 가르치고 있다. 이러한 가르침은 절대적으로 잘못된 것이다. 하나님께서는 우리가 순종하기 때문에 우리를 받으시는 것이 아니다. 주께서 우리를 받으시는 이유는 오직 희생제물 때문이다. 바로 하나님의 아들 예수 그리스도의 희생제물이다. 결코 각 개인의 거룩이 하나님께서 우리를 받으시는 근거가 될 수 없다. 하나님께서 우리를 받으시는 유일한 근거는 바로 주 예수 그리스도의 죽음이다.

최상의 성령께서 긍휼히 여기심

"여호와의 사자가 하늘에서부터 그를 불러 이르시되 아브라함아 아브라함아 하시는지라 아브라함이 이르되 내가 여기 있나이다 하매 사자가 이르시되 그 아이에게 네 손을 대지 말라 그에게 아무 일도 하지 말라 네가 네 아들 네 독자까지도 내게 아끼지 아니하였으니 내가 이제야 네가 하나님을 경외하는 줄을 아노라"창 22:11-12.

아브라함은 하나님의 명령이 무엇을 의미하는지에 대하여 이성적인 이해를 하였다. 그러나 하나님의 음성이 임할 때 아브라함은 그 음성에 즉시 순복하였다. 참믿음의 본질은 '인격체'에게 헌신하는 것이다. 그리스도 대신에 다른 신념이나 사상, 교리에 헌신하지 않도록 주의하라.

아브라함은 하나님을 위하여 무엇이든지 행할 준비가 되어 있었다. 이러한 마음 자세와 하나님께 당신의 사랑을 입증하기 위하여 뭔가를 하려는 것에는 분명한 차이가 있다. 아브라함은 어떠한 결과가 발생하든지 하나님께 순종하기 위하여 그 자리에 있었다. 아브라함은 자신의 확신에 헌신하지 않았다. 그러하였다면 이삭을 죽이지 말라는 하나님의 음성을 사탄의 음성이라고 생각하면서 이삭을 죽였을 것이다. 믿음은 당신 자신의 확신 및 전통적인 집착을 포기하는 것이다. 아브라함은 베드로처럼 "내가 무엇이든지 하겠습니다. 나는 당신을 위하여 죽겠습니다"라고 장담하지 않았다. 그 대신 하나님께만 충성하였다. 그리고 하나님께서는 그의 믿음을 정결하게 하셨다. 만일 우리가 하나님께 충성하면 주께서는 우리를 인도하여 여러 시련을 거치게 할 것이며 우리는 그 시련을 통하여 하나님을 더욱 알게 될 것이다.

죽음의 희생제사는 하나님께서 원하시는 궁극적인 목적이 아니다. 하나님께서 원하시는 것은 죽음의 희생제사를 통해 사람들이 예수님께서 사셨던 삶을 살게 되는 것이다. 즉, 자신의 삶을 희생하는 삶을 사는 것이다롬 12:1. 우리는 대부분 하나님께서 우리에게 모든 것을 포기할 것을 원하신다고 생각한다. 우리는 기독교를 '모든 것을 포기하는 것'으로 끝나는 것처럼 가르친다. 그러나 하나님께서는 아브라함의 삶을 통하여 우리에게 이러한 실수를 범하지 않도록 하셨으며 우리의 삶 속에서도 똑같은 훈련이 진행되도록 하셨다. 우리는 "오, 하나님께서 내게 모든 것을 포기하라고 하셨어"라고 말한다. 그러나 그 어디에서도 하나님께서 우리에게 포기를 위한 포기를 하도록 하신 적이 없다. 주님은 가장 가치 있는 것을 얻기 위하여 포기하라고 하실 뿐이다.

가장 가치 있는 것이란 하나님과 함께하는 삶이다. 따라서 기독교에서 포기라는 것은 우리의 참된 생명을 방해하는 것을 내려놓으라는 말씀이다. 이러한 방해물들은 우리가 주님의 죽으심과 함께 일치됨으로 제거되며 우리는 주님과의 인격적인 관계에 들어가 하나님께 우리의 삶을 산 제물로 드린다. 가치 있는 삶은 마치 예수님께서 자신의 삶을 하나님 아버지를 위하여 거룩하게 드리신 것처럼 주께서 구원하시고 거룩하게 하신 나의 모든 것을 다시 주님께 마음껏 드리는 삶이다. 나는 내 삶을 주를 위해 성결하게 바칠 수 있다. 바울은

"너희 몸을 하나님이 기뻐하시는 거룩한 산 제물로 드리라"롬 12:1고 말하였다.

희생제사로 드려진 대속제물

> "아브라함이 눈을 들어 살펴본즉 한 숫양이 뒤에 있는데 뿔이 수풀에 걸려 있는지라 아브라함이 가서 그 숫양을 가져다가 아들을 대신하여 번제로 드렸더라 아브라함이 그 땅 이름을 여호와 이레라 하였으므로 오늘날까지 사람들이 이르기를 여호와의 산에서 준비되리라 하더라"창 22:13-14.

아브라함은 숫양을 희생제사로 드리라는 분명한 명령을 들은 것이 아니었다. 그는 숫양을 보면서 하나님께서 무엇을 말씀하시는지를 인식하였다. 서로 아주 친밀한 사람들 사이에는 말하지 않아도 통하는 것이 있다. 하나님과 진실로 친하다면 우리는 그분께서 친히 분명하게 말씀하지 않으셔도 그분의 생각을 인식하게 된다.

아브라함은 그의 아들 이삭 대신에 숫양으로 제사를 드렸다. 숫양으로 이삭 대신 희생제물로 드린 것은 양으로 희생제사를 드리게 될 율법 제도를 예표한다. 또한 이 희생제사를 통하여 이삭의 영적인 희생과 숫양의 희생이 하나가 되었다. 자연적인 것과 영적인 것이 하나로 섞였다. 죄인은 절대로 하나님과 바른 관계를 가질 수 없다. 그것은 불가능하다. 나는 오직 나 대신 죽으신 그리스도와 일치됨으로써만 하나님과 연합할 수 있다. 오직 그리스도께서 나를 대신하여 죽으셨다는 그 근거 위에서만 죄인들은 하나님과 바른 관계를 가질 수 있다.

33장

영원한 목표

창 22:15-19

"내가 네게 큰 복을 주고 … 이는 네가 나의 말을 준행하였음이니라"창 22:17-18.

순종의 영은 이 땅의 그 어떠한 것보다 하나님께 기쁨을 준다. 순종은 자연적으로는 우리에게 불가능하다. 혹시 순종하게 될지라도 못마땅한 가운데 억지로 하며 남들보다 더 도덕적인 사람으로 비치고 싶어서 순종하는 경우도 많다. 그러나 영적인 영역에서는 하나님의 속성이 우리 안에 들어와 있기 때문에 못마땅한 가운데 순종하는 경우가 없다. 하나님의 사랑이 성령에 의하여 우리 마음속에 가득 찰 때롬 5:5, 우리는 하나님의 속성으로 사로잡힌다.

주님의 삶의 가장 큰 특징은 순종이었다. 우리는 순종함으로 주를 향한 우리의 사랑을 보여준다. 영적인 삶을 측정하는 최고의 잣대는 어떤 황홀한 체험이 아니라 순종이다. "순종이 제사보다 낫고" 삼상 15:22.

하나님의 최고의 부르심

"여호와의 사자가 하늘에서부터 두 번째 아브라함을 불러"창 22:15.

하나님께서 첫 번째로 아브라함을 부르실 때는 둘 사이에는 희미한 간격이 여전히 있었다. 하나님은 다시 아브라함을 부르셔야만 했고 아브라함은 대답해야 했다창 22:1. 둘 사이에 다리가 놓아져서 간격이 사라졌다. 아브라함은 하나님과 너무나 가까이 있기에 대답할 필요도 없었다. 주의 음성을 듣는 데 아무것도 방해하는 것이 없었다. 우리는 어떠한가? 하나님의 음성과 내 귀 사이에 방해하는 것들이 있는가?

하나님의 부르심은 하나님에 대한 나의 생각과 일치하는 부름이 아니라 하나님의 속성과 일치하는 부름이다. 처음에 아브라함은 하나님의 속성을 이해하지 못하였기 때문에 주님의 음성을 이런 식으로 해석하지 못하였다. 그는 주님의 음성을 갈대아 사람들의 방식대로 이해하였기에 주의 음성에 따라 자기 아들을 죽여야 한다고 생각했다. 이제 아브라함의 믿음에서 가장 큰 위기를 지나는 순간이다.

하나님을 향한 모든 잘못된 개념을 다 내던지고 하나님을 그대로 이해하게 되었다. 아브라함은 자기 꾀로 뭔가를 조작하려는 사람도 아니었으며 자신의 도덕적 기준을 가지고 판단하려는 사람도 아니었다. 그는 단순하게 하나님을 믿었다.

하나님의 최상의 실체

> "내가 나를 가리켜 맹세하노니"창 22:16.

아브라함은 하나님의 속성을 직접 체험할 수 있는 자리에 왔다. 그는 하나님의 실체를 이해하였고 하나님께서는 불타는 열정으로 자신을 보여주셨다. 하나님께서 우리 안에 계시는 하나님의 속성에게 말씀하실 때는 그 어떤 질문도 생길 수 없다. 즉각적인 순종만이 가능한 반응이다. 주님께서 "내게로 오라"고 하실 때 우리는 단지 가면 된다. 주님께서 "이 문제에서 나를 믿으라"고 말씀하시면 우리는 믿으려고 애쓰지 않고 그냥 '믿는다'. 그 이유는 우리의 성향이 이미 바뀌어 있기 때문이다. 성향이 바뀌었다는 것은 하나님의 속성이 우리 안에서 역사하고 계시다는 증거이다.

하나님의 최고의 성품

"내가 네게 큰 복을 주고 네 씨가 크게 번성하여 하늘의 별과 같고 바닷가의 모래와 같게 하리니 네 씨가 그 대적의 성문을 차지하리라. 또 네 씨로 말미암아 천하 만민이 복을 받으리니 이는 네가 나의 말을 준행하였음이니라 하셨다 하니라"창 22:17-18.

하나님의 약속은 아브라함이 시험을 이기고 순종한 것과 관련하여 서게 된다. 우리를 향한 하나님의 계시는 하나님의 성품이 아니라 우리의 성품에 의하여 결정된다시 18:25-26. 만일 우리가 못난 성품을 가지고 있으면 하나님께서 우리에게 못난 성품을 지닌 분으로 나타날 것이다.

순종의 훈련을 통하여 우리도 아브라함이 도착하였던 곳에 가서 하나님이 어떠한 분인지를 알게 된다. 하나님의 약속은 우리가 순종을 통하여 하나님의 속성을 이해할 때까지 우리에게 아무런 유익이 없다. 성경을 매일 읽으며 그 약속을 365번 대하게 되더라도 우리에게 아무런 의미가 없다. 갑자기 어떤 특별한 일 때문에 하나님께 순종하게 되면서 하나님의 약속이 무엇을 의미하는지 깨닫게 되고 그 즉시 주님의 성품이 계시된다.

우리의 "네"는 순종을 의미해야 한다. 우리 삶의 순종을 통하여 "아멘, 주의 약속대로 되기를 원합니다"라고 말해야 한다. 그때 주님의 약속이 우리의 것이 된다.

최고의 보상

> "이에 아브라함이 그의 종들에게로 돌아가서 함께 떠나 브엘세바에 이르러 거기 거주하였더라"창 22:19.

우리가 하나님을 위하여 희생할수록 주께서는 더욱더 영광스러운 보상을 허락하신다. 그러나 우리 스스로 우리의 희생을 선택할 권리가 없다. 하나님께서는 우리로 하여금 우리의 '이삭'이 무엇인지 보게 하실 것이다. 하나님께서는 언제나 자연적인 것을 변화시켜서 영적인 것을 만들어내신다. 그러나 우리 대부분은 하나님께서 자연적인 것에 칼을 대실 때 악착같이 그것을 놓지 않으려고 애쓴다. 만일 자연적인 것들의 변모 과정을 지난다면 우리는 새로운 차원에서 그것을 다시 돌려받게 될 것이다. 하나님께서는 우리가 이 땅에서 잠시 소유한 것들을 우리의 영원한 소유로 만들기를 원하신다.

처음에 우리는 하나님을 위해 훈련하지 않는다. 사역이나 자신의 개인적인 목적을 위해 훈련한다. 그러나 우리가 하나님과 동행하다 보면 자신의 목표들을 버리고 하나님의 목적에 맞게 훈련된다. 실제적인 훈련이 하나님에 의해 지정된 것이 아니라면 그 훈련은 저주로 나타날 것이다. '어떤 대가를 치르든, 어떻게 해서든'이라는 훈련은 나 자신이 선택한 것이 아니다. 성경은 하나님께서 아브라함에게 복을 주셔서 그를 하늘나라로 데려가셨다고 말하지 않는다. 오히려 하나님께서 그에게 복을 베푸셔서 이 땅에 두셨다고 말한다. 하나님 앞에서 성숙한 성품은 하나님께서 다른 사람들을 축복하실 수 있는 인격적 통로이다.

만일 하나님께서 우리를 바른 성품으로 인도하시는 데 우리의 인생이 다 소모된다면 다른 사람들도 펍절하게 될 것이다. 우리는 가능한 아침 일찍이 일어나 우리의 '모리아 산'으로 올라가야 한다. 그곳은 하나님께서 하나님과 우리 사이의 희미한 간격을 완벽하게 제거하시는 장소이다. 그때 주께서는 아브라함에게 축복하셨듯이 우리를 축복하실 것이다.

최고의 정상까지 올라가서 최상의 사랑을 증명한 영혼들을 기다리는, 말로 다할 수 없는 최상의 보상들! 실제 하나님과 접한 사람들에게 남아 있는, 아무도 앗아갈 수 없는 확신들! 하나님께 감사하는 것은, 믿음의 아버지 아브라함이 다른 종류의 사람이 아니라 단지 믿음의 삶의 훈련을 순종하는 마음으로 따랐던 모든 겸손하고 평범한 사람들의 삶의 표본이라는 사실이다.

그가 하나님 앞에서 걸을 수 있도록 그에게 전가된 그 깊은 의! 우리를 위한 대속은 우리로 하여금 하나님과 완벽한 조정이 될 수 있는 자리에 둔다. 주님께서 말씀하신다. "나는 전능한 하나님이라 너는 내 앞에서 행하여 완전하라"창 17:1. "완전하라"는 요구는 전혀 실수가 없는 사람이 되라는 뜻이 아니라 하나님 보시기에 특별히 질책할 것이 없도록 흠이 없게 되라는 말씀이다.

34장

여전히 인간적임

창 22:20–24

"이 일 후에"창 22:20.

자연적인 이성의 세계에서 최저 바닥이라고 부르는 것을 하나님의 초자연적인 세계에서는 은혜의 최정상이라고 부른다. 가장 위대하고 멋진 경험을 했던 아브라함은 이제 다시 평범한 삶으로 돌아왔다. 성경 전반에 걸쳐 우리는 이러한 모습을 찾아볼 수 있다. 성육신의 기적은 평범한 어린아이의 삶으로 이어진다. 변화산상에서의 놀라운 체험은 계곡으로 내려와 악령에 사로잡힌 아이를 만난다. 부활의 영광은 새벽 아침 호숫가의 아침 식사로 이어진다.

그리스도인의 초기 단계에서 나타나는 경향은 놀랄 만한 일들을 찾아 구하는 것이다. 이 점이 맹신자와 믿음의 사람 사이의 차이이다. 우리는 영웅 정신을 영웅이 되는 것과 혼동한다. 삶의 위기를 멋지게 지나는 것과 매일 위기도 없고 조명도 없고 아무도 신경 쓰지 않는 삶 가운데 하나님을 영화롭게 하면서 살아가는 것은 아주 다른 것이다. 우리는 중세 시대의 후광을 원하지는 않을지 모르지만 적어도 누군가 우리를 알아주기를 바란다. 우리는 다른 사람들이 "저 사람은 참으로 멋진 기도의 사람이다! 그 여자 분은 얼마나 신앙심이 좋고 경건한지!"라고 말하는 것을 듣고 싶어 한다. 그러나 만일 예수 그리스도께 올바르게 헌신되어 있다면 우리는 최상의 정점에 도착하게 되어 우리가 무엇을 하든지 - 감자를 까든지 안 믿는 어린아이들을 목욕 시키든지 - 하나님의 영광을 위하여 하나님의 능력이 나타나게 된다. 누구든지 자신의 인생을 통하여 하나님의 태양빛으로 빛을 내든지 아니면 인간이 만든 조명등으로 빛을 내든지 하게 된다는 사실을 기억하라.

하나님의 목적

"어떤 사람이 아브라함에게 알리어 이르기를 밀가가 당신의 형제 나홀에게 자녀를 낳았다 하였더라"창 22:20.

아브라함의 삶의 역사는 최상의 믿음의 행위로 갑자기 끝나지 않는다. 그 대신 인간의 자연적인 삶의 진행이 성결한 삶으로 변화되는 것을 보여준다. 인간의 속성은 다른 사람들의 영웅적인 것들과 강력한 것들에 대하여 읽고 싶어 한다. 인간의 속성이 신적인 속성을 취하게 되면 말로 표현할 수 없을 정도로 평범한 풀과 참새와 나무 같은 것들에 관심을 갖기 시작한다. 그 이유는 하나님께서 그 모든 것들을 창조하셨기 때문이다.

추악한 사람이라도 아름다운 예배당에 앉아서 아름다운 찬양을 들으며 신성을 느낄 수 있다. 아브라함은 이 땅에서 그의 평범한 삶을 하나님의 사람으로 살았다. 만일 하나님의 내주하심이 인간의 육체를 통하여 나타날 수 없다면 성육신과 속죄는 가능하지 않다. 우리 그리스도인들의 모든 수고는 기껏해야 하나님께서 우리를 원하시는 대로 사용하실 수 있도록 준비된 눈에 띄지 않는 목재와 같다. 성도의 삶의 시험은 성공이 아니라 인간의 삶의 현실 속에서 하나님의 비밀을 맡은 청지기로서 충성하느냐에 있다. 하나님을 영화롭게 하는 것은 평범한 인간의 삶 속에서 하나님의 영광이 나타나는 것이다. 사람에게 보이려는 종교 행위는 세상에 속한 것이다. 현실적인 인간의 조건들 가운데 하나님께 헌신하는 것은 구속의 질서에 속한 것이다. 그리스도인은 인간들의 조건들 가운데 하나님 안에 감추어진 그리스도의 생명으로 사는 법을 배운 자이다.

인간의 사전숙고와 하나님의 기회창 22:21–24

> "이 여덟 사람은 아브라함의 형제 나홀의 아내 밀가의 소생이며 브두엘은 리브가를 낳았고"창 22:23.

아브라함이 받은 메시지는 하나님의 섭리에 따라 적절한 때 임하였다. 이 모든 것이 하나님의 작정 속에 있었다. 아브라함은 이제 이삭의 결혼을 생각해야 했고 그의 친척들에 대한 정보는 아브라함으로 하여금 이삭을 위하여 아내를 찾을 수 있다는 소망을 갖게 하였다.

당신이 불투명한 곳에 있다면 하나님께 계속 충실하라. 당신이 당신의 삶을 계획하는 자가 아니라는 것을 기억하라. 당신이 하나님의 부르심을 듣고 주님께서 원하시는 것이 무엇인지를 깨닫게 될 때 주님께 순종하라. 그 이유는 하나님께서 이 세상의 다른 쪽에서는 당신이 처한 상황과는 다른 상황을 섭리해 두시기 때문이다. 그러나 감각적이고 위선적인 종교 생활에 빠진 대부분의 사람들은 하나님께 순종하기보다는 스스로 상황을 조장하려고 하기 때문에 감상적인 차원의 종교에서 벗어나지 못하고 있다.

하나님의 전지하심, 하나님의 작정, 하나님의 기회는 각 개인적인 삶 속에서 함께 역사한다. 예수 그리스도는 가장 우연한 상황 가운데 우리의 삶에 들어오신다. 성결이 구속의 목표가 아니다. 성결은 하나님의 목표로 향하는 통로일 뿐이다. 그리스도인의 체험도 구속의 목적이 아니니다. 하나님 자신의 계획이 완성되는 것이 구속의 목표이다.

35장

인간적인 위대함

창 23장

"헷 족속이 아브라함에게 대답하여 이르되 내 주여 들으소서 당신은 우리 가운데 있는 하나님이 세우신 지도자이시니 우리 묘실 중에서 좋은 것을 택하여 당신의 죽은 자를 장사하소서"창 23:5-6.

믿음의 삶은 예배의 행위, 자기 부인, 영웅적인 덕행만으로 구성되어 있지 않다. 믿음의 삶은 우리가 의식하며 살아가는 매일매일의 삶이다. 곧 믿음의 삶은 우리 삶의 모든 영역에 영향을 미친다.

아브라함은 하나님 속성의 참여자가 될 때까지 하나님과 동행하였다. 그 어떠한 성도라 하더라도, 아무리 위대한 신앙 체험을 하였다 하더라도 하나님과의 시간을 보내는 수고를 하지 않고는 하나님과 바른 관계를 유지하는 것은 불가능하다. 하나님의 높은 이상을 향하여 우리의 마음과 생각이 깨어 있으려면 우리는 계속적으로 근본적인 원천이 되시는 그리스도께로 나아가야 한다. 시인과 화가가 계속적으로 창작에 온 마음을 두는 것처럼 그리스도인들은 하나님의 부르심을 느낄 수 있도록 그 영혼이 언제나 깨어 있어야 한다. 다른 것은 놓치더라도 하나님과 함께하는 시간을 붙들라. 우리는 하나님을 위하여 일하기 위해 이곳에 있는 것이 아니다. 주님과 '함께'하는 동역자가 되기 위하여 이곳에 있다. 하나님께서는 이러한 사람들을 통하여 주의 일을 하실 수 있다.

슬픔의 장소에서

> "사라가 백이십칠 세를 살았으니 이것이 곧 사라가 누린 햇수라. 사라가 가나안 땅 헤브론 곧 기럇아르바에서 죽으매 아브라함이 들어가서 사라를 위하여 슬퍼하며 애통하다가"창 23:1-2.

놀랍게도 성경에는 특별히 사라의 인생만 그 마지막이 기록되어 있다. 또한 사라를 잃은 아브라함의 슬픔이 기록되어 있다. "아브라함이 들어가서 사라를 위하여 슬퍼하며 애통하다가." 믿음은 죽음을 거부하지 않는다. 믿음은 또한 인간의 마음의 자연스러운 감정 표현을 억누르지 않는다. 믿음은 슬픔에도 민감하다. 우리 중에는 높은 믿음을 가지면 눈물도 흘리지 말아야 한다고 생각하는 자들이 있다. 이러한 생각은 금욕주의적인 발상이다. 이러한 가르침은 사람들을 무정한 사람으로 만들며 위선자로 만든다. 슬퍼하지 않는 것은 사람답지 않은 것이다. 사실 마귀를 닮아가는 것이다. 하나님의 성령은 슬픔을 느끼신다.

잠깐 거류하는 곳

> "그 시신 앞에서 일어나 나가서 헷 족속에게 말하여 이르되 나는 당신들 중 나그네요 거류하는 자이니 당신들 중에서 내게 매장할 소유지를 주어 내가 나의 죽은 자를 내 앞에서 내어다가 장사하게 하시오."창 23:3-4.

아브라함은 자신에 대하여 "나그네요 거류하는 자"라고 말하고 있다. 이는 '히브리'라는 용어와 같은 뜻이다. 아브라함은 절대로 가나안을 자신의 본향이라고 말하지 않았다. 그는 갈대아 우르의 고향 집을 떠난 후 이 땅에서 다른 본향을 찾은 적이 없다. 히브리인들은 그들 마음속 깊은 곳에 나그네라는 의식이 있었다.

너무나 많은 그리스도인들이 이 땅에서 나그네와 거류하는 자로 지내기보다는 이 세상 나라의 시민으로 이 땅에 정착하려고 하고 있다. 그러나 하나님의 성령은 우리 마음속에 계속적으로 나그네라는 의식을 넣어 주시며 이 세상에 정들지 않게 하신다빌 3:20. 성령께는 우리가 이 땅 어디에 있는지에 대하여 무관심하시다. 우리도 마찬가지여야 한다. 성도로서 우리는 이 세상 나라의 애국자들에게 칭찬을 듣는 것이 아니라 욕을 먹는다. 그 이유는 우리가 속한 나라는 이 세상 나라가 아니기 때문이다. 이 땅의 나라 개념은 사람들의 것이지 하나님의 것이 아니다. 주님의 나라는 문명에 서 있지 않다. 우리 주님께서 주님의 통치를 설립하실 때 오직 하나님의 위대한 나라 외에는 다른 세상 나라들이 없을 것이다.

감정의 장소

> "그들에게 말하여 이르되 나로 나의 죽은 자를 내 앞에서 내어다가 장사하게 하는 일이 당신들의 뜻일진대 내 말을 듣고 나를 위하여 소할의 아들 에브론에게 구하여 그가 그의 밭머리에 있는 그의 막벨라 굴을 내게 주도록 하되 충분한 대가를 받고 그 굴을 내게 주어 당신들 중에서 매장할 소유지가 되게 하기를 원하노라 하매"창 23:8-9.

감정은 느낌에 의해 발생하는 것으로 여겨지고 있다. 감상sentimentality은 생각에 의해 만들어지는 느낌이다. 감정은 인간들의 관계 속에서 아주 중요한 역할을 한다. 죽음과 관련된 감정은 가장 성스럽다. 재난을 당하거나 사랑하는 사람을 잃게 될 때 인간의 생명이 얼마나 고귀한지를 느낀다. 그리스도인들은 주 예수 그리스도와 사귐을 갖기 때문에 더 높은 차원의 감정을 갖고 살아가야 한다. 우리의 간증이 약한 이유는 하나님과 함께 위기를 지난 적이 없기 때문이다. 가슴이 찢어지는 그러한 감정을 느낀 적이 없기 때문이다. 만일 주님에 의하여 우리의 심장 중심까지 닿는 감정적인 위기를 경험하였다면, 우리의 간증은 인간의 위대함과 함께 하나님의 위대함을 전달할 수 있을 것이다. 당신의 소중한 것을 희생해야 하는 위기를 하나님과 함께 통과하는 과정은 반드시 필요하다. 그렇지 않으면 당신의 헌신된 삶은 아무런 가치가 없다. 당신은 교리에 의하여 저 깊은 마음속까지 감동 받지는 않는다. 오직 마음과 모든 것을 다 드리는 헌신에 의하여 당신은 저 깊은 속까지 감동을 받고 움직이게 된다.

헷 족속의 용어에는 '신사'라는 단어가 없다. 따라서 그들은 아브라함을 '방백'a mighty prince이라고 불렀다. 이 말이 그들이 아브라함을 왕족으로 보았다는 뜻은 아니다. 그들은 아브라함의 부나 지위에 머리를 숙인 것이 아니라 아브라함에게서 나타나는 진정으로 위대한 영에게 머리를 조아린 것이다. 대부분의 사람들은 인간의 과시들을 인식한다. 돈이나 가문이나 권력 앞에 머리를 숙인다. 강제로 인간이 가지고 있는 것들 때문에 머리를 숙인다면 우리는 전형적인 위선자들이다. 그러나 만일 진정한 위대함을 인식하였기 때문에 머리를 숙인다면 이는 우리가 진정한 자유자임을 나타내는 표시이다. 그리스도인들에게 최대의 부끄러움은 세상적으로 과시할 것이 없는 참된 위대함을 무시하는 것이다. 만일 바리새인들이 진정 위대함이 무엇인지 인식하였다면 나사렛 목수를 그렇게 대우하지는 않았을 것이다.

4부

믿음의 유산

아브라함을 이은 이삭의 믿음 여정

하나님께서는 당신을 의인이 되라고 부르신 것이 아니라 주님과 완벽한 인격적인 관계를 맺으며 살라고 부르셨다는 사실이다. 따라서 결국 신자의 삶이란 자신이 위인이 되어 사람들의 존경과 관심을 받게 되는 삶이 아니라 사람들로 하여금 하나님을 갈망하게 만드는 삶이다.

36장

아름다운 약혼

창 24장

"라반이 이르되 여호와께 복을 받은 자여 들어오소서 어찌 밖에서 있나이까 내가 방과 낙타의 처소를 준비하였나이다"창 24:31.

창세기 24장은 하나님 앞에서 올바로 서 있는 사람들을 통하여 하나님께서 어떻게 섭리하시는지, 그리고 각 사람들을 향한 하나님의 작정이 어떻게 이루어지는지를 보여주는, 아주 아름답고 위엄 있는 사건들을 기록하고 있다. 우리는 아브라함을 통하여 평범하고 상식적이며 구체적인 일들 속에서 하나님의 명령을 향하여, 그리고 인간의 조건들을 향하여 아브라함의 고상한 감정이 어떻게 나타나는지를 보게 된다.

이미 언급한 바와 같이 감정과 감상에는 차이가 있다. 감상은 우리의 생각에 의하여 만들어지는 감정이다. 그런데 우리는 생각에 의하여 저 깊은 곳까지 감동 받지는 않는다. 오직 하나님과의 인격적인 관계에서 중대한 위기를 지날 때 우리의 일상적인 균형이 깨어지게 되면서 저 깊은 곳까지 감동 받을 수 있다. 만일 상황적인 어려움만 있다가 사라지면 사람은 변화되지 않는다. 그러나 만일 우리가 주님의 제자가 되기 위해 인격적으로 모든 것을 헌신하는 개인적인 중대한 위기를 지나게 되면 삶에 대한 우리의 모든 개념이 그 순간부터 크게 달라진다.

감상적으로만 경건한 사람들은 그러한 위기를 지난 적이 없다. 그들에게 있는 것은 감상에 대한 애착뿐이다. 하나님께서 아브라함으로 하여금 지나가게 하신 여러 사건들 속에서 아브라함이 느꼈을 감정의 깊이를 생각해 보라. 감상과는 전혀 차원이 다른 것이다.

창세기 24장에서 우리는 아브라함이 삶의 현실적인 문제를 올바르게 처리하고 있는 것을 볼 수 있다. 심오한 문제들에 대한 올바른 관점은 언제나 이 세상에서 발생하는 여러 일들을 처리하는 데 바른 자세를 형성해 준다. 하나님은 믿음과 상식이 실질적인 인격성에서 하나 되게 하신다.

하나님과 함께 중대한 위기를 지나며 만들어진 엄격한 관점으로 현실적인 삶을 비추어 보지 못하면 그 삶에는 사탄이 틈타게 된다. 예를 들어, 만일 당신이 인간 존재의 실질적인 어떤 면들을 무시한다면, - 너무 많은 잠을 자든지, 너무 적게 잠을 자든지, 계속 음식만 취하든지, 뭔가에 중독된다면 - 당신이 아무리 훌륭한 성도라고 할지라도 결국 사탄에게 공격할 빌미를 직접 제공하는 것과 같다. 인간 존재의 실질적인 면들을 이해해 보면 전부 '감각'의 문제들이다. 하나님과 함께 영적으로 중대한 위기를 통과한 자들은 '감각'의 문제들을 철저하게 다스릴 수 있다.

그리스도인들의 문제는 위기를 지나면서 아무것도 배우지 못할 때 나타난다. 결국 그렇게 되면 우리는 감각적인 삶으로 돌아오고 하나님과의 위기를 경험한 적이 없는 사람들과 함께하게 된다. 이렇게 되면 하나님의 기준으로부터 굴러 떨어지는 것은 시간 문제이다. 만일 우리가 하나님과 위기를 지나며 만들어진 감정에 충실하다면 우리를 대적하던 자들이 마침내 우리가 가지고 있는 기준을 따르게 될 것이다.

섬김의 엄숙한 신성함

> "아브라함이 자기 집 모든 소유를 맡은 늙은 종에게 이르되 청하건대 내 허벅지 밑에 네 손을 넣으라 내가 너에게 하늘의 하나님, 땅의 하나님이신 여호와를 가리켜 맹세하게 하노니 너는 내가 거주하는 이 지방 가나안 족속의 딸 중에서 내 아들을 위하여 아내를 택하지 말고"창 24:2–3.

아브라함의 집의 모든 소유를 맡은 늙은 종은 아마도 다메섹 엘리에셀인 것 같다. 엘리에셀은 여러 면에서 주님의 제자들이 어떠해야 하는가를 대표한다. 엘리에셀의 삶을 전반적으로 빚어가는 것은 주인에 대한 그의 헌신이지 자신의 의무감이나 권리의식이 아니었다.

우리는 예수 그리스도를 향한 헌신에 대하여 거의 아는 바가 없다. 우리는 권리나 의무를 위한 헌신에 대하여 잘 알지만 그러한 것은 성도와 전혀 관련이 없는 것으로 순전히 자연적인 것들이다. 우리의 권리의식이나 의무감은 절대로 하나님으로부터 온 것이 아니다. 만일 우리가 자신의 의무가 무엇인지를 말하면 우리는 그 특별한 부분에서 신처럼 행세하겠다는 마음을 가진 것이다.

그리스도인으로서 나의 의무가 무엇인지를 아는 유일하신 분은 바로 하나님이다. 산상수훈을 보면 그 어디에도 우리의 의무가 무엇인지를 말하는 곳이 없다. 성도라면 무엇을 하게 될 것인지를 알려줄 뿐이다. 바울은 당신에게 어떠한 의무를 행하라고 하지 않고 당신의 마음을 성령으로 새롭게 하라고 말한다. 그러면 당신은 하나님의 뜻을 분별하게 될 것이라고 한다.

엘리에셀과 같은 주의 종들은 주인의 기쁨을 추구한다. 자신만 챙기는 종이 있다면 그는 더 이상 참된 종이 아니다. 엘리에셀은 지혜롭고 실질적이었지만 그럼에도 어린아이처럼 궤사가 없었다. 엘리에셀은 고린도전서 4장 2절의 모습이었다. "맡은 자들에게 구할 것은 충성이니라."

비밀을 맡은 청지기의 주인만을 향한 충성

> "그 소녀는 보기에 심히 아리땁고 지금까지 남자가 가까이 하지 아니한 처녀더라 그가 우물로 내려가서 물을 그 물동이에 채워가지고 올라오는지라. 종이 마주 달려가서 이르되 청하건대 네 물동이의 물을 내게 조금 마시게 하라"창 24:16-17.

한 가지 주지해야 할 것은 리브가가 우물에 혼자 왔으며 얼굴을 가리지 않았고 나그네와 자유롭게 대화를 나누었다는 점이다. 리브가는 엘리에셀의 충성스러운 모습을 보면서 직감적으로 그 사람이 위험한 사람이 아니라는 것을 알았다. 사람들 중에는 천사처럼 말하지만 영혼을 더럽히는 자들이 있다. 반면, 달콤하게 말을 하지는 못하지만 영혼에 참된 기쁨을 주는 사람들이 있다. 당신에게 사람과 상황을 꿰뚫어 볼 수 있는 직감이 있다면 하나님의 은사로 귀히 여기라.

당신은 덕이 아닌 것으로 덕을 판단할 수 없다. 당신은 오직 직감으로 덕을 볼 수 있다. 직감을 무시하고 행동하는 사람들에게는 화가 있을 것이다. 영적인 차원에서 위험의 직감을 느끼면 뒤로 물러서라. 주님을 위하여, 당신을 위하여 물러서라. 그 사람이 어떤 사람이든 중요하지 않다. 물러서라챔버스는 영적인 직관으로 사탄의 간계함을 꿰뚫어 볼 수 있다고 주장한다. 뱀처럼 간교한 자들을 무조건 피하라는 뜻이다.–역주.

아름다운 결혼의 주권자

> "라반과 브두엘이 대답하여 이르되 이 일이 여호와께로 말미암았으니 우리는 가부를 말할 수 없노라"창 24:50.

리브가의 오빠와 어머니는 이 모든 사건 속에서 하나님의 손길을 인식하였다. 그들은 엘리에셀과 모든 것을 합의하였다. 그리고 그가 떠나기 직전에 리브가가 쫓아갈 것을 동의하는지를 물었다. 리브가가 가겠다고 대답하였다. 이는 엘리에셀의 기도의 응답이었다. 리브가는 그녀의 어린 순수한 마음에 거룩한 사람 엘리에셀 앞에서 감당할 수 없는 스릴을 느꼈다.

하나님의 섭리 가운데 주께서 보내신 거룩한 성도를 만나 그를 믿고 따르게 되는 것은 사랑보다 더 소중하다. 우리는 너무나 이기적이라 이러한 섭리를 읽지 못한다. 우리는 자신만을 위하여 모든 것을 원할 뿐이다. 엘리에셀은 오직 주인께서 맡기신 사명에 충성하였다. 하나님의 섭리 가운데 엘리에셀은 이삭의 아내가 될 리브가를 찾아 데리고 올 수 있었다. 이삭과 리브가의 결혼은 이 땅의 모든 참된 결혼처럼 하나님 나라를 위한 것이었다.

37장

하나님의 계획을 발견하며

창 24장

"이에 그 사람이 머리를 숙여 여호와께 경배하고"창 24:26.

믿음의 삶의 전반적인 훈련은 믿음의 이상적인 비전과 현실적인 삶이 한 사람의 인격 속에서 하나 되게 한다. 예술 및 문학을 보면 이상과 현실이 그림이나 시 또는 책을 통하여 하나가 된다. 우리의 인격적 삶에서는 이상과 현실이 오직 성령에 의해서만 하나가 될 수 있다. 성령의 전은 우리의 인격적인 삶이다.

인간의 사전숙고와 하나님의 계획창 24:1-9

"하늘의 하나님 여호와께서 나를 내 아버지의 집과 내 고향 땅에서 떠나게 하시고 내게 말씀하시며 내게 맹세하여 이르시기를 이 땅을 네 씨에게 주리라 하셨으니 그가 그 사자를 너보다 앞서 보내실지라 네가 거기서 내 아들을 위하여 아내를 택할지니라 만일 여자가 너를 따라오려고 하지 아니하면 나의 이 맹세가 너와 상관이 없나니 오직 내 아들을 데리고 그리로 가지 말지니라"창 24:7-8.

여기서 아브라함의 동기가 분명히 나타나고 있다. 인간의 동기가 하나님의 동기와 반대가 되는 것처럼 말하지 말라. 하나님의 자녀의 삶에서는 그 사람의 동기가 하나님의 숨겨진 동기이다. 성결하게 되었다는 뜻은 내가 하나님의 자녀가 되었다는 뜻이다. 결국 성령께서 가책을 주지 않으신다면 나의 상식적인 결정은 하나님의 뜻이다. 나는 하나님과의 완전한 교제 가운데 뭔가를 결정한다. 만일 나의 결정이 잘못된 것이면 하나님께서 막으실 것이다. 하나님께서 막으시면 나는 당장 멈추어야 한다. 이는 성령의 내적 가책인데, 이 가책을 따를 때 상식이 나의 우상이 되는 것을 막을 수 있다.

만일 믿음 생활의 초기에 현실적인 삶에서 나타나는 구체적인 하나님의 축복을 보면서도 하나님을 인정하지 않는다면 결국 모든 것이 망하게 될 때 하나님을 인정하게 될 것이다. 아브라함과 같은 신실한 영혼이 인간적인 차원에서 사전숙고를 하면, 그 숙고를 통해 하나님의 계획이 드러난다. 인생을 돌아보면 우연은 없고 하나님의 놀라운 계획이 보인다. 만일 당신이 하나님께로부터 거듭난 사람이라면 당신은 하나님께 감사하게 될 것이다. 그러나 그렇지 않다면 인간의 특별한 지혜를 칭찬하게 될 것이다.

인간의 계획과 하나님의 섭리창 24:10-21

"그가 이르되 우리 주인 아브라함의 하나님 여호와여 원하건대 오늘 나에게 순조롭게 만나게 하사 내 주인 아브라함에게 은혜를 베푸시옵소서. 성 중 사람의 딸들이 물 길으러 나오겠사오니 내가 우물 곁에 서 있다가 한 소녀에게 이르기를 청하건대 너는 물동이를 기울여 나로 마시게 하라 하리니 그의 대답이 마시라 내가 당신의 낙타에게도 마시게 하리라 하면 그는 주께서 주의 종 이삭을 위하여 정하신 자라 이로 말미암아 주께서 내 주인에게 은혜 베푸심을 내가 알겠나이다"창 24:12-14.

하나님의 섭리를 따라가는 것은 지혜지만 하나님의 섭리를 바꾸어 보려는 것은 어리석음이다. 엘리에셀은 열심히 노력하여 계획을 짰다. 그의 계획은 하나님께서 인정하실 뿐 아니라 하나님의 마음을 발견할 수 있는 수단이다. 만일 당신이 성도가 아니라면 당신의 기도는 종교적인 속임수에 불과하다. 만일 당신이 성도라면 하나님과 인격적인 관계를 유지하는 한, 당신이 인간적인 차원에서 열심을 가지고 행하는 것들이 다 신령하다는 것을 발견하게 될 것이다. 성도가 한쪽으로 치우치는 경우는 하나님 앞에서 일관적으로 살아가기보다 자신이 정한 원칙에 헌신하기 때문이다. 예를 들어, 나는 내가 제대로 믿음 생활을 하기만 하면 절대로 병이 걸리지 않을 것이라는 신유 교리를 신봉하는 자가 될 수 있다. 그렇다면 내가 병들게 되면 이는 내가 뭔가 잘못을 범한 것이라고 믿게 된다. 이런 식으로 자신이 정한 이상에 빠져들면 그는 하나님께 헌신하는 것이 아니라 자신의 맹신에 헌신하게 된다.

엘리에셀에게 아주 중요한 점은 그가 증표를 구한 사실이 아니라 증표를 구한 자가 '엘리에셀'이라는 사실이다. 엘리에셀은 모든 일을 주께 완전히 의탁하고 모든 상황을 주님의 주권과 연결하는 사람이었다. 따라서 하나님과의 대화를 통한 그의 인간적인 약속들은 매우 우스꽝스러운 것이었지만 그 약속들은 그로 하여금 하나님의 마음을 발견할 수 있도록 하는 하나님의 방법이었다. 하나님 앞에서 당신의 믿음을 자라나게 하는 대신에 자신의 고집스러운 확신에 묘하게 헌신하는 일이 없도록 주의하라. 우리가 하나님께서 행하신 일을 하나님의 보좌에 가져다 놓을 때 그 즉시로 우리는 우상 숭배자가 된다는 사실을 잊지 말라. 만일 우리 주님께서 자기 확신을 맹신하셨다면 유혹을 받으면서 이렇게 말씀하셨을 것이다. "나는 40일 동안 아무것도 먹지 않았다. 그러므로 내 남은 생애 동안에 음식을 입에도 대지 않고 살아감으로 나의 신성을 보여 주겠다."

예수님께서 40일 동안 음식을 드시지 않은 것은 다른 이유가 아니라 아버지 하나님께서 그렇게 하라고 시키셨기 때문이다. 논리적인 차원에서 우리 주님의 삶을 보면 우리 주님처럼 일관적이지 않은 분이 없을 것이다. 예를 들어, 주님께서는 "악을 대항하지 말라"고 하신 후에 예루살렘의 성전을 깨끗하게 하셨다. 그러나 우리 주님은 하나님 아버지께 언제나 일관적이셨다. 성도란 자신의 원칙이나 생각이 아니라 자신 안에 있는 하나님의 생명에 일관적인 사람을 말한다. 맹신자들은 하나님께 관심이 있는 것이 아니라 자신의 치우친 보잘것없는 생각을 증명하기 위하여 광분하는 사람들이다. 이 점이 모든 사람들이 안고 있는 보편적인 위험이다. 그 이유는 부패한 인간의 영혼은 하나님께 진실한 영혼이 되는 것보다 자신의 치우친 생각을 고집하는 것이 훨씬 자연스럽고 쉽기 때문이다. 하나님께 충성된 사람에게는 영적인 교만이 있을 수 없다. 오직 하나님 앞에서 놀라울 정도로 겸손할 뿐이다.

하나님의 구체적인 간섭과 이로 인한 사람들의 놀람창 24:22-33

"이에 그 사람이 머리를 숙여 여호와께 경배하고 이르되 나의 주인 아브라함의 하나님 여호와를 찬송하나이다 나의 주인에게 주의 사랑과 성실을 그치지 아니하셨사오며 여호와께서 길에서 나를 인도하사 내 주인의 동생 집에 이르게 하셨나이다 하니라" 창 24:26-27.

이 구절에서 묘사된 상세한 내용들은 고대 중동 관습의 전형적인 것들이다. 그 가운데 엘리에셀은 하나님의 손길을 본다. 특별한 상황이나 위기 속에서 하나님을 보는 것은 쉽다. 그러나 모든 세세한 상황 가운데 하나님의 손길을 볼 수 있으려면 영적 훈련이 필요하다. 우연하게 발생하는 사건들 속에서 하나님의 정하신 계획과 섭리를 발견할 수 있어야 한다.

이 구절에서 주지해야 하는 또 다른 한 가지는 서로 대접하는 모습이다. 대접하는 모습이 놀라울 정도로 정성스럽고 따스하며 친절하다. 이러한 대접하는 자세는 중동의 관습이기도 하겠지만 하나님의 계획에 속한 것이었다.

가까운 사람들과 하나님의 인도하심 창 24:34-49

"내 주인 아브라함의 하나님 여호와께서 나를 바른 길로 인도하사 나의 주인의 동생의 딸을 그의 아들을 위하여 택하게 하셨으므로 내가 머리를 숙여 그에게 경배하고 찬송하였나이다" 창 24:48.

엘리에셀은 그의 여행에 대하여 간단하게 설명한다. 그러나 그의 대화는 그의 지혜가 얼마나 대단한지를 드러낸다. 하나님의 성령께서 신자의 삶을 인도하실 때 그의 말은 인간의 간계함이 없고 오직 성령의 지혜 가운데 솔직함이 있을 뿐이다. 우리는 어디에서나 하나님의 인도하심을 볼 수 있는 준비가 되어 있어야 한다.

인간의 의탁과 하나님의 헌신창 24:50–67

"그 사람이 그들에게 이르되 나를 만류하지 마소서 여호와께서 내게 형통한 길을 주셨으니 나를 보내어 내 주인에게로 돌아가게 하소서"창 24:56.

라반과 브두엘은 이 모든 사건 속에서 하나님의 뜻을 인식하였다. 한 사람이 진심으로 하나님께 의탁하면 하나님께서는 그 사람을 버리지 않으신다. 그러나 그 사람이 자기 꾀를 믿고 자신이 처한 상황을 조작하려고 하면 모든 것들이 꼬이고 복잡하게 된다. 상황을 조작하려는 사람들은 하나님께서 그들에게 하라고 하신 일을 하지 못한다. "주님께서 나를 부르셨다는 사실을 부모님께 말해서는 안 된다. 그들이 내가 주의 종이 된다는 것을 알고 고통을 당하는 것을 나는 허락할 수 없다." 그러나 이러한 상황에서는 그들에게 사실대로 말하는 것이 하나님께 대한 당신의 자명한 의무이다. 만일 당신이 하나님께 모든 것을 맡기고 가장 가까이 놓여 있는 의무부터 행하면 하나님께서 당신을 버리지 않으실 것이다. 그러나 만일 당신의 꾀를 믿고 행한다면 하나님께서는 당신을 버리실 수밖에 없다. 그렇게 되면 하나님께서 전혀 뜻하시지 않은 여러 고통들과 마음 상하는 일들을 당하게 될 것이다. 모든 사실을 알려야 한다면 주님께 맡기고 모든 것을 말하도록 하라. 주께서 주님의 방법으로 모든 상황을 조성해 나가실 것이다.

38장

인생의 황혼에서

창 25:1-10

"아브라함의 향년이 백칠십오 세라 그의 나이가 높고 늙어서 기운이 다하여 죽어 자기 열조에게로 돌아가매 그의 아들들인 이삭과 이스마엘이 그를 마므레 앞 헷 족속 소할의 아들 에브론의 밭에 있는 막벨라 굴에 장사하였으니"창 25:7-9.

이 구절들은 어떤 사람이 무엇을 성취하였는가를 기록해 놓은 것이 아니라 그가 무엇을 믿었으며 그를 고상하고 위대하게 만든 것이 무엇인지를 알려주고 있다. 히브리서 11장은 인간이 무엇을 이룰 수 있는지를 보여주기보다 하나님 앞에서 믿음으로 사는 삶의 고결함과 위대함을 높인다. 하나님을 향한 믿음의 삶에서 첫째로 해야 할 것은 인간의 완벽에 대한 모든 생각을 버리는 것이다.

어떤 사람의 삶은 인간적으로 볼 때 완벽하게 보일 수 있지만 하나님과 주의 목적에 무관할 수 있다. 이러한 사람들이 남기는 효과는 그 사람이 이룬 것을 초월하는 것들에 대하여 보지 못하게 하고 오직 그가 이룬 것 안에 많은 사람들을 가둔다는 사실이다. 따라서 사람들은 자신들이 이룬 인간적인 완벽을 추구하느라 하나님과 완전하게 차단된다. 이것이 바로 이 땅에서 소위 완벽한 삶을 살아간 인생과 하나님과의 인격적인 관계 속에서 살아간 인생의 차이점이다. 전자는 인간이 닿을 수 있는 곳까지만 가는 것이요 후자는 인간이 이를 수 없는 곳으로 가는 것이다. 전자는 자신의 완벽함을 위해 이 땅에 묶이는 삶이지만, 후자는 하나님께 조금도 두려움이 없이 내어맡기는 삶이다. 이 둘 사이의 차이점은 죄의 문제가 아니다. 그러나 인간적인 완벽함은 가장 불완전한 것인 반면, 하나님과의 바른 관계 속에서 인간의 불완전함은 오히려 완전을 이루게 되는 역설이다.

무관한 부분창 25:1–4

> "아브라함이 후처를 맞이하였으니 그의 이름은 그두라라 그가 시므란과 욕산과 므단과 미디안과 이스박과 수아를 낳고"창 25:1–2.

아브라함의 삶에서 매우 놀라운 특징 중 하나는 그 삶의 무관성irrelevancy이다. 만일 우리가 아브라함을 어떤 이상으로 취하고 그 이상을 구축하려고 한다면(예를 들어 성결한 삶), 우리는 하나님께서 그에게 이루신 대부분의 일들을 놓치게 될 것이다. 아브라함의 삶이 우리와 무관하다는 말은 그의 마음이 자신에게 사로잡혀 있지 않고 주 하나님께 있었다는 것을 의미하기 위함이다. 아브라함의 삶에서 가장 중요한 관심은 오직 하나님이었지 자신이 아니었다. 따라서 그의 삶은 우리로 하여금 아브라함이 아니라 하나님을 앙망하게 한다.

성도의 삶의 가장 뚜렷한 특징은 무관성이다. 곧 삶을 위한 삶이 아니다. 오직 하나님의 목적에 자신의 삶이 관련될 뿐이다. 그러므로 하나님을 제외하고 성도의 삶을 보면 아무것도 없다. 만일 원칙에 헌신된 자라면 당신은 종교적인 맹신자가 될 것이다. 당신이 더 이상 예수님의 생명에 충성하지 않고 오직 주님에 대한 당신의 논리와 확신에 충성할 것이다. 맹신자는 삶의 모든 무관성을 놓치고 만다. 우리는 맹신자를 말할 때 이성을 잃은 자라고 한다. 하지만 실제로 맹신자는 자신의 이성 외에 다른 모든 것을 잃은 자이다. 정신병자의 설명을 들어보면 언제나 완벽하다. 중요한 것은 삶이지 논리가 아니다. 인생 전체를 가치 있게 만드는 것은 그 삶과 무관한 하나님의 역사이지 삶 자체가 아니다.

최근 '고급 그리스도인 운동'의 여러 위험들 중의 하나는 하나님께서 주님의 박물관에 전시할 위인을 원하신다는 사상이다. 당신은 교회가 아니라 이 세상에서 위인들을 많이 만나볼 수 있다. 이 세상 사람들 중에는 당신처럼 거듭남을 모르지만 인간적으로 볼 때 당신보다 훨씬 나은 사람들이 많다. 그들은 훨씬 덜 이기적이며, 화를 내거나 어리석은 행동을 하지 않는다. 이러한 점 때문에 당신의 마음은 혼란스러울 때가 있다. 그러나 그들은 당신이 예수 그리스도께 충성한다고 하면 전혀 이해하지 못한다. 이 점에서 그들의 삶과 당신의 삶은 전혀 무관하게 되는데, 이때 당신이 깨닫게 되는 것은, 하나님께서는 당신을 의인이 되라고 부르신 것이 아니라 주님과 완벽한 인격적인 관계를 맺으며 살라고 부르셨다는 사실이다. 따라서 결국 신자의 삶이란 자신이 위인이 되어 사람들의 존경과 관심을 받게 되는 삶이 아니라 사람들로 하여금 하나님을 갈망하게 만드는 삶이다.

그리스도인의 완전함이란 인간적으로 완전해진다는 뜻이 절대 아니다. 그렇게 될 수도 없다. 그리스도인의 완전함이란 하나님과의 관계가 완전하게 되는 것을 말하며 이에 성도의 삶은 모든 삶의 영역에서 그 관계만 증거하는 삶이 된다. 이 부분은 삶 그 자체와는 무관한 영역이다.

만일 당신이 개인적인 거룩함이나 신유, 재림 등, 이와 같은 것들을 당신의 목표로 삼는다면 당신은 예수 그리스도께 불충성하는 것이다. 주님께서 당신의 몸을 치유하셨다고 하자. 그 후 당신은 신유를 당신의 목표로 삼는다. 이제 당신의 삶은 더 이상 하나님을 위한 것이 아니라 '당신의 삶에 나타나신 하나님'을 위한 것이다결국 참하나님이 아니라 치유를 통해 내 안에 인식된 하나님에 대한 확신을 따르는 것을 의미한다.–역주. 이들은 결국 "내가 병드는 것은 결코 하나님의 뜻이 아니다"라고 외치지만 생각해 보라. 그분의 독생하신 아들이 멍이 들며 고통을 당한 것이 하나님의 뜻이었다. 어떤 근거에 의하여 당신을 멍들게 하는 것이 결코 하나님의 뜻이 아니라고 말할 수 있는가? 그리스도인의 삶은 신자의 삶이란 병이 들지 않을 것이라는 당신의 생각과 일치하지 않는다. 당신이 병들든 건강하든 상관없이 예수 그리스도께 철저하게 의지하는 삶이 그리스도인의 삶이다.

우리 삶의 많은 부분은 오직 하나님의 마음 외에는 다른 모든 것과 무관하다. 심지어 내 생각이나 의도, 다른 사람의 생각이나 의도와 무관하게 진행될 때가 많다. 당신이 하나님의 부르심에 순종할 때, 당신에게 충격을 주는 첫 번째 것은 당신이 해야 하는 것들의 무관성이다. 인간의 완벽을 추구하는 사상은 하나님의 은혜를 받아들일 여지가 없다. 이러한 사상에 따르면 사실 하나님은 필요 없다. 인간의 노력과 헌신에 의하여 하나님이 원하시는 기준에 다다를 수 있다고 생각하기 때문이다. 그러나 성경에 의하면 이 타락한 세상에서는 그들의 사상이 이루어질 수 없다. 바울은 "이 세상의 신이 믿지 아니하는 자들의 마음을 혼미하게 하였다"고후 2:4라고 말한다. 즉, 그들은 인간의 완벽함을 추구하느라 하나님의 완벽함에 대하여 한 번도 본 적이 없다.

성경 몇몇 구절에서 성도의 개념을 취하지 않도록 주의하라. 항상 요한복음 17장을 묵상하며 당신의 관점을 명확하게 하라. 하나님께서 성도들에게 원하시는 것은 하나님의 아들 예수님께서 기도하신 내용이다. 그것은 주님과 하나 된다.

취소될 수 없는 결과의 지배

> "아브라함이 이삭에게 자기의 모든 소유를 주었고 자기 서자들에게도 재산을 주어 자기 생전에 그들로 하여금 자기 아들 이삭을 떠나 동방 곧 동쪽 땅으로 가게 하였더라 아브라함의 향년이 백칠십오 세라"창 25:5-7.

이스마엘은 아브라함이 하나님의 뜻을 잘못 이해하고 행함으로 나온 아들이다. 만일 우리가 자신의 노력을 통하여 하나님의 뜻을 행하려고 하면 우리는 '이스마엘'을 낳게 될 것이다. 현대의 많은 기독교 기업들은 하나님으로부터 나온 것이 아니라 인간의 방법으로 하나님의 뜻을 이루기를 원하는 비정상적인 욕구에서 나온 것이다. 이는 우리 주님께서 절대로 원하시는 것이 아니다.

이스마엘은 우리가 본 것처럼 하나님의 목적을 위하여 쓰임 받을 수 있도록 멀리 보내져서 하나님의 뜻에 순복하는 훈련을 받아야 한다. 자연적인 것은 그것과 관련된 우리의 생각에 복종되기보다 하나님께 복종될 때까지 멀리 떠나 있어야 하고 거절되어야 한다. 우리는 죄에 대해 잘못된 개념을 갖고 있다. 기억하라. 우리는 죄를 다룰 수 없다. 오직 주님의 속죄만이 죄를 다룰 수 있다. 우리는 잠깐의 순간이라도 죄를 가지고 장난해서는 안 된다. 우리는 죄에 대하여 그 어떤 것도 할 수 없다.

우리는 하나님의 구속이 죄를 다루도록 맡겨야 한다. 우리가 다룰 수 있는 것은 이스마엘과 관련된 것이다. 곧 그것은 자연적인 것이다. 자연적인 것은 거절되어야 한다. 자연적인 것이 옳거나 그르기 때문이 아니다. 그것이 순종에 의하여 영적인 것으로 변화되지 않는 한, 하나님을 향한 우리의 믿음 생활과 아무런 관련이 없기 때문이다. 극히 적은 수의 사람만이 이해하는 것이지만, 이것이 예수님께서 말씀하신 불구된 삶의 마음 자세이다. "만일 네 오른 눈이 너로 실족하게 하거든 빼어 내버리라 네 백체 중 하나가 없어지고 온 몸이 지옥에 던져지지 않는 것이 유익하며 또한 만일 네 오른손이 너로 실족하게 하거든 찍어 내버리라 네 백체 중 하나가 없어지고 온 몸이 지옥에 던져지지 않는 것이 유익하니라"마 5:29-30.

흠 없는 자들의 영역

"그의 나이가 높고 늙어서 기운이 다하여 죽어 자기 열조에게로 돌아가매"창 25:8.

히브리인들은 그들의 삶이 장수와 부와 영예로 가득 차면 온전한 것으로 간주하였다. 특히 연로하다는 것은 특권을 누릴 수 있다는 표시였다. 그러나 세상 나라가 세속화될수록 연로한 것을 수치로 여긴다. 노인들은 무시당하고 젊은이들이 특권을 누린다. 현대인들의 삶에서 나타나는 이러한 현상은 사회의 진보가 아니라 패역을 나타내는 표시이다.

아브라함의 삶은 고요하게 지는 황혼 같았다. 성경에는 "그의 나이가 높고 늙어서"라고 서술되고 있다. 이는 그가 만족스러운 인생을 살아왔다는 것을 의미한다. 그는 보았으며 느꼈고 믿었고 사랑했고 충분히 고생도 했다. 이 세상은 그에게 더 이상 내놓을 것이 없었다. 하나님의 선하심을 통하여 아브라함은 모든 것에서 선함을 발견하였다. 쓴 인생과 비웃음은 무너진 우상에서 나온다. 삶의 쓴 맛과 비웃음은 우리의 삶 가운데 참하나님을 우습게 여기고 인간의 완벽함을 우상으로 삼았음을 나타내는 표시이다.

화합할 수 없는 것들의 연합

> "그의 아들들인 이삭과 이스마엘이 그를 마므레 앞 헷 족속 소할의 아들 에브론의 밭에 있는 막벨라 굴에 장사하였으니 이것은 아브라함이 헷 족속에게서 산 밭이라 아브라함과 그의 아내 사라가 거

기 장사되니라"창 25:9-10.

이스마엘과 이삭은 그들의 아버지의 죽음 앞에서 연합되었다. 강하고 거친 이스마엘은 인간의 완벽함을 대표한다. 생각이 많고 불완전한 시력을 가진 이삭은 그럼에도 불구하고 하나님의 길을 따르는 약속의 자녀들을 대표한다. 이 둘은 하나님의 친구이며 하나님께서 영원히 함께하시는 아브라함의 장례 앞에서 연합하고 있다.

39장

남은 요소들

창 26:1-12

"아브라함 때 첫 흉년이 들었더니 그 땅에 또 흉년이 들매 이삭이 그랄로 가서 블레셋 왕 아비멜렉에게 이르렀더니"창 26:1.

이삭의 믿음의 역사는 아브라함이 받은 시련과 똑같은 시련을 받으면서 시작한다. 바로 약속의 땅에 기근이 발생한 것이다. 그 땅을 피하여 떠나면서 아브라함은 하나님을 믿는 믿음에 따라 행동하지 않고 자신의 꾀를 의지하여 행동하였다.

흉년의 시작

"아브라함 때 첫 흉년이 들었더니 그 땅에 또 흉년이 들매"창 26:1.

하나님의 계시를 받은 직후에는 인간의 꾀를 쓰려는 마음이 신속하게 사라지는 것을 주목하라. 당신이 하나님으로부터 계시를 받을 때마다 당신은 당장 결핍을 느낀다. 즉, 당신의 기지의 결핍이다. 하나님을 예배하려는 마음을 대항하여 인간적인 기지를 사용하고 싶은 마음이 생길 때마다 이사야 30장 15절을 깊게 묵상하라. "너희가 돌이켜 조용히 있어야 구원을 얻을 것이요 잠잠하고 신뢰해야 힘을 얻을 것이거늘…" 당신에게 하나님이 큰 실수를 하셨다고 오해하게 만드는 초조함과 꾀를 주의하라. 즉, "하나님께서 나에게 그러한 큰 축복을 주신 후에 이렇게 병을 주실 리가 없다"라고 오해하게 만든다. 그러나 당신이 알 것은 하나님께서는 축복 후에 병을 주기도 하신다는 사실이다!

하나님께서 당신에게 어떠한 깨달음을 주셨든 상관없이 육신과 관련한 것들에서 흉년이 들 수 있다. 하나님께서 육신의 필요를 공급하시겠다는 계시를 주신 후에 아무것도 주지 않으실 수 있다. 당신은 이제 당신의 삶에 기근이 발생하였음을 알게 된다. 옷, 음식, 돈 등이 부족하게 된다. 이때 당신의 상식은 이렇게 말한다. "하나님을 향한 믿음을 버려라. 이제 네가 알아서 살아라. 당장 나가서 기근을 해결하라." 당신이 위기에 처하고 싶으면 그렇게 해 보라. 그 반대라면 기근이 어디에서 오는가를 주목하라. 만일 주님께서 깊은 깨달음을 주신 직후에 기근이 오면 그 기근으로 인하여 감사하라. 그리고 그 자리에 굳게 서라. 하나님께서 영광스러운 일을 이루실 것이다.

시련 속에서의 명령

"여호와께서 이삭에게 나타나 이르시되 애굽으로 내려가지 말고 내가 네게 지시하는 땅에 거주하라"창 26:2.

갈대아 우르에 있던 아브라함에게 주님께서 주신 명령은 떠나라는 것이었다창 12:1. 이삭에게 주신 주님의 명령은 그 자리에 머물라는 것이었다. 아브라함처럼 강한 의지로 분리된 삶을 산 이후에 이삭과 같이 조용히 하나님을 확신하는 삶이 이어지면 더 이상 분리하려고 하지 말라. 그냥 그 자리에 서서 하나님의 하나님 되심을 알라. 당신이 옳은 것을 순종하려고 할 때 당신을 방해하는 자들은 놀랍게도 당신에게 하나님에 대하여 가르쳤던 자들일 때가 종종 있다. 당신이 순종하고 있으면 그들은 인간적인 지혜를 가지고 당신을 찾아온다. "물론 우리가 가르친 것은 당신이 반드시 그렇게 해야 한다는 것을 의미하는 것은 아니었다." 그러나 하나님은 그 뜻을 의도하셨다. 조용히 주님만 믿고 확신하며 기다릴 때 사람들의 불신앙적인 의견들을 주의하라.

진리의 확증

"이 땅에 거류하면 내가 너와 함께 있어 네게 복을 주고 내가 이 모든 땅을 너와 네 자손에게 주리라 내가 네 아버지 아브라함에게 맹세한 것을 이루어 네 자손을 하늘의 별과같이 번성하게 하며 이 모든 땅을 네 자손에게 주리니 네 자손으로 말미암아 천하 만민이 복을 받으리라 이는 아브라함이 내 말을 순종하고 내 명령과 내 계명과 내 율례와 내 법도를 지켰음이라 하시니라"창 26:3-5.

하나님께서 아브라함에게 맹세를 하셨기 때문에 이삭은 하나님의 축복과 보호를 보장 받았다. 아브라함의 순종은 말할 필요도 없이 대단한 것이었다. 그러나 아브라함에게 가장 위대한 특징은 하나님 앞에서 조금도 주저함이 없었다는 사실이다. 가장 깊은 차원에서 모든 것을 하나님께 내려놓는 것은 개인적인 거룩함을 쌓는 것보다 훨씬 더 가치 있다. 개인적인 거룩은 다른 사람들을 의식하게 되는 위험이 있다. 따라서 감히 무분별하거나 과감하게 행동하지 못한다. 사람들에게 허물이 될 것 같으면 감히 아무것도 행하지 못한다. 그러나 내재하시는 하나님의 아들에 의하여 발생되는 거룩은 자신을 의식하지 못하는 거룩이다.

겉으로 전혀 흠이 보이지 않는데 이상하게 하나님의 풍성한 복을 누리지 못하는 사람들이 있다. 반면 무분별하여 실수가 많은데도 놀라울 정도로 하나님의 복을 누리는 자들도 있다. 전자는 개인적인 거룩을 이루는 데 헌신되어 있기 때문에 조금도 양심에 어긋나는 일을 하지 않는다. 후자는 하나님께 자신을 철저하게 맡긴 자들이다. 우리 주님 외에 다른 것에 우리의 관심과 마음을 빼앗기면 우리는 언제나 잘못된 길로 빠지게 되어 있다. 깨끗한 삶을 유지하는 유일한 방법은 언제나 빛 되신 하나님 안에서 걷는 것이다. 오직 그 빛 가운데서 걸을 때만 예수 그리스도의 거룩함이 우리에게 전가imputed될 뿐 아니라 부여imparted된다.

아브라함의 추락은 불순종으로부터 야기한 것이 아니라 자신의 기지를 의지하는 데서 야기되었다. 하나님의 명령이 그에게 주어지는 즉시 그는 순종하였다. 그러나 아무런 명령이 없었을 때 그는 자신의 지혜와 꾀를 의지하는 경향이 있었다. 바로 이 부분에서 그는 잘못 가게 되었다. 바른 것을 드러내기 위하여 옳지 않은 것을 행할 수 없다. 결국 옳지 않은 행동은 반드시 잘못된 결과를 낳도록 되어 있다. 그럼에도 불구하고 성경이 말하는 것을 믿지 않는 한 우리는 늘 우리의 꾀를 사용하려고 할 것이다. 옳은 결과를 가져오기 위하여 거짓말을 한다면 이는 모든 상황의 배후에 신실하신 하나님의 존재를 믿지 않는 것이다. 언제나 진리 되신 예수 그리스도의 빛 가운데 모든 것을 판단하라. 그러면 아무리 자신의 눈에 옳아 보여도 결코 그릇된 일을 하지 않게 될 것이다.

40장

부드러운 은혜

창 26:13-25

"그 사람이 창대하고 왕성하여 마침내 거부가 되어"창 26:13.

그리스도인들이 가진 유일한 권한은 자신들의 권한을 포기하는 것이다. 이는 부드러운 은혜이지만 세상 사람들은 보통 이를 상황 대처 능력의 부족으로 보고 업신여긴다. 참된 그리스도인들을 통하여 나타나는 이러한 은혜를 누군가가 흉내 내면 그때는 아주 매스꺼운 모습들이 된다. 의식적으로 누군가를 흉내 낸다는 것은 다른 사람의 어떤 특성을 선호하게 되어 그 특성에 무의식적인 영향을 받았다는 뜻이다. 그러나 그리스도인을 통하여 나타나는 특성을 인간적으로 흉내 내는 것은 바리새인들처럼 종교적 사기를 치는 것이다. 경건한 삶의 모든 특성들은 오직 하나님의 생명의 특징들이다.

주님의 생명을 가지고 있지 않다면 당신은 경건한 삶의 특성들을 소유할 수 없다. 하지만 주의 생명이 있으면 그때는 모방이 아니라 실제로 예수님의 특징들이 무의식 가운데 우리를 통해 나타난다. 가짜 그리스도인들은 흉내를 통하여 하나님의 생명의 특성들을 만들어 내려고 한다. 종종 그들의 마음속에는 미움과 앙심이 있으면서도 가장 거룩하고 사랑하며 믿을 만한 사람인 척 행동한다. 하나님의 생명에는 위선이 없다. 주님의 생명이 당신에게 있으면 따뜻한 척하지 않아도 당신은 이미 따뜻한 사람이다.

이삭의 외적인 위대함

"그 사람이 창대하고 왕성하여 마침내 거부가 되어"창 26:13.

이삭은 아브라함이 위대해진 부분에서는 위대하지 못했다. 이삭의 위대함은 다른 분야에서 나타났다. 아브라함은 하나님 앞에서 위대한 사람이었으며 동시에 훌륭한 '사람'이었다. 어떤 사람들은 멋진 장점들을 가지고 있지만 이해할 수 없는 약점들도 가지고 있다. 성도들을 판단할 수 있는 유일하신 분은 예수 그리스도이시다. 그러므로 우리는 성도들의 어떠한 특성들을 보며 함부로 판단해서는 안 된다.

특히 사람들을 여러 유형으로 분류하려는 덫을 주의하라. 사람은 특정 유형에 속할 수 없다. 언제든지 다른 유형이 나타날 수 있다. 만일 아브라함을 성도의 유형으로 취한다면 우리는 그에게서 성도에 어울리지 않는 모습을 보게 되면서 당황하게 된다. 우리는 언제나 어떤 사람에 대한 우리의 생각에 갇히는 경향이 있다. 그렇게 되면 그 사람이 실제로 어떤 사람인지는 중요하지 않게 된다. 우리는 그가 하는 모든 행위를 그에 대한 우리의 사고에 끼워 맞추어 해석한다. 만일 당신을 당신에 대한 나의 생각에 따라 받아들인다면, 나는 당신을 사실대로 대하는 것이 아니다. 나는 당신을 당신의 실제보다 더 좋게 또는 더 나쁘게 여길 것이다. 내가 사실 그대로를 보는 것을 배울 때까지는 나는 결코 '당신'을 사실대로 알지 못한다.

이삭의 특별한 관대함창 26:14-25

"이삭이 거기서 옮겨 다른 우물을 팠더니 그들이 다투지 아니하였으므로 그 이름을 르호봇이라 하여 이르되 이제는 여호와께서 우리를 위하여 넓게 하셨으니 이 땅에서 우리가 번성하리로다 하였더라"창 26:22.

생수의 우물 주변 탓에 분쟁이 발생하였다. 이삭은 분쟁의 샘물을 마시기를 거절하고 우물을 양보하였다. 언제나 의견 차이로 분쟁의 샘이 시작될 때 신속히 물러나라. 하나님과 함께하는 삶이, 당신의 주장이 옳다는 것을 증명하는 것보다 훨씬 중요하다. 말다툼을 함으로써 하나님과의 관계가 깨어질 수 있다는 사실을 기억하라. 분쟁과 미움의 샘물을 마시지 않으면서 당신의 마음을 찢지 않는 것이 하나님의 은혜를 체험하고 있다는 증거이다.

함께 다투지 않는 것이 이삭의 주요 특성 중의 하나이다. 세상 사람들은 이러한 특성을 보며 약한 자요 겁쟁이라고 말한다. 그러나 우리 주님의 특성이 바로 다투지 않는 것, 온유함이었다. 주님은 아무 대항도 없이 도살장으로 끌려가는 양과 같았다. 세상은 싸움을 피하는 온유함과 권세에 대한 복종을 아주 멋 없는 것으로 여긴다. 세상은 모험과 다툼과 쉬지 않고 노력함과 독자성과 충동적인 것을 좋아한다. 그러나 하나님께서는 하나님의 아들의 희생을 통하여 만들어진 특성들을 기뻐하신다. 물론 자연적 기질에 의하여 다투지 못하는 것은 겁쟁이에게 속한 것이다. 그러나 초자연적인 차원에서 다투지 않는 것은 육에 속한 무기들을 조롱할 수 있는 전능자의 능력이다. 성령의 내주하심으로 인한 절제는 다투지 않음으로 나타나기 때문이다.

이삭이 다투기를 거부하고 우물을 양보하자 하나님께서 그에게 나타나셨고 자신을 계시하셨다. 그리고 우리는 "나는 아브라함의 하나님이라"는 위대한 표현을 처음으로 접하게 된다. 이삭은 이 순간부터 하나님께 제단을 쌓기 시작하면서 아브라함의 믿음의 발자취를 따르기 시작한다.

우연한 것과 영원한 것창 26:26-33

"그들이 이르되 여호와께서 너와 함께 계심을 우리가 분명히 보았으므로 우리의 사이 곧 우리와 너 사이에 맹세하여 너와 계약을 맺으리라 말하였노라"창 26:28.

아브라함과 이삭의 삶에서 믿지 않는 자들과의 상종은 하나님과의 관계를 기준으로 한 것이었다. 곧 그들은 자신들이 하나님을 예배하는 자들임을 의식하면서 세상 사람들을 대하였다. 야곱의 삶 가운데는 하나님을 의식하지 않고 세상 사람들과 상종하는 모습들을 보게 된다. 또한 이스라엘 백성들도 하나님을 망각한 채 세상과 상종하게 되면서 타락의 길로 들어간다.

성경은 부활에 대하여 언급하면서 이 땅에서의 먹고 마시는 것을 연결시킨다. 이는 먹고 마시는 사건들과 같은 임시적인 일들이 하나님과의 영원한 관계 속에서 진행된다는 것을 보여주는 것이다. 이는 또한 사람들이 가장 흔하게 여기는 것들을 하나님께서는 가장 귀히 사용하신다는 것을 보여준다. 성도란 가장 흔히 발생하는 사건들 속에서 가장 귀한 영원한 것들을 볼 줄 아는 사람이다. "주님께서 나를 이곳으로 인도하셨다." 세상은 이러한 성도들을 이해할 수 없기에 조롱하고 비난한다. 그러나 기억하라. 어떠한 일이 발생해도 그곳에 하나님이 계시다. 설교 시간에 하나님께 우리의 마음을 고정하는 것은 쉬운데, 전쟁 속에서 하나님께 우리의 눈을 고정시키는 것은 어렵다. 매일 발생하는 무한한 사건들과 상황 속에서 하나님을 볼 수 없다면, 우리는 그 어디에서도 하나님을 볼 수 없는 것이다. 그러므로 모든 사건 속에서 주님을 뵈며 주님을 부르라. "주님, 당신이 이러한 사건과 상황 가운데도 계시니 감사합니다."

5부

믿음의 싸움

야곱을 통한 하나님의 자녀들의 갈등

충동은 어떤 순간에 하나님 대신에 자신을 보좌에 앉히기 때문이다. 내 충동은 오직 자신에 의해서만 훈련될 수 있다. 내가 나의 충동을 훈련시키지 못하면 그 충동은 언젠가 나의 삶을 파멸시킬 것이다. 야곱 및 여러 다른 사람의 삶을 연구하면서 우리가 힘써 깨달아야 할 것은 "우리 안에 선한 것이 없다"는 사실이다.

41장

대책과 섭리

창 27장

"이삭이 그의 아들 에서에게 말할 때 리브가가 들었더니"창 27:5.

대책은 '뭔가를 해야 한다'는 인간의 의식에서 비롯된다. 즉, 인간의 훈련받지 못한 속성이 불안에서 벗어나기 위해 강렬하게 뭔가를 요구하는 것이다. 그 의식 깊은 곳에는 '하나님은 아무 소용이 없다. 내가 뭔가를 해야 한다'는 생각이 있다. 하나님께서는 우리의 즉흥적인 대책에 대하여 거의 꾸짖지 않으시는데, 그 이유는 그러한 대책은 결국 저절로 비참을 초래하기 때문이다. 하나님의 지혜를 신뢰하지 않은 대책들은 결국 다 실패한다. 그러나 섭리는 하나님의 위엄과 주권으로부터 발생한다. 하나님의 지혜는 인간의 이해로 헤아릴 수 없다. 주께서는 우리 안에 있는 거듭난 생명을 위하여 모든 상황을 섭리하시며 우리 영혼의 가장 깊은 곳에 주를 신뢰하는 어린아이 같은 기쁨을 두신다.

부패한 인간의 속성에서는 하나님을 신뢰하지 않는 것이 언제나 훨씬 쉽다. 만일 우리가 자신을 위하여 자신의 방법으로 대책을 마련한다면 이는 하나님을 신뢰하지 않는 것이다. 우리는 우리의 대책을 성취하기 위하여 하나님의 도움을 강요한다. 그래서 우리가 강요한 대로 하나님께서 행하시면 우리는 하나님을 부릴 수 있었다는 생각에 말로 표현 못할 희열의 순간을 느낀다. 비록 우리의 그릇된 자세에도 불구하고 하나님께서 선한 결과를 허락하셨지만 우리는 곧 우리가 하나님께 강요하였던 모든 일들로 인하여 고통을 당하게 된다.

당신이 취하려는 행동이 당신에게 너무나 합당할 때 주의하라. 그 이유는 당신의 행동의 타당성을 인간의 이성에서 찾고 있기 때문이다. 이는 이성을 당신의 마음 보좌에 앉혔다는 뜻이다. 사실 이 부분이 우리가 예수 그리스도를 주와 주인으로 모시는 데 평생 싸워야 하는 부분이다. "내가 선교지로 떠나려고 하지만 이것저것은 어떻게 되는 것인가요? 충분한 설명을 부탁드립니다." 당신이 이처럼 따진다면 이는 아직 예수 그리스도께 헌신한 것이 아니다. 당신의 마음 보좌에는 당신의 기지가 앉아 있기 때문에 주님께서는 아직 당신에게 아무런 영향을 끼치시지 않을 것이다. 우리가 하나님의 지혜에 대하여 거의 알지 못하는 이유는, 우리의 판단과 이성에 합당할 때에만 주님을 신뢰하고 일하기 때문이다.

하나님께서 이루시려는 목표에 민감함창 27:6-17

"네가 그것을 네 아버지께 가져다 드려서 그가 죽기 전에 네게 축복하기 위하여 잡수시게 하라"창 27:10.

문제가 이미 충분한데 꾀가 많은 리브가가 문제를 더 깊게 만들고 있다. 아브라함은 하나님께서 주의 약속을 이루실 수 있도록 도우려고 하다가 가장 큰 실수를 하였다. 리브가도 이지점에서 같은 실수를 하고 있다. 리브가는 마치 하나님으로부터 지시 및 영감을 받은 것처럼 자기의 꾀를 통하여 멋지게 행동하고 있다. 이 경우 그녀의 죄악이 더욱 무서운 이유는 어떤 즉흥적인 충동으로 인하여 지은 것이 아니라 아주 계획적이고 의도적으로 진실을 무너뜨리고 있기 때문이다.

죄를 지을 때 우리는 언제나 상황 및 다른 사람을 탓한다. "아버지가 잘못한 것이다. 어머니가 문제이다. 잘못된 유전 형질이 문제이다." 그러나 인간의 꾀로 책망을 피하는 것은 불가능하다. 언제나 하나님만이 아시는 또 다른 사건이 준비된다.

조심스러운 예측의 책략창 27:15-46

"리브가가 집 안 자기에게 있는 그의 맏아들 에서의 좋은 의복을 가져다가 그의 작은 아들 야곱에게 입히고 또 염소 새끼의 가죽을 그의 손과 목의 매끈매끈한 곳에 입히고 자기가 만든 별미와 떡을 자기 아들 야곱의 손에 주니"창 27:15-17.

리브가는 소위 경건을 위한 거짓을 행하였다. 그녀의 동기는 "큰 자가 어린 자를 섬기리라"창 25:23는 하나님의 말씀에서 나온 것이었다. 그러나 그녀의 행동은 전부 잘못된 것이었다. 그녀는 하나님께서 주의 뜻을 이루는 것을 돕기 위하여 거짓을 사용하였다. 이는 자신의 목적을 위하여 거짓말을 하는 것과 많이 다른 것이다.

야곱이 어머니의 거짓에 동조한 점은 자신의 유익을 구하려는 것보다 어머니의 말씀을 따른 것이다. 하나님의 뜻을 이룬다고 하면서 거짓을 사용하는 자들을 따르지 말라. 만일 그들을 따르면 당신은 하나님 앞에서 당신의 책임을 회피하는 것이 된다.

이삭이 속은 가운데 마지못해 야곱을 축복한다. 이때 의도된 거짓이 성취된다. 야곱은 그 거짓 속에서 모든 축복을 받게 된다. 하나님께서는 그 축복을 이미 야곱에게 주실 것을 작정하셨다. 그러나 야곱이 거짓을 통하여 축복을 받도록 정하지는 않으셨다. 인간의 삶의 여정에는 하나님의 목적과는 상관없이 단지 인간의 거짓과 타락으로 인하여 오는 고통이 많다. 기억하라. 하나님을 신뢰한다고 해서 하나님께서 우리에게 문제의 해결 방법까지 설명하시는 것은 아니다. 하나님을 믿는다는 것은 주님을 완벽하게 확신한다는 뜻이다. 우리가 나중에 하나님께서 문제를 해결해 놓으신 것을 보면 그 해결은 주님의 성품에서 벗어나지 않는 것을 발견할 수 있다. 하나님께서 우리에게 주님의 마음속에 있는 모든 것을 분명하게 분별하여 낼 것이라고 기대하고 계신다는 생각은 억측이다. 주께서 내게 원하시는 모든 것은 어떠한 상황에서든지 주님을 완벽하게 신뢰하는 것이다. 이러한 믿음은 우리 안에 내주하시는 하나님의 생명으로부터 나온다.

42장

외로운 추구

창 28장

"전능하신 하나님이 네게 복을 주시어 네가 생육하고 번성하게 하여 네가 여러 족속을 이루게 하시고 아브라함에게 허락하신 복을 네게 주시되 너와 너와 함께 네 자손에게도 주사 하나님이 아브라함에게 주신 땅 곧 네가 거류하는 땅을 네가 차지하게 하시기를 원하노라"창 28:3-4.

야곱의 운명은 그의 개인적인 성품과 관련이 없다. 그러나 그의 개인적인 성품은 그가 통과한 혹한 훈련과 절대적인 관계가 있다. 어떤 사람의 운명은 하나님께서 정하신 대로 성취될 것이지만 그 성취 과정 속에서 세세한 내용은 각 개인에 따라 결정된다. 야곱이 통과한 훈련의 종류는 그의 부패에 따라 결정되었다. '외로운 추구'는 야곱의 경우처럼 간사함과 죄악된 동기가 섞이지 않는 한 불쌍한 것이 아니다.

변하지 않는 운명의 훈련 창 28:1-9

"이삭이 야곱을 불러 그에게 축복하고 또 당부하여 이르되 너는 가나안 사람의 딸들 중에서 아내를 맞이하지 말고 일어나 밧단아람으로 가서 네 외조부 브두엘의 집에 이르러 거기서 네 외삼촌 라반의 딸 중에서 아내를 맞이하라" 창 28:1-2.

우리의 자연적인 경향은 에서를 사랑하고 야곱을 싫어한다. 종종 젊었을 때 그렇게 선호하던 사람이 늙었을 때 가장 멀리하는 사람이 되는 경우가 많다. 하나님께서는 주님을 필요로 하는 사람을 사랑하신다. 야곱은 하나님을 필요로 하였다. 에서는 자기 자신에게 만족하였다. 야곱은 자기 자신에 만족하지 못하고 더 나은 자신을 원했다. 하나님께서는 야곱에게 가까운 만큼 언제나 에서에게 가까이 계셨지만 에서는 비전을 본 적이 없으며 천사와 씨름한 적도 없다. 에서는 영적인 것을 위해서 아무것도 희생하기를 원하지 않았다. 그는 현재의 유익 외에는 다른 것을 생각하지 못했다. 그는 팥죽 한 그릇에 하나님의 장래의 약속을 팔아버렸다. 이러한 점에서 에서는 야곱보다 훨씬 많은 잘못을 하였다.

상상할 수 없는 위엄의 꿈창 28:10–22

"꿈에 본즉 사닥다리가 땅 위에 서 있는데 그 꼭대기가 하늘에 닿았고 또 본즉 하나님의 사자들이 그 위에서 오르락내리락 하고 또 본즉 여호와께서 그 위에 서서 이르시되"창 28:12–13.

야곱의 꿈은 이 땅의 모든 가정들을 위한 하나님의 목적을 보여주는 비전이다. 이스라엘로 알려진 민족의 운명은 야곱이라는 외로운 한 사람에 의하여 예측되고 있다. 하나님은 그 민족을 많은 민족들 중 골라내지select 않으셨다. 단지 그 민족을 선택elect하셨다.

하나님께서는 아브라함으로부터 그 민족을 만드셔서 주의 종들이 되게 하였고 이들을 통하여 모든 나라가 여호와 하나님께서 누구신지 알게 하셨다. 그러나 그들은 하나님의 목적을 위하여 은혜 가운데 선택된 것을 모르고 오히려 하나님께서 자신들을 따로 선호하셔서 고르신 것으로 오해하였다.

그들의 고난의 역사는 하나님의 목적이 아닌 자신들의 목적을 이루려는 그들의 결심에 의한 것이다. 오늘날 그들이 아직도 기적적으로 보존된 이유는 그들을 통하여 이루시려는 하나님의 목적이 있기 때문이다. 그들은 여전히 기다릴 수 있으며 아직도 하나님의 비전을 볼 수 있다.

하나님의 약속이 물리적으로 완성될 날이 다가오고 있다. 그들과 관련된 예언들이 종종 영적인 축복으로만 그려지는데 실제로는 훨씬 더 이상의 것들이 될 것이다.

야곱의 사다리는 하나님과 사람 사이의 교통을 상징한다. 하나님과의 교통이 한 번도 깨어진 적이 없으신 유일하신 분은 주 예수 그리스도이다.

예수 그리스도의 요청은 그의 구속을 근거로 우리 모두 하나님과 다시 교통할 수 있도록 한다. 바울의 "그리스도 안에서"라는 표현은 역사 속의 그리스도가 아니라 신비한 그리스도를 말한다. 즉, 예수님께서 이 땅에서 이루신 구속을 통하여 부활하시고 승천하신 그리스도와 성령 안에서 신비한 연합 관계가 이루어졌음을 의미한다. 만일 내가 "그리스도 안에" 있으면 하나님의 천사가 언제나 내 대신에 오르락내리락 한다. 그리고 내가 듣는 음성은 하나님의 음성이다요 1:51.

전능자를 나의 잣대로 측량하려 하지 말라. 하나님을 그분의 법으로 얽어매려 하지 말라. 하나님께서는 성육신하시기 이전의 비전을 야곱에게 보이셨다. 야곱에게 어떤 다른 장점이 있어서가 아니라 오직 하나님의 은혜 가운데 야곱에게 나타나셨다.

기도나 헌신이 하나님의 축복을 받게 된 원인이라고 생각하는 순간 우리는 바른 길에서 벗어나게 된다. 기도와 헌신은 단지 우리가 하나님의 계획을 잘 따라가고 있는 증거일 뿐이다. 전혀 영적으로 가책을 받지 않으면 이는 아마도 우리가 하나님의 계획을 따르고 있지 않다는 사인일 것이다. 야곱은 인생을 그대로 대표하는 사람이다. 이 세상은 성도들이나 마귀들로 구성되어 있지 않다. 당신과 나와 같은 평범한 사람들로 구성되어 있다.

우리의 고향은 황량한 광야에 있는 야곱의 사다리의 발밑이다. 예수 그리스도께서는 주님 자신의 삶에서 그러하셨던 것처럼 이러한 황량한 현실과 하늘의 실제를 하나 되게 하신다. 우리는 이성적이고 상식적인 것이 옳은 것이라고 확신한다. 그러나 예수 그리스도는 구속에 근거한 삶만이 유일하게 옳다고 주장하신다. 결국 어떤 사람이 이성과 상식의 자리에서 구속에 근거한 자리로 옮겨지기 위해서는 광야의 기간이 필요하다. 기억하라. 야곱의 벧엘과 브니엘 사이에는 오랜 광야 생활이 있었다.

비할 데 없는 새벽의 헌신창 28:16-22

"야곱이 아침에 일찍이 일어나 베개로 삼았던 돌을 가져다가 기둥으로 세우고 그 위에 기름을 붓고 그 곳 이름을 벧엘이라 하였더라 이 성의 옛 이름은 루스더라"창 28:18-19.

사람의 영혼이 가장 어두운 때를 지날 때 하나님의 임재를 체험한다. 우리가 에서처럼 자신에 대하여 조금도 부족함이 없다고 느낀다면 절대로 하나님을 뵙지 못할 것이다. "내 안에 선한 것이 없다"는 것을 확신할 때 우리는 자신의 감각에 의해서가 아니라 하나님의 말씀을 우리에게 해석하시는 성령의 역사에 의하여 보고 듣는 기적을 체험하기 시작한다.

하나님의 임재는 야곱이 있던 곳에 있는 자들에게 나타난다. 즉, 그들은 자신감을 완전하게 잃은 가운데 가장 밑바닥에서 절대적 필요와 비참을 느끼는 곳에 있는 자들을 말한다. 그곳은 하나님 외에는 그 어떤 도움을 받을 곳도 없으며 오직 주님의 구원만 의지할 수밖에 없는 곳이다. 바로 그곳에서, 인간이 조금도 상상할 수 없는 방법으로, 하나님은 우리에게 오신다. 그리고 주님께서 오실 때는 모든 것을 가지고 오신다는 것을 알게 될 때 그 놀라움이란!

우리가 이를 고려할 때, "야곱의 하나님"이라는 표현은 가장 큰 영감을 준다. 그 이유는 "야곱의 하나님"은 "나는 의인을 부르러 온 것이 아니요 죄인을 부르러 왔노라"막 2:17고 하신 예수 그리스도의 복음의 전반적인 의미를 담고 있기 때문이다.

우리에게 "요셉의 하나님" 또는 "다니엘의 하나님"만 남아 있다면 우리는 소망을 잃게 되었을 것이다. 그러나 "야곱의 하나님"은 "하나님은 나의 하나님"이라는 뜻이다. 곧 내가 고결한 성품을 갖고 있든 간교한 성품을 갖고 있든 하나님은 나의 하나님이시다. 그리고 "나의 하나님"께서 하나님의 은혜의 기적을 통해 간교한 나를 완전한 성결의 자리로 인도하신다.

43장

사랑

창 29장

"야곱이 라헬을 더 사랑하므로 대답하되 내가 외삼촌의 작은 딸 라헬을 위하여 외삼촌에게 칠 년을 섬기리이다"창 29:18.

사랑은 인생 가운데 그 어떠한 다른 경험보다 인간의 속성을 가장 잘 드러낸다. 가벼움, 심오함, 거짓과 위선, 진실과 고상함 등의 인간의 속성이 사랑을 통하여 드러난다. 사랑과 같은 함축적인 것들을 다루는 데 현실적인 삶을 무시하며 단지 이론이나 개념에 감상적으로 집착하는 위험이 있다. 우리는 이 세상에서 인간으로 살아가야 한다는 사실을 잊는다. 이론은 현실에서 표현되어야 하지, 그렇지 않으면 우리는 실제의 그림자만 지니고 있는 것이 된다. 어떤 사람을 붙든 생각이 실제는 아니다. 예를 들어, 성결의 교리를 이해하였다고 해서 실제로 성결하게 되는 것은 아니다. 교리적인 해석은 체험 후에 따라오는 것으로써 현실의 삶이 하나님의 은혜의 기적과 완벽한 조화를 이룰 수 있도록 돕는 설명일 뿐이다.

스치는 순간들을 통한 예배 생활창 29:1-7

> "야곱이 그들에게 이르되 내 형제여 어디서 왔느냐 그들이 이르되 하란에서 왔노라 야곱이 그들에게 이르되 너희가 나홀의 손자 라반을 아느냐 그들이 이르되 아노라"창 29:4-5.

하나님을 바르게 예배하려면 스치는 순간들이 하나님의 작정 가운데 발생하고 있는 것을 볼 수 있어야 한다. 만일 당신이 하나님께서 미래에 어떻게 일하실 것인가를 예상하려고 한다면 당신은 암흑 속에 빠지게 될 것이다. 어린아이의 삶을 살라. 그러면 당신은 모든 우연한 사건들이 하나님의 작정 가운데 일어나는 것을 발견할 것이다. '스치는 순간들을 통한 예배의 삶'이란 당신이 마음을 다하여 "하나님을 사랑하는 자 곧 그의 뜻대로 부르심을 입은 자들에게는 모든 것이 합력하여 선을 이루는 것"롬 8:28을 믿고 살아가는 것이다. 어떠한 상황 속에서도 하나님으로부터 독립하려고 하지 말라. 상황을 보지 말고 하나님께 집중하라. 그러면 그 어떠한 상황에서도 주께서 당신에게 오실 것이다.

야곱은 자신이 처한 우연한 상황 가운데 하나님의 작정을 깨달았다. 라헬을 만나는 순간 그는 갑자기 하나님의 손길을 보았다.

순간마다 드리는 열정적인 예배의 삶창 29:8–14

> "야곱이 그들과 말하는 동안에 라헬이 그의 아버지의 양과 함께 오니 그가 그의 양들을 치고 있었기 때문이더라"창 29:9.

인간의 사랑 문제에 대해 성경보다 더 안전한 안내서는 없다. 특히 구약에서 솔로몬은 예리한 말씀을 한다. "내 사랑이 원하기 전에는 흔들지 말고 깨우지 말지니라"아 2:7. 때가 되기 전에는 사랑을 깨우지 말라고 한다. 많은 남자들이 때가 되기도 전에 사랑을 깨워서 지옥을 체험한다. 때가 되기 전에 사랑을 깨우는 것은 우리의 삶이 하나님을 예배하는 삶을 무시하고 즉흥적인 정열의 노예가 되게 한다. 하나님께서는 하나님을 예배하지 않는 자연적인 것들을 보호해 줄 수 없으시다. 때가 되기 전의 사랑은 부랑자들의 뜨거운 열정이 아무나 가까운 사람에 의해 불이 붙는 것과 같다.

당신의 감정적인 삶이 하나님을 예배하지 않을까 조심하라. 정욕적인 환상을 조심하고 어떤 친구들과 사귈 것인지 조심하라. 당신이 누구를 사랑하며 누가 당신을 사랑하는지 주의하라. 그러면 많은 구렁텅이에 빠지게 않게 될 것이다.

예상하지 못했던 기간 속에서 예배의 삶창 29:15-20

"야곱이 라헬을 위하여 칠 년 동안 라반을 섬겼으나 그를 사랑하는 까닭에 칠 년을 며칠같이 여겼더라"창 29:20.

야곱은 여러 면에서 사악하고 못된 사람이었다. 그러나 이렇게 못된 야곱에게 순결하고 맑은 기간이 찾아왔다. 하나님께서 당신의 삶에 이러한 기간을 주시면 잘 기억해 두라. 창세기 29장 20절처럼 인간의 순수한 사랑에 대하여 그렇게 잘 묘사한 곳은 없을 것이다. 사랑을 하게 되면 그 대상을 위하여 아무리 수고와 희생을 많이 하더라도 그 수고와 희생이 전혀 의식되지 않는다. 만일 의무적으로 수고와 희생을 치르면 고통과 속상한 마음이 생긴다. 사랑의 속성은 받는 것이 아니라 아낌없이 주는 것이다. 사랑에 빠진 자에게 그가 사랑의 대상을 향하여 치른 대가를 생각해 보라고 하면 그는 그 말을 이해하지 못할 것이다!

사랑은 눈이 먼 것이 아니다. 사랑은 현실적인 것보다 비교될 수 없는 훨씬 더 높고 큰 것을 본다. 곧 현실 속에서 이상을 본다. 결국 현실은 사랑에 의하여 이상으로 승화된다. 이것은 내가 사랑의 상대에 대하여 가지고 있는 이상을 기대하거나 사랑의 대상이 그렇게 살게 될 것을 기대하는 의미가 아니다. 만일 이러한 경우라면 그들이 당신의 기대에 따라 행동하지 못할 때 당신은 상대를 못마땅하게 생각하게 될 것이다. 사랑에서 이상이란 당신의 요구가 만족되는 것을 의미하는 것이 아니라, 직관에 의하여 당신의 이상이 실체가 된다. 만일 누군가를 사랑한다면 당신은 그의 단점에 대하여 보지 못하게 된다. 당신이 보는 것은 당신의 이상에 그 사람이 정확하게 맞는 것이다. 하나님께서는 우리의 모든 못난 점들과 연약한 점들을 보신다. 그러나 주님은 또한 당신을 통하여 이상을 보신다. 하나님께서는 "그리스도 예수 안에서" 모든 주의 백성의 완벽함을 보신다. 결과적으로 하나님은 무한하게 참으실 수 있다.

똑같은 잣대로 대우를 받음창 29:25-35

> "야곱이 아침에 보니 레아라 라반에게 이르되 외삼촌이 어찌하여 내게 이같이 행하셨나이까 내가 라헬을 위하여 외삼촌을 섬기지 아니하였나이까 외삼촌이 나를 속이심은 어찌됨이니이까"창 29:25.

하나님의 유머는 가끔 무섭기도 하다. 왜냐하면 주님께서는 우리 인생길에서 자신의 모습이 어떠한지를 알게 하시기 위하여 비슷한 종류의 사람을 만나게 하시기 때문이다. 자신을 볼 수 있는 이러한 만남은 결코 유쾌하지 않을 것이다. 위 구절에서 우리는 속이는 자가 속게 되는 것을 본다. 야곱은 속았다. 그러나 사실 그는 속이는 자였다. 우리는 "왜 이런 일이 내게 발생하는 것이지?"라고 말한다. 그러나 사도 바울의 말씀을 기억하라.

> "불의를 행하는 자는 불의의 보응을 받으리니 주는 사람을 외모로 취하심이 없느니라"골 3:25.

44장

영적 퇴보

창 30장

"라헬이 자기가 야곱에게서 아들을 낳지 못함을 보고 그의 언니를 시기하여 야곱에게 이르되 내게 자식을 낳게 하라 그렇지 아니하면 내가 죽겠노라"창 30:1.

퇴보degeneration와 타락backsliding은 전혀 다른 것이다. 퇴보는 감지할 수 없게 진행된다. 반면 성경에서 의미하는 타락은 의도적으로 하나님을 분명하게 저버리고 하나님 대신에 다른 것을 취하는 것이다렘 2:13.

주의해야 하는 것은 우리 안에 하나님의 아들의 생명이 있다고 하여 우리의 인간의 속성이 바뀌지 않는다는 사실이다. 하나님은 죄의 성향을 제거하신다. 그러나 주께서는 우리의 인간 속성이 새사람을 입기를 요구하신다. 우리의 인간의 속성이 과거의 자연적인 욕망에 이끌리지 않기를 바라신다. 바로 이 의미가 사도 바울이 말한 "지체를 죽이라"골 3:5는 의미이다. 등한시함으로 파괴시키라는 뜻이다. 이를 영적으로 적용해보면 자연적인 것은 희생을 통하여 영적인 것으로 변화되어야 한다는 뜻이다.

에서는 순종을 거부하는 자연적인 삶을 나타낸다. 만일 내가 자연적인 자아의 권리를 유지하려고 하면 나는 영적으로 퇴보하게 되면서 하나님의 목적에서 벗어나게 될 것이다. 내가 위로부터 거듭날 때 발생하는 사건은 다름 아닌 하나님의 아들이 내 안에 태어나는 것이다. 그 후 자연적인 것이 희생을 통해 영적인 것으로 변화되어야 하는 단계가 오는데 바로 이때 퇴보의 가능성도 따라오게 된다. 만일 자연적인 것의 희생을 거절하면 내 안의 하나님의 생명은 죽게 된다.

죄의 대가가 더 큰 죄악이 될 때

> "내가 오기 전에는 외삼촌의 소유가 적더니 번성하여 떼를 이루었으니 내 발이 이르는 곳마다 여호와께서 외삼촌에게 복을 주셨나이다 그러나 나는 언제나 내 집을 세우리이까"창 30:30.

야곱은 자신의 간교함 때문에 합당한 보응을 받는다. 야곱은 이삭 앞에서 에서로 변장하였다. 야곱의 삼촌 라반은 레아를 라헬로 변장시켜 야곱을 속였다. 당신의 삶 가운데 당신이 행한 대로 보응을 받을 때 사람에게 당한 것이라고 생각하지 말라. 그 뒤에는 하나님이 계신다. 마태복음에 이에 대한 언급이 있다. "너희가 비판하는 그 비판으로 너희가 비판을 받을 것이요 너희가 헤아리는 그 헤아림으로 너희가 헤아림을 받을 것이니라"마 7:2. 아브라함과 하갈로 시작된 잘못은 가족을 통하여 계속 나타난다. 그 속에서 탈출할 수 있는 길은 오직 구속redemption 밖에 없다.

파괴된 거룩함이 다시 거룩과 섞일 때창 30:1-24

> "하나님이 라헬을 생각하신지라 하나님이 그의 소원을 들으시고 그의 태를 여셨으므로 그가 임신하여 아들을 낳고 이르되 하나님이 내 부끄러움을 씻으셨다 하고 그 이름을 요셉이라 하니 여호와는 다시 다른 아들을 내게 더하시기를 원하노라 하였더라"창 30:22-24.

야곱의 가정은 분쟁의 장소가 되었다. 그 어떤 남자도 두 여인에게 동시에 같은 사랑을 줄 수 없다. 그럼에도 이 가정에 기쁨의 서광이 비치고 있었다. 히브리인들에게는 모든 아이들이 하나님의 선물로 간주되었다. 야곱의 자녀들의 이름이 이를 말해준다.

만일 당신이 성령께서 책망하시는 습관이나 생각 속에 빠지게 되면 신성함이 파괴되면서 죄가 틈을 타게 된다. 하나님께서는 죄악의 길을 반드시 멸망으로 향하게 하셨다. 퇴보의 첫째 현상은 잘못된 상태를 허락하는 것이며 그 다음 현상은 잘못된 상태를 신성함의 조건으로 제안하는 것이다. 우리가 자신이 누구인지를 망각할 때 우리는 성경을 넘기면서 여러 상세한 내용을 읽으며 혐오감을 느낀다. 이 땅에 사는 그 어떠한 사람도, 그 어떠한 가정도 인간이 범할 수 있는 최대의 죄악들을 범하지 않는다는 보장이 없다. 자신과 가정을 지킬 수 있는 유일한 방책은 하나님께서 빛에 거하심같이 빛에 거하는 것이다.

이기심의 보복은 앙심으로 바뀜창 30:25-43

"야곱이 새끼 양을 구분하고 그 얼룩무늬와 검은 빛 있는 것을 라반의 양과 서로 마주보게 하며 자기 양을 따로 두어 라반의 양과 섞이지 않게 하며 튼튼한 양이 새끼 밸 때에는 야곱이 개천에다가 양떼의 눈 앞에 그 가지를 두어 양이 그 가지 곁에서 새끼를 배게 하고 약한 양이면 그 가지를 두지 아니하니 그렇게 함으로 약한 것은 라반의 것이 되고 튼튼한 것은 야곱의 것이 된지라"창 30:40-42.

야곱은 착취를 당해왔지만 이제 보복을 한다. 그의 목표는 라반을 희생시켜서 자신을 부요하게 만드는 것이다. 그의 계획은 완벽하게 성공했다. 즉흥적인 행동을 언제나 주의하라. 충동은 어떤 순간에 하나님 대신에 자신을 보좌에 앉히기 때문이다. 내 충동은 오직 자신에 의해서만 훈련될 수 있다. 내가 나의 충동을 훈련시키지 못하면 그 충동은 언젠가 나의 삶을 파멸시킬 것이다. 야곱 및 여러 다른 사람의 삶을 연구하면서 우리가 힘써 깨달아야 할 것은 "우리 안에 선한 것이 없다"는 사실이다.

45장

위기의 상황 가운데

창 31장

"여호와께서 야곱에게 이르시되 네 조상의 땅 네 족속에게로 돌아가라 내가 너와 함께 있으리라 하신지라"창 31:3.

사람의 운명은 정해져 있지 않다. 각 사람은 자신의 운명을 결정한다. 각 개인의 선택은 그 사람의 책임이다. 숙명주의는 인류를 위한 두 운명 사이에서 선택의 책임을 거부한 도덕적 비겁함을 신성화시킨 것이다. 개인적인 선택의 능력은 인간이 지닌 책임이기도 하다. 나는 내가 어떤 선상에 설 것인지를 결정할 수 있다. 그러나 그 선상의 종국을 바꿀 수 있는 능력은 없다. 하지만 나는 언제나 그 선에서 내려 다른 선을 탈 수 있는 능력이 있다.

성별에 있어서의 혼란창 31:1–10

"야곱이 라반의 안색을 본즉 자기에게 대하여 전과 같지 아니하더라"창 31:2.

야곱은 자신의 꾀를 사용하였지만 오히려 큰 어려움에 봉착하게 되었다. 야곱은 암암리에 처리할 수 있는 일을 공개적으로 처리하게 된 것에 대해 자신의 생각이 모자랐다고 여긴 것 같다. 그의 모든 속임수는 그에게 지혜를 가르쳐주지 않았다. 이 구절에 기록된 야곱의 몇 가지 속임수는 실제로는 전혀 속임수가 아니다. 이는 장자권과 관련하여 이삭, 야곱, 리브가, 에서가 저지른 잘못의 반복이다. 모두가 잘못을 저질렀지만 그럼에도 그 잘못으로부터 하나님의 목적은 성취되었다. 이들의 실수는 하나님의 목적이 이루어지도록 하나님을 도우려는 데 있었다. 하나님의 말씀은 반드시 성취될 것이다. 그러나 만일 내가 죄를 지음으로 그 성취를 이루고자 한다면 하나님께서는 나를 징계하셔야 한다. 징계는 하나님의 작정에 속한 것이 아니다. 그것은 단지 하나님의 허용하시는 뜻 가운데 발생한다.

양심에 호소함창 31:11-13

"이르시되 네 눈을 들어 보라 양떼를 탄 숫양은 다 얼룩무늬 있는 것, 점 있는 것과 아롱진 것이니라 라반이 네게 행한 모든 것을 내가 보았노라"창 31:12.

야곱은 하나님께서 자신에게 나타나서 말씀하셨던 벧엘에서의 꿈을 기억하였다. 야곱이라는 인물은 성경의 그 어떤 인물보다 인간의 속성을 가장 잘 드러낸다. 가장 고상한 면도 있고 가장 천한 면도 있다. 야곱처럼 사악한 사람도 많지 않지만, 그는 자기가 악하다는 것을 알 만큼 선한 사람이었다.

하나님의 속성이 임하기 전에는 이루어질 수 없는 것을 인간의 속성으로 이루어보려는 고집을 부리지 않도록 주의하라. 예수 그리스도는 경건치 않은 자들, 연약한 자들, 죄인들을 위하여 돌아가셨다. 만일 우리가 구속으로 인하여 맺어지는 열매들을 하나님께서 우리를 용서하시는 근거로 삼는다면 우리는 주의 구원을 멸시하는 것이다. 하나님의 부르심은 인간의 속성에 임하는 것이 아니라 양심에 임한다. 어떤 사람이 철저하게 깨어난 온전한 양심에 계시하시는 하나님의 말씀을 듣고 순종할 때 하나님의 생명이 그 사람의 속성을 통하여 표현되기 시작한다. 죄에 대한 가책을 경험한 것이 죄사함의 원인이 될 수는 없다. 그러나 그 가책은 하나님께서 구속을 통해 불가능한 일을 이루셨다는 사실을 깨닫는 기회가 된다.

멀어질 때의 재앙창 31:14-35

> "삼 일 만에 야곱이 도망한 것이 라반에게 들린지라 라반이 그의 형제를 거느리고 칠 일 길을 쫓아가 길르앗 산에서 그에게 이르렀더니 밤에 하나님이 아람 사람 라반에게 현몽하여 이르시되 너는 삼가 야곱에게 선악간에 말하지 말라 하셨더라"(창 31:22-24).

야곱은 당황하여 도주하고 있다. 가장 꾀가 많다고 하는 사람이 겪는, 말로 표현 못할 혼란스러움이 그대로 드러났다. 그럼에도 그가 처한 처지는 잠언의 진리를 말해 준다. "사람의 걸음은 여호와로 말미암나니 사람이 어찌 자기의 길을 알 수 있으랴"잠 20:24. 위기가 오면 우리는 자신의 꾀를 하나님처럼 믿던 자세를 버리게 된다. 개인적 위기는 하나님께서 다스리신다는 사실을 깨닫게 하며 자신의 성품이 어떠한지를 어쩔 수 없이 알게 된다. 당신은 위기를 만나기 전에는 자신이 관용이 많고 고상한 사람인 줄 착각할 수 있다. 그러나 어떤 위기의 순간을 맞이하게 되면서 자신이 얼마나 비열하고 겁쟁이인지를 깨닫게 된다. 다른 사람은 여전히 당신이 어떤 사람인지 알지 못하겠지만 당신은 자신이 어떠한 사람인지 알게 된다. 자신을 참으로 알게 되는 것은 얼마나 끔찍한 일인지!

라헬은 드라빔이라는 우상을 훔치느라 라반과 야곱을 속이고 있다. 드라빔은 일종의 행운을 가져다준다고 믿어온 조그마한 우상이었다. 물질과 행운을 탐하는 자들에게는 언제나 미신이 찾아온다. 가정이든 국가든 물질과 행운을 탐하게 될 때 미신을 찾게 된다. 만일 성령을 모시는 성전에 미신이나 우상이 들어오게 되면 영적인 혼란은 반드시 찾아올 수밖에 없다. 당신 안에 영적 혼란이 생기지 않도록 주의하라. 영적 혼란은 야곱의 방관에 의하여 발생하지 않더라도 라헬의 잔꾀에 의해서 만들어지게 된다. 이러한 혼란에서 빠져나올 수 있는 유일한 길은 빛 가운데 행하는 것이다.

46장

마하나임

창 32장

"야곱이 그들을 볼 때 이르기를 이는 하나님의 군대라 하고 그 땅 이름을 마하나임이라 하였더라"창 32:2.

성경의 인물 중 야곱은 사람이 선하든 악하든, 고상하든 천하든 상관없이 하나님의 생명과 능력을 부여 받을 수 있는 최고의 예가 될 것이다. 우리는 우리가 순결하고 거룩할 때에만 하나님께서 우리에게 나타나실 것이라는 의식을 가지고 있다. 하나님께서 우리에게 복을 주시면 그 복을 보며 우리가 하나님과 바른 관계에 있다는 사인으로 인식하려는 경향이 있다. 이러한 생각은 맞지 않다. 하나님께서는 선한 사람뿐 아니라 악한 자에게도 해를 주시며 의인뿐 아니라 불의한 자에게도 비를 내리신다고, 우리 주님이 말씀하셨다. 하나님의 복은 그 복을 받은 사람의 온전한 성품을 나타낸다고 여기지 말라. 그럼에도 불구하고 다른 한편으로는, 하나님의 성품이 반영되는 것은 한 개인의 성품과 밀접하게 관련된다는 사실이다.

시편을 보면, "자비로운 자에게는 주의 자비로우심을 나타내시며 완전한 자에게는 주의 완전하심을 보이시며 깨끗한 자에게는 주의 깨끗하심을 보이시며 사악한 자에게는 주의 거스르심을 보이시리니" 시 18:25-26라고 되어 있다. 이 말씀은, 우리가 하나님의 성품을 어떻게 느끼는가 하는 것은 바로 자신의 성품에 의하여 결정된다는 뜻이다. 하나님께서는 언제나 주님의 성품에 진실하시다. 우리가 온전해질수록 더욱 하나님을 알게 된다. 야곱의 인생은 그의 부족과 그를 향한 하나님의 끊임없는 축복이 분명하게 보여준다.

불안한 길의 모험

"야곱이 길을 가는데"창 32:1.

어떤 사람이 종종 자신이 무가치하다고 느끼는 것은 지독하게 교만하다가 상황이 바뀌게 되면서 그 상황에 대한 반사 작용으로 나타나는 것이다. 그러나 진정으로 자신을 향하여 무가치함을 깨닫게 되면 이제 더 이상 무가치한 자신에 대해 관심이 사라진다. 진정으로 무가치한 인간의 속성은 자만으로써 피할 수 없는 재난 또는 고통을 당하기까지 항상 자만하다. 하나님의 성령의 조명을 통해 야곱을 연구하는 것은 신나는 일은 아니지만 영적 거드름쟁이들을 치유하는 데는 매우 유익한 약이다.

당신이 자신의 무가치함을 깨닫는 치유의 약을 먹을 때마다, 자신은 낙망할 자격조차 없다고 확신하기에 자신의 무가치함마저 의식하지 못하게 된다. 성령께서 우리 안에 들어오실 때 제일 먼저 하시는 일은 자신의 무가치함을 깨닫게 하시는 것이다. 우리 대부분은 자신에 대하여 책망하기를 꺼려 한다. 대신 우리는 자신을 변명할 이유를 찾는다. 결국 하나님의 빛 가운데 자신이 어떠한 존재인지를 발견하여 깨어지기 전까지는 우리는 단호하고 맹렬하게 죄를 지적하는 성경의 계시가 너무 지나치다고 따진다.

만일 당신이 자신을 혐오함이 없이 하나님께 나아올 수 있다면, 당신이 정말로 거듭난 사람인지 의심하라. 자기 점검을 할 때 가장 부끄러운 것은 다른 사람의 죄악을 보며 분노를 터뜨리는 것이 바로 자신의 본모습을 평가하는 방법이라는 사실이다롬 2:1.

하나님의 사자들을 보게 됨

"하나님의 사자들이 그를 만난지라"창 32:1.

하나님께서 어떤 사람에게 나타나셨다는 사실이 그 사람이 선함을 증거하는 것은 아니다. 단지 그것은 하나님 자신을 계시하시는 것이다. 하나님에 대한 우리의 생각은 우리 주 예수님께서 하나님에 대하여 계시하신 내용에 비추어 보아야 한다. 하나님의 사자들이 나타났다고 하면 우리는 흔히 사람의 마음이 산란하기 때문에 나타난 현상으로 본다. 그러나 전혀 그렇지 않다. 외적인 조건들이 인간이 보기에 전혀 가망 없을 때 우리는 주의 계시를 깨달을 수 있는 적절한 상태에 있게 된다.

우리는 절망적인 상태가 아니면 자신의 처지에 대체로 만족한다. 하지만 절망적인 상태에 이르게 되면 우리는 자신의 비애에 감상적인 관심을 갖게 된다. "이러저러한 일이 생길 때 나는 도대체 무엇을 해야 하는가?" 이러한 때 당신은 하나님의 사자들을 보게 될 것이다.

성경에는 하나님의 백성들과 관련하여 절망 자체로 끝나는 사건이 없다. 가장 끔찍한 비극 속에서도 놀라운 소망이 있다. 지옥보다 더 깊은 곳에 언제나 천국으로 향하는 열린 문이 있다.

모든 기적을 주관하시는 분의 음성

"야곱이 그들을 볼 때 이르기를 이는 하나님의 군대라 하고 그 땅

이름을 마하나임이라 하였더라"창 32:2.

하늘 군대와 이 땅의 일들을 함께 본 것은 이 세상의 모든 것을 통치하고 다스리시는 하나님에 대한 계시를 본 것이다. 따라서 소수의 사람들만이 하나님의 군대를 본다. 그 이유는 우리는 이 땅의 일들에 너무나 집착되어 있고 우리의 관심이 너무 협소한 것에 묶여 있기 때문이다. 가령, 자신의 고상한 모습, 인기, 존경 등에 마음이 다 가 있기 때문에 하나님을 위한 마음의 여유가 전혀 없는 것이다.

성령의 역사를 자신의 고상한 모습을 위하여 사용하려는 영적 간음을 주의하라. 이는 하나님의 은혜를 팔아먹고 파괴하는 행위이다. 그 대신 어떠한 상황에 처할지라도 하나님의 위엄 있는 은혜로 인하여 더욱 주님께 충성해야 한다. 하나님을 향한 믿음이 있으면 스스로 모든 사람들이 흠모할 위인이 되는 것이 아니다. 하나님을 향한 우리의 믿음은 우리가 아무리 무시를 받아도, 감당할 수 없는 난감함을 느껴도 하나님께 변함없이 여전히 충성하는 것이다.

하나님의 군대는 마치 하나님의 무한한 자비가 눈에 보이도록 나타난 것과 같다. 우리는 최근에 경제에 미쳐 있다. 모든 사람들이 경제학자들이 되어버렸다. 결국 사람들은 하나님도 경제적일 것이라고 생각한다. 천지를 창조하신 하나님을 생각해 보라! 아무도 보지 않는 곳에 화려하고 아름다운 자연들이 있고 셀 수 없이 많은 나무들과 꽃들이 있다. 아무도 관심 없는 태양의 해돋이와 일몰의 장관들을 생각해 보라! 하나님께서는 모든 면에서 차고 넘치신다. 하나님으로 인하여 언제나 자비를 베풀지언정 실리를 따지는 자들은 되지 말라!

47장

두려움

창 32:3-21

"야곱이 심히 두렵고 답답하여"창 32:7.

두려움이란 모든 인간의 삶 속에 나타나는 감정이다. 두려움은 확신이 무너졌음을 의미한다. 많은 것들이 우리의 확신을 무너뜨린다. 야곱의 경우 간교함과 여러 속임수가 확신을 무너뜨렸다. 그래서 겁쟁이가 되었다. 그러나 두려움을 주는 모든 경험에는 정의하기 어려운 요소들이 있다. 가장 신경 쓰지 않은 것이 가장 큰 두려움을 만들 수 있다. 당신은 "왜 나는 하나님을 향한 확신이 없는지 이해할 수 없습니다"라고 말한다. 그런데 확신을 잃게 된 이유를 잘 살펴보면, 소화 불량 또는 수면 부족, 너무 많은 노동 등, 사소한 것일 수도 있다. 이러한 아주 사소한 것들이 놀랍게도 큰일들보다 더 우리의 마음속의 확신을 앗아갈 때가 많다.

원수 사탄의 가장 큰 목표는 하나님을 향한 우리의 확신을 무너뜨리는 것이다. 하나님을 향한 확신이 무너지면 우리는 영적으로 죽게 된다. 우리가 죄를 지음으로 인하여 두려움을 경험한다면 그 두려움의 원인이 무엇인지 우리는 자명하게 알 수 있다. 그 두려움의 원인을 하나님께 내어드릴 때 성령께서 번개같이 그 죄책감을 해결해 주시고 평강을 주신다.

사자들을 정함

> "야곱이 세일 땅 에돔 들에 있는 형 에서에게로 자기보다 앞서 사자들을 보내며 그들에게 명령하여 이르되 너희는 내 주 에서에게 이같이 말하라 주의 종 야곱이 이같이 말하기를 내가 라반과 함께 거류하며 지금까지 머물러 있었사오며 내게 소와 나귀와 양떼와 노비가 있으므로 사람을 보내어 내 주께 알리고 내 주께 은혜 받기를 원하나이다 하라 하였더니"창 32:3-5.

야곱은 하나님의 능력을 보여주는 하나님의 군대를 만났었다. 그럼에도 야곱은 또다시 인간적인 대책을 마련하기 시작한다. 하나님께서 혹시 자신의 간교함을 심판하실까 두려웠던 것이다. 우리는 모두 야곱에게 있었던 이러한 천박함과 어리석음을 가지고 있다. 종류가 다를 뿐이지 우리는 매일 이러한 모습을 나타낸다. 인간의 부패를 믿지 않는 자들은 어리석은 자들의 낙원에 있는 자들이다.

교묘한 조치를 취한 후의 두려움

> "사자들이 야곱에게 돌아와 이르되 우리가 주인의 형 에서에게 이른즉 그가 사백 명을 거느리고 주인을 만나려고 오더이다 야곱이 심히 두렵고 답답하여 자기와 함께한 동행자와 양과 소와 낙타를 두 떼로 나누고 이르되 에서가 와서 한 떼를 치면 남은 한 떼는 피하리라 하고"창 32:6-8.

야곱은 자기의 잘못을 고백할 의도가 없었다. 현재 상황의 두려움 때문에 그는 교묘한 또 다른 조치를 취하고 있다. 야곱의 "네, 그러나" 같은 삶의 모습을 주의하라. 이는 하나님의 목적이 혹시 실패할까 염려되어 인간의 보조대를 설치하는 어리석은 모습이다. 하나님께서는 상황을 조성하심으로 당신의 '꾀가 든 작은 가방'을 다 들추어 내시려는데 당신은 하나님의 목적에 동의하지 못하고 교묘한 조치를 취한다. 그러나 그 밤에 잠을 이루지 못한다. 교묘한 조치를 취한다는 것은 당신이 잘못한 것이 무엇인지를 알면서도 끝까지 고백하지 않겠다는 결심이며, 당신의 삶 속에 누룩을 계속 키우겠다는 뜻이다.

당신의 잘못으로 인하여 두려움을 경험하게 될 때 하나님께 고백을 하면 모든 문제가 해결된다. 그러나 우리는 끝까지 고백할 생각을 하지 않는다. 그 대신 우리는 주님의 약속이 혹시 실패할까 하여 인간적 조치를 취한다. '자, 이제 내가 잘못한 것을 내 스스로 만회할 기회를 가질 수 있게 되었다'라고 생각한다. 그러나 그러한 행위들로는 결코 나의 죄악들을 만회할 수 없다. 오직 주님의 구속에만 의지하여 모든 죄악을 하나님께 완벽하게 진심으로 고백할 때 나의 죄악 및 죄악의 결과들을 해결할 수 있다. 아무것도 감추지 말고 빛 가운데 걷는 것이 우리의 책임이다. 그러면 나머지는 하나님께서 해결하여 주실 것이다.

두려움으로 인한 호소 창 32:9-12

"내가 주께 간구하오니 내 형의 손에서, 에서의 손에서 나를 건져 내시옵소서 내가 그를 두려워함은 그가 와서 나와 내 처자들을 칠까 겁이 나기 때문이니이다"창 32:11.

번민 가운데 기도하는 것은 마음을 담대하게 한다. 당신이 고통 가운데 있을 때 기도의 제목들을 기록하는 것은 좋은 습관이다. 우리가 자신에 대하여 무지한 이유는 영적 일기를 쓰지 않기 때문이다.

야곱이 기도하면서도 두려움이 생기는 이유는 아직 하나님께 순종하지 않은 것이 남아 있다는 뜻이다. 야곱은 하나님께서 자기가 잘못한 것에 대하여 벌을 내리실까봐 두려웠다. 그는 이러한 두려움을 갖는 대신에 하나님 앞에서 자신의 죄악을 기꺼이 고백하는 자리까지 갔어야 한다. 야곱은 아직 그 자리에 가지 않았으며 여전히 간교하고 교활하였다. 그는 자신의 죄책감 때문에 양심적으로 겁쟁이가 되었다. 그의 두려움은 양심을 어긴 잘못에서 발생한 것이다.

하나님 앞에서 자신의 계획을 간청하지 않도록 주의하라. 지금 이 뜻은, 사람은 두려움으로 인하여 자기 계획을 만들어 놓고 그 계획을 하나님께 이루시도록 간청할 수 있다는 의미이다. 이러한 기도는 아무리 계속되어도 두려움을 제거하지 못한다. 만일 이러한 기도를 통해 두려움을 제거한다면 오히려 당신은 하나님의 뜻을 왜곡시키고 있는 것이다. 그 이유는 하나님의 뜻은 당신에게 두려움을 주는 것이었으며 이를 통하여 하나님의 목적을 이루려 하였기 때문이다.

하나님께서는 친히 하나님 자신의 목적을 위하여 성령의 역사를 시작하신다. 우리는 하나님의 목적을 이루기 위하여 성령의 역사에 사로잡힌다. 그때 우리는 자신의 계획을 끌어들이기 시작한다. 그리고 그러한 선상에서 자신도 모르게 주의 보좌를 향하여 전면 공격을 한다. 이때 하나님께서 하시는 첫째 일은 자신의 계획을 전혀 이루지 못하게 하시는 것이다. 그러면 우리는 "사탄이 방해한다"라고 말한다. 하나님을 내 프로그램 속에 집어넣고 하나님의 역할을 나누어주는 일이 없도록 하라. 내 원칙과 계획을 위하여 하나님을 꼭두각시로 만들지 말라. 하나님께서 일하시는 방법은 오히려 나의 프로그램이 실패하도록 하시는 것이다. 하나님께서는 내 프로그램이 실패할 때 오히려 기뻐하신다.

잘못 행함을 만회하려 함창 32:13-21

> "또 너희는 말하기를 주의 종 야곱이 우리 뒤에 있다 하라 하니 이는 야곱이 말하기를 내가 내 앞에 보내는 예물로 형의 감정을 푼 후에 대면하면 형이 혹시 나를 받아 주리라 함이었더라"창 32:20.

선물을 줄 때 그 동기가 무엇인지를 잘 살피라. 이는 당신이 얼마나 간교한지를 알 수 있는 좋은 방법이 될 것이다. 어떤 사람이 선물을 줄 경우 그 사람이 선물을 주는 동기를 정확하게 알면 그 사람의 성품을 쉽게 알 수 있다. 만일 선물을 줄 때 그 동기가 하나님 앞에서 옳지 않다면 아무리 따스한 마음으로 그 선물을 준다고 할지라도 그 사람은 자신의 유익을 교묘하게 구하는 가증한 사람이다. 그 선물 속에는 독사의 독이 들어 있다. 삶이 하나님과 바른 관계에 있지 않을 때 이러한 독은 당신이 행하는 모든 선행 속에 스며들게 되어 있다.

에서에게 주는 선물에는 교활함이 스며 있었다. 그럼에도 야곱은 하나님과 직접 대면을 해야 하는 '브니엘'의 장소로 더욱 다가가게 된다. 하나님께서 보좌에 계시는 것이 확실한 것처럼 심은 대로 거두는 원리는 분명하다. 성령께서 모든 것을 회복시키려고 하실 때 불가사의할 정도로 정확하시다는 사실을 기억하라. 하나님께서 모든 세세한 잘못들을 생각나게 하실 때 당신이 어떤 자세를 취해야 하는지 주의하라. 인간의 속성은 언제나 '큰 것'을 구한다. 그러나 당신을 하나님께로부터 멀어지게 하는 것은 거의 언제나 우스꽝스러울 정도로 작은 것에서 시작한다는 점을 명심하라. 그 이유는 그 작은 것을 무시할 때 사실 당신의 마음 깊은 곳에는 교만으로 가득 찬 성향이 역사하고 있기 때문이다.

48장

브니엘

창 32:22-32

"그러므로 야곱이 그 곳 이름을 브니엘이라 하였으니 그가 이르기를 내가 하나님과 대면하여 보았으나 내 생명이 보전되었다 함이더라"창 32:30.

'브니엘'이라는 용어는 '하나님의 얼굴'이라는 뜻이다. 이 단어는 몇 세대 후 모세에게 임하는 말씀을 기억나게 한다. "네가 내 얼굴을 보지 못하리니 나를 보고 살 자가 없음이니라"출 33:20. 따라서 창세기 32장의 '브니엘' 사건과 관련한 야곱의 고백은 특별한 의미가 있음을 알 수 있다. "내가 하나님과 대면하여 보았으나 내 생명이 보전되었다"창 32:30. 하나님을 대면하여 깊은 죽음의 자리까지 갔기에 하나님께서는 그에게 새로운 이름을 주셨다. "네 이름을 다시는 야곱이라 부를 것이 아니요 이스라엘이라 부를 것이니"창 32:28.

이 부분은 언제나 실제로 성결한지를 시험하는 것이다. 성결이란 내가 뭔가를 받는 것을 의미하기보다 더 이상 과거의 자신이 되지 않는 것을 뜻한다. 망상에서 벗어나고 꿈이 산산조각 나면서 야곱은 바뀐 이름을 가지고 하나님 편에 새롭게 서게 되었다. 반면에 우리는 우리 자신의 계획을 통하여 하나님의 목적을 막으면서 하나님의 이름을 바꾸려고 한다. 우리는 비전이 우리에게 남긴 인상과 그 비전을 주신 주님과의 일치를 구별할 줄 알아야 한다. 하나님의 사랑과 용서는 우리가 맨 처음 경험하는 것이다. 그러나 하나님의 다른 속성들, 곧 거룩이나 공의와 같은 것들을 인식할 준비가 되어 있지는 않다. 그 이유는 이러한 속성들은 주님의 속성에 속하지 않은, 모든 것을 향한 죽음을 의미하기 때문이다.

고뇌 속에서의 갈등 창 32:22–25

> "야곱은 홀로 남았더니 어떤 사람이 날이 새도록 야곱과 씨름하다가"창 32:24.

야곱은 홀로 남아서 그의 인생의 결정적인 갈등을 지나게 된다. 우리는 창세기 32장에서 위대한 영적 거인으로 바뀌는 야곱을 보게 된다. 더 이상 야곱은 치사한 사람이 아니었다. 야곱은 그의 기도에 대한 하나님의 응답을 거절해 보려고 애썼다. 그의 씨름은 하나님과 겨루는 인간을 대표한다. 하나님의 눈에 고결한 자들은 다투거나 항변하지 않고 주께서 예비한 길을 지난다. 아브라함은 하나님과 다투지 않았다. 이삭도 하나님과 씨름하지 않았다. 야곱은 매번 하나님과 다투었다.

우리는 하나님께 나아가기를 거부하는 사람을 보면서 그 사람의 거부를 꽤 양심적인 것으로 보려는 경향이 있다. 그러나 절대로 그래서는 안 된다. 끝까지 하나님께 항복하기를 거부하고 항변하는 자에게 주님께서 하실 수 있는 일은 그 사람을 불구로 만드는 것 외에는 없다. 야곱이 드러내는 특징은 오순절 이전의 베드로의 모습과 같고 다메섹에서 주님을 만나기 전의 바울의 모습과 같다. 비겁하면서도 영웅적인 것으로 오해하고 비굴하면서도 고상한 것으로 착각한다. 야곱의 씨름은 그의 형 에서를 만나는 사건보다 비교할 수 없을 만큼 심오한 사건이라 이 사건 이후 에서에 대해서는 한마디의 언급도 없다. 야곱은 그의 모든 필요 속에서 하나님을 인정하게 되었고 하나님께 복을 받았다.

모든 것을 내어 맡김

"그가 이르되 날이 새려하니 나로 가게 하라 야곱이 이르되 당신이 내게 축복하지 아니하면 가게 하지 아니하겠나이다"창 32:26.

야곱처럼 여러 가지가 복잡하게 섞인 영혼 속에 최고의 위기가 찾아오면 자신을 실현하려는 마음이 죽든지 아니면 하나님을 믿는 믿음이 죽어야 한다. 더욱 단순한 속성에는 위기가 올 필요가 없다. 그러나 약삭빠르고 야망이 있고 교만한 영혼에게는 위기가 반드시 찾아와야 한다. 하나님께서는 이러한 자들을 친절하게 대하시기보다 완강하게 대하신다. 무엇을 죽일 것인지는 우리에게 달려 있다. 하나님과 함께할 수 없는 죄성을 죽이겠는가? 아니면 우리 안에 계시는 하나님의 생명을 죽게 하겠는가? 어떤 사람의 삶 속에서는 외적인 위기는 없을지 몰라도 그 영혼 속에서는 거룩하고 순결한 것으로부터 더러운 것들이 떨어져 나가는 위기가 반드시 있다. 야곱의 경우는 외적으로도 위기가 찾아왔지만 그 밤에 그의 영혼 속에 가장 큰 위기가 다가왔다. 그가 지금까지 지니고 살아온 죄성과 이를 태우시려는 하나님의 타오르는 거룩이 한판 씨름을 하였던 것이다.

간절한 호소창 32:27-32

"야곱이 청하여 이르되 당신의 이름을 알려주소서 그 사람이 이르되 어찌하여 내 이름을 묻느냐 하고 거기서 야곱에게 축복한지라"

창 32:29.

야곱은 기꺼이 하나님 앞에서 장자권을 탈취한 것으로부터 모든 죄악을 고백하는 장소에 임하게 되었다. 그 순간은 가장 깊고 고통스러운 회개의 순간이었다. 하나님의 용사는 강한 근육과 힘센 팔뚝을 가진 자가 아니다. 오히려 스스로 가장 약하며 아무 힘도 없다는 것을 깨닫는 자이다. 야곱은 더 이상 자신에 대하여 강하다고 느끼지 않게 되었고 하나님 안에서만 강할 수 있다는 진리를 발견하였다. 그의 삶은 더 이상 다툼이 없고 하나님을 온전히 의지하는 삶이 되었다.

당신은 하나님을 의지하는 흉내를 낼 수 없다. 야곱의 씨름은 그가 가야 하는 길로 가지 않으려고 싸운 것이다. 그는 그가 가장 소중히 여긴 자연적인 자아를 죽음에 내어놓아야 하는 순간을 지나야 했다. 그는 자신을 죽음에 내어놓지 않으려고 버둥거렸던 것이다. 그러나 마침내 자신의 모든 지혜와 꾀를 더 이상 사용할 수 없는 영원한 불구의 자리에 오게 되었다. 그러나 야곱의 불구는 이 세상 사람들의 지혜로 볼 때는 아무 문제도 없는 지체를 잘라 하나님께 던지는 것처럼 보일 것이다.

만일 아직 '브니엘'에 가본 적이 없다면 당신은 삶 가운데 당신의 세상적인 지혜로 인하여 낭패에 빠지는 일을 겪게 될 것이다. 그러나 만일 하나님의 얼굴을 뵌 적이 있다면 당신이 만나는 그 어떠한 상황도 당신에게 낭패를 만들어내지 못할 것이다. 우리는 하나님의 얼굴을 뵙게 되는 '브니엘'까지 가지 않으려고 얼마나 도망 다니는지 모른다.

49장

아주 조그마한 음성

창 33-35장

"하나님이 야곱에게 이르시되 일어나 벧엘로 올라가서 거기 거주하며 네가 네 형 에서의 낯을 피하여 도망하든 때 네게 나타났던 하나님께 거기서 제단을 쌓으라 하신지라"창 35:1.

야곱이 세겜에 있을 때 겉으로 보기에는 모든 것이 잘 진행되는 것 같았다. 그러나 속으로는 모든 것이 잘못되고 있었다. 하나님의 자녀가 벧엘이 아니라 세겜에 살고 있으면 언제나 모든 것이 잘못되어간다. 그리고 어느 날 세겜에서의 거품 같은 평화가 지진에 의하여 다 무너진다. 야곱의 딸 디나가 당한 비참한 수욕과 야곱의 아들들이 저지른 적나라한 죄악은 야곱으로 하여금 번쩍 정신을 차리게 하였다. 이는 현실적인 죄의 실체를 드러내시는 하나님의 역사였다. 그때 하나님의 음성이 들려왔다.

다른 사람의 삶에 대하여 호기심을 갖지 않는 것과 그들의 삶에 섣부른 간섭을 하지 않는 것은 쉽지 않다. 하나님께서는 매우 우연하게 보이는 우리의 모든 만남과 관련하여 두 가지에 대하여 책임을 물으신다. 그들에게 하나님께서 역사하실 때까지 기다리는 것과 그들을 향하여 하나님께서 주시는 명령과 경고를 우리의 말과 행실로 전하는 것이다. 우리가 하나님께 나아갔을 때 깜짝 놀라게 될 것은 하나님께서 그들에 대하여 우리에게 책임을 물으신다는 사실이다.

하나님의 일깨우는 음성

"일어나 벧엘로 올라가서"창 35:1.

이 음성은 하나님의 음성이다. 사람이라면 이러한 내용의 음성을 낼 수 없다. 야곱에게 벧엘이 무엇을 의미하는지를 생각해 보라. 벧엘은 하나님과의 언약이 있는 장소였다. 또한 야곱 자신도 하나님 앞에서 서원한 장소이기도 하다. 물론 그 약속은 아직 온전하게 성취되지는 않았다. 야곱이 벧엘로 돌아간다는 것은 자신의 실수를 인정한다는 뜻이었다.

어떤 영혼이 이전에 하나님의 음성을 들은 적이 있다면, 그의 영혼을 다시 깨우는 하나님의 음성은 앞으로 나아가라는 것보다 뒤로 돌아가라는 것이다. 영웅 의식 속에서 열정을 가지고 살아갈 때는 하나님의 음성이 들리지도 않을 뿐 아니라 그 음성을 듣고 싶어 하지도 않는다. 그때 우리의 개인적인 삶에 큰 격변을 일으키는 일들이 발생한다. 우리는 하나님이 그 지진 가운데 계시지 않고 미세한 음성 가운데 계시는 것을 발견하게 된다. "벧엘로 돌아가서 거기서 머물라"는 미세한 하나님의 음성이 들린다.

힘을 주신 하나님의 은혜

> "야곱이 이에 자기 집안 사람과 자기와 함께한 모든 자에게 이르되 너희 중 있는 이방 신상들을 버리고 자신을 정결하게 하고 너희들의 의복을 바꾸어 입으라"창 35:2.

이제 야곱은 자신에게 말씀하시는 하나님의 음성을 들었다. 따라서 그는 그의 가족들에게 조금도 두려워하지 않고 주님의 권위를 나타냈다. 당신이 하나님께서 보내신 사람을 만나게 되면, 당신은 당신의 영적 직감으로 그 사람을 알아 볼 수 있다. 그때 당신은 자신이 무엇을 하는지 거의 알지도 못하면서 그 사람의 말을 순종하게 된다. 당신이 먼 훗날 그때를 돌아보게 되면 그 사람을 통하여 주신 음성이 그 사람의 것이 아니라 하나님의 음성임을 발견하게 된다.

만일 어떤 사람을 통하여 주의 음성이 당신에게 들려질 때 그 음성을 거부하는 것은 하나님의 음성을 거부하는 것과 같다. 하나님께서 특별한 처지에 있는 어떤 사람을 위해 당신에게 주의 음성을 들려주실 때 그 음성을 정확하게 잘 전달하라. 그때 당신은 하나님께서 그 사람의 삶 가운데 당신을 사용하신 것을 안다. 권위는 당신에게서 나오는 것이 아니라 당신을 통하여 하나님께로부터 오는 것이다. 그러므로 하나님께서 택하시는 대로 주의 음성을 전달하기도 하고 멈추기도 하라.

하나님이 귀하게 여기시는 가치

> "우리가 일어나 벧엘로 올라가자 내 환난 날에 내게 응답하시며 내가 가는 길에서 나와 함께하신 하나님께 내가 거기서 제단을 쌓으려 하노라 하매"창 35:3.

마음이나 생각, 그리고 영혼이 성장하게 되면 더 많은 집중이 필요하게 된다. 에서를 만나 그와 화목하게 되는 놀라운 경험을 통하여 야곱은 여유가 생겼다. 그러나 그 후 그는 하나님께 집중하는 삶을 살지 않았다. 그는 걱정이 사라진 가운데 안일한 삶을 살고 있었다. 그러다가 갑자기 모든 것을 다 무너뜨리는 무서운 비극이 찾아왔다.

딸 디나가 세겜 추장의 아들에게 강간을 당하고 유괴당한 것이다.

우리는 우리의 삶 속에서 슬픈 일이든 기쁜 일이든 큰일을 치른 직후에는 반드시 더욱 깨어 있어야 한다. 그렇지 않으면 방심하는 가운데 도덕적으로 쉽게 무너지게 된다. 하나님을 만나 귀한 체험을 가진 직후에, 삶의 큰 위기가 지나간 이후에 우리의 마음은 방심하는 경향이 짙다. 우리는 이러한 인간의 마음의 패턴을 알고 어떠한 종류든 큰일이 지난 후에 더욱 마음을 지켜야 한다. 그렇지 않으면 방심과 함께 우리는 하나님을 멀리하게 된다.

야곱은 세겜에 정착하였다. 디나는 지옥의 상태로 떨어졌고 야곱의 아들들은 악에게 넘어갔다. 그러자 하나님께서 야곱에게 말씀하셨다. 만일 당신이 하나님께 집중하는 것을 잊는다면 야곱의 가정에 크게 발생하였던 그러한 일들이 비록 규모는 작을지라도 당신에게 발생할 것이다. 하나님께서 주신 비전을 이루려면 당신은 반드시 주께 집중해야 한다. 그렇지 않으면 '포도원을 망치는 여우들'이 당신의 삶과 마음 가운데 들어오게 될 것이다. 이전에는 알지 못했던 수백 수천의 방법으로 바람직하지 못한 애착들이 우리의 마음과 삶을 침투해 들어올 것이다. 만일 당신이 깨어 기도하지 않으면, 주님께서 기뻐하시는 길로 행하지 않으면, 이러한 일들은 반드시 발생하게 될 것이다.

인간의 순진함은 주님께 순종하는 믿음의 선택을 통하여 그리스도인의 덕으로 승화되어야 한다. 우리는 솔직한 성격에 매혹되는 경향이 있다. 우리는 솔직한 사람이 "미안합니다. 제가 그렇게 했습니다"라고 말하면 그를 쉽게 용서한다. 그러나 그 사람은 똑같은 잘못을 계속 저지른다. 그리고 그 악은 더욱 심화되어간다. 솔직한 성품은 실체가 비어 있는 덕일 뿐, 순진한 사람을 얼마든지 죽음으로 인도할 수 있다. 순진은 청결이 아니다. 순진은 어린아이에게 어울리는 단어이다. 어른들이 순진한 것은 어리석은 것이다. 어른들은 덕이 있어야 하고 청결해야 한다. 즉, 고결한 성품을 이루어야 한다.

개별성, 충동, 순진은 인격적인 삶의 외부 껍질에 해당한다. 개별성이 도를 지나치면 옹고집쟁이가 된다. 온 힘을 다해 독자성을 주장한다. 나의 인격성이 드러나게 하기 위해서는 자신을 향한 나의 독자적인 권리를 포기할 준비가 되어 있어야 한다. 충동은 포착하기 어려운 덫이며 언제 어디서나 발생할 수 있다. 공의를 주장하다가 충동에 빠지면 모든 명예를 다 잃게 된다. 마음속의 욕심이 충동에 빠지면 유혹에 넘어지면서 무서운 죄악에 빠진다. 우리는 즉흥적인 감정을 다스릴 수 있어야 한다. 그러기 위해서는 성령의 역사를 통하여 성품을 자라게 함으로 충동을 자제하는 훈련을 해야 한다. 충동은 절대로 영적 직감과 같을 수 없다. 순진은 계속적인 믿음의 선택을 통하여 청결함으로 승화되어야 한다. 믿음의 선택 없이는 믿음의 성품이 만들어질 수 없다. 그러나 대단히 많은 사람들이 부득이하게 덕을 행하려고 한다.

6부

요셉

하나님의 자녀들의 승리

주의 영으로 사는 삶은 평범한 상황을 승화시킨다. 잔디를 깎고 집안의 구차한 일을 하는 평범한 일이라도 주님의 영으로 사는 사람이 그 일들을 하게 되면 그 일들은 더 이상 평범한 일에 머물지 않게 된다. 경건한 삶을 사는 데 가장 귀한 자원은 모든 상황에서 실질적으로 주님을 의식하며 양심 바르게 사는 것이다.

50장

하나님의 소년

창 37–50장

소년의 이상

"요셉이 십칠 세의 소년으로서 그의 형들과 함께 양을 칠 때에"창 37:2.

성경은 언제나 위대한 인격 속에서 이상을 실현한다. 요셉은 소년 시절에 이미 놀라운 신실함을 보여주고 있다. 요셉처럼 소년 시절에 그렇게 분명하게 생각할 줄 알고 그렇게 높은 이상을 가진 자가 없다. 우리가 우리의 이상을 실현하지 못하면 그 이상은 우리에게 조롱이 될 뿐이다. 어떤 사람이 뛰어난 지적 관점을 가지고 있고, 고상한 이상을 가지고 있어도 그의 현실적 삶이 경멸받기에 마땅한 삶을 살 경우 그는 그의 이상을 실현할 수 있는 힘을 다 잃게 된다.

요셉은 하나님께 놀랍도록 예민했다. 그는 꿈을 꾸었다. 구약에서 꿈이란 하나님께서 사람의 영혼을 만지시는 경우였다. 그러나 요셉의 형제들은 그러한 꿈에 대해 경외심이 없었다. 요셉에게 느끼는 열등감은 미움으로 변했고 가장 무서운 독으로 바뀌었다. 주님의 경우처럼 그들은 요셉을 "아무 이유없이 미워하기" 시작하였다.

당신의 마음속에 비밀스럽게 무엇을 품는지 주의하라. 하나님과 사탄이 당신의 영혼 속에서 대항하게 될 때 그 품었던 것으로 인하여 당신의 삶이 결정되기 때문이다. 이미 그때는 당신이 당신을 다스릴 수 없고 오랫동안 당신의 마음속에 품었던 것이 실제가 될 뿐이다. 이것은 너무나 확실한 법칙이다. "내가 지금 비밀스럽게 생각하는 것이 무슨 문제가 되겠어?"라고 말하지 말라. 가장 큰 문제가 된다. 때가 되면 당신이 비밀스럽게 생각했던 것들이 반드시 행동으로 나타나게 될 것이다.

요셉의 형제들에게 그들이 평소에 마음속에 품었던 시기와 미움을 행동으로 나타낼 수 있는 결정적인 기회가 왔다. 성경은 언제나 죄를 말할 때 결론적으로 말한다. 예수님께서는 "욕심이라는 것은 도둑질을 하게 하니까 욕심을 내지 말라"고 말씀하지 않으셨다. 주님은 "탐내는 것은 도둑질이니 탐내지 말라"고 하셨다. "미워하면 살인을 할 수도 있으니 미워하지 말라"고 하지 않으시고 "네 형제를 미워하는 것이 곧 살인이라"고 하셨다. 우리가 예수님처럼 이렇게 죄의 절정을 볼 수 있어야 갈보리 십자가의 의미를 더욱 깊이 깨닫게 된다.

그의 힘은 열 사람의 힘과 같았다

"여호와께서 요셉과 함께하시므로 그가 형통한 자가 되어"창 39:2.

주의 영으로 사는 삶은 평범한 상황을 승화시킨다. 잔디를 깎고 집안의 구차한 일을 하는 평범한 일이라도 주님의 영으로 사는 사람이 그 일들을 하게 되면 그 일들은 더 이상 평범한 일에 머물지 않게 된다. 경건한 삶을 사는 데 가장 귀한 자원은 모든 상황에서 실질적으로 주님을 의식하며 양심 바르게 사는 것이다. "여호와께서 요셉과 함께하시고 그에게 인자를 더하사 간수장에게 은혜를 받게 하시매"창 39:21.

요셉의 적응 능력은 대단하였다. 적응 능력은 잔꾀가 아니다. 잔꾀는 종종 위선에 가까운 부패한 도덕성이다. 그러나 적응 능력은 그 어떠한 상황에서도 견디어 낼 수 있는 힘이다. 대부분의 사람은 일정한 환경 속에서 매일 보는 사람들과 함께 잘 적응하며 살아간다. 그러나 생소한 상황 가운데 빠지게 되면 적응하지 못하고 당황하든지 아니면 너무 적응을 잘하여 하나님을 잃게 되기 쉽다. 그러나 요셉은 하나님을 잃지 않았다. 하나님께서는 요셉과 감옥에도 함께 계셨고 보디발의 집에도 함께하셨다.

만일 우리가 신앙적인 분위기 속에서만 즐거워하고 하나님을 뵙지 않으면, 우리가 그 분위기에서 벗어나게 될 때 하나님도 잃게 된다. 그리고 그때 우리의 자연적인 적응 능력은 타락으로 향하는 적응으로 나타난다.

연단된 강철

> "그런즉 내가 어찌 이 큰 악을 행하여 하나님께 죄를 지으리이까"창 39:9.

'강철'이라는 뜻은 밀톤의 정의에 의하면 연단된 철이다. 이 용어가 요셉에게 잘 어울린다. 개인적인 연단은 악과 죄를 차단하는 장벽과 같다. 따라서 개인적인 연단을 통하여 사람은 청결하게 된다. 청결은 사람의 성품으로 단 한 번에 이루어지는 것이 아니라 결심을 통한 신실한 삶의 과정 속에서 점차적으로 이루어진다. 더럽혀지지 않는 것은 차단에 의해서 될 수 있지만, 청결은 더러운 것과 함께 있으면서도 물들지 않고 오히려 더러운 것들을 깨끗하게 하는 능력이다. 이러한 청결한 성품은 자신이 하나님께 적극적으로 순종할 때만 가능하다. 요셉은 이러한 청결한 사람이었다.

요셉과 관련하여 네 번 이상 "여호와께서 요셉과 함께하셨다"는 내용이 나온다. 이는 요셉의 삶이 청결할 수 있었던 비결을 말한다. 바로 하나님의 임재 앞에서 살았다는 뜻이다. 하나님을 경외하는 삶의 마음 자세는 더러운 생각과 거룩하지 못한 욕망을 잠재운다. 요셉은, 그가 예배하는 여호와 하나님은 불의와 더러운 것을 견디실 수 없는 분이심을 알았다. 성경의 가장 뚜렷한 장점은 수치스러운 일을 조금도 각색하지 않고 수치스러운 그대로 드러내는 것이다. 성경은 인간의 마음이 얼마나 부패해 있는가를 가장 적나라하게 드러내면서 모든 인간을 향한 구속의 필요성을 더욱 강조한다. 인생의 경험은 우리를 떨게 만드는 죄악의 가능성들을 증거하고 있다. 인간의 순진성을 믿고 있는 사람들은 사실은 스스로 가장 속는 자들이요 가장 어리석은 자들이다.

이 세상에 발생하는 모든 무서운 죄악들은 우리 주님의 말씀이 정확한 진리임을 매일 증거하고 있다. 우리 주님께서는 "순진한 마음 속에 이러한 악한 것들이 들어왔구나"라고 말씀하지 않으셨다. 그 대신 "마음에서 나오는 것은 악한 생각과 살인과 간음과 음란과 도둑질과 거짓 증언과 비방이니"라고 하시며 모든 더러운 것은 인간의 마음으로부터 나온다고 하셨다마 15:19-20. 우리는 자신을 포함하여 모든 인간을 주님의 이 기준으로 볼 수 있어야 한다. 꼭 기억해야 할 것은 자신의 순진함을 의지하기보다 예수 그리스도의 계시를 신뢰해야 한다는 점이다. 우리의 모든 부패한 마음과 삶을 해결할 수 있는 유일한 방법은 구속 밖에는 없다.

요셉이 하나님께로부터 받은 높은 사명은 사람들의 생명을 보전하는 것이었다. "하나님이 큰 구원으로 당신들의 생명을 보존하고 당신들의 후손을 세상에 두시려고 나를 당신들보다 먼저 보내셨나니"창 45:7. 하나님께서는 모든 사람들이 무엇을 하든 상관없이 주의 목적을 이루신다. 종종 그들의 어리석은 행위들을 통해 주의 뜻이 이루어지기도 한다. 하나님께서는 하나님의 목적을 망치는 것처럼 보이는 그러한 사건들까지 사용하여 주의 뜻을 이루신다. 하나님께서 계속 주의 목적을 이루어 가시며 그 과정에서 우리를 관련시키신다. "그런즉 나를 이리로 보낸 이는 당신들이 아니요 하나님이시라"창 45:8. "당신들은 나를 해하려 하였으나 하나님은 그것을 선으로 바꾸사 오늘과 같이 많은 백성의 생명을 구원하게 하시려 하셨다"창 50:20.

챔버스의 신학 사상이 응축된 창세기 묵상

오스왈드 챔버스의 글들을 번역하여 현대의 그리스도인들에게 그의 생각과 깨달음을 알릴 수 있는 기회를 주신 하나님께 감사드린다. 역자는 챔버스의 글을 대할 때마다 그의 주님을 향한 사랑 앞에서 머리를 조아리며 겸허하게 된다. 동시에 챔버스의 깨달음을 마음 속 깊이 받아들인다.

그의 글을 대하면서 언제나 내 인생 가운데 챔버스를 조금이라도 일찍 만났더라면 하는 아쉬움을 느낀다. 만일 그를 좀 더 젊었을 때 알았더라면 참으로 풍성한 믿음의 삶을 살았을 것이다. 하지만 지금이라도 챔버스의 주를 향한 사랑을 마음껏 배울 수 있게 되어 한없이 감사할 따름이다. 챔버스의 글들을 읽을 때마다 그 내용은 결코 그가 현실 속에서 안일한 삶을 살았다면 나올 수 없는 깨달음인 것을 발견할 수 있다. 자신은 이해할 수 없는 역경과 환경 속에서 끝없이 자신을 부인하고 오직 주 예수 그리스도만을 붙든 모습을 보게 된다. 그런 점에서 그가 바울의 뒤를 이어 주 예수 그리스도를 위해 살았던 위대한 믿음의 거장이라는 사실에 조금도 의심하지 않는다.

이 책은 챔버스의 창세기 묵상이다. 그는 창세기에서 특히 아브라함의 믿음의 삶을 묵상하였다. 따라서 아브라함의 삶과 그 외 인물들의 삶으로 나누어 두 권의 책으로도 묶을 수도 있다. 하지만 전체 창세기의 맥락에 이어지기 위해서는 한 권으로 묶는 것이 맞겠다.

이 책은 성경 강해라기보다는 챔버스의 신학 사상을 창세기를 통해 확증하고 있다고 볼 수 있다. 따라서 그의 모든 신학 사상이 창세기 묵상을 통해 모두 나타나고 있다. 그러므로 이 책은 그의 신학 사상의 요약본이라고 보아도 무방하다. 우리는 이 책을 통해 그의 번뜩이는 깊은 통찰력과 영적 깨달음을 접할 수 있다.

성령의 도우심 가운데 이 번역이 챔버스의 마음과 깨달음을 독자들에게 그대로 전달할 수 있게 되기를 바란다. 시대가 너무나 많이 바뀐 상황이라 챔버스의 글은 현대인들이 이해하기 어려울 수 있다. 하지만 그가 전하려는 깨달음과 핵심은 그대로 전해지리라 확신한다. 아무쪼록 독자들이 더욱 챔버스의 마음을 이해하고 그를 통하여 계시되는 주 예수 그리스도를 사랑하며 그분께 감사하게 되기를 바란다. 이 작은 수고가 삼위일체 하나님께 영광이 되기를 바란다.

_스데반 황

오스왈드 챔버스의 창세기

1판 1쇄 2012년 2월 20일
1판 2쇄 2013년 2월 5일
2판 4쇄 2025년 5월 15일

지은이 오스왈드 챔버스
옮긴이 스데반 황
발행인 조애신
책임편집 이소연
디자인 임은미
마케팅 전필영
경영지원 전두표

발행처 도서출판 토기장이
주소 서울시 마포구 동교로 71-1 2F
출판등록 1998년 5월 29일 제1998-000070호
전화 02-3143-0400
팩스 0505-300-0646
이메일 tletter77@naver.com
인스타그램 togijangi_books_

ISBN 978-89-7782-347-1

도서출판 토기장이는 생명 있는 책만 만듭니다.
"우리는 진흙이요 주는 토기장이시니 우리는 다 주의 손으로 지으신 것이니이다" (이사야 64:8)